złe psy

PO CIEMNEJ STRONIE MOCY

Cioci Monice
Szkodnik.

18.12.2015

PATRYK **VEGA**

złe psy

PO CIEMNEJ STRONIE MOCY

OTWARTE

KRAKÓW 2015

Opieka redakcyjna: Małgorzata Olszewska

Redakcja tekstu: Michał Cetnarowski, Mateusz Baczyński

Opracowanie typograficzne książki: Daniel Malak

Opracowanie tekstu i przygotowanie do druku: Pracownia 12A

Projekt okładki: Eliza Luty

Fotografia na 1 s. okładki: © Jacob Lund / Shutterstock.com

Fotografia autora: Krzysztof Opaliński / sesja dla magazynu „Viva!"

ISBN 978-83-7515-380-4

OTWARTE
www.otwarte.eu

Zamówienia: Dział Handlowy, ul. Kościuszki 37, 30-105 Kraków,
tel. (12) 61 99 569
Zapraszamy do księgarni internetowej Wydawnictwa Znak,
w której można kupić książki Wydawnictwa Otwartego: www.znak.com.pl

Markowi Millerowi, który nauczył mnie
rozmawiać z ludźmi

Imiona, nazwiska, funkcje i wydziały żyjących rozmówców zostały zmienione

Wstęp

Dziś mija rok od śmierci Sławka Opali. 27 lipca 2014 roku dowiedziałem się, że w sobotnią noc Sławek się powiesił. Rodzice znaleźli go w swoim mieszkaniu około pierwszej w nocy. Policjant powiesił się na drzwiach do pokoju – przywiązał do klamki kabel od ładowarki telefonu, z którego zrobił pętlę wisielczą. Zdarzyło się to niedługo po tym, jak wyszedł z aresztu śledczego, do którego trafił przez świadka koronnego, gangstera o pseudonimie Broda. Nawrócony zbój pomówił Sławka o rzekomą współpracę z gangsterami posądzonymi o zabójstwo generała Marka Papały.

Rok po śmierci Sławka, jednego z bohaterów pierwszych *Złych psów* i pierwowzoru Despera z *Pitbulla*, już nie tylko media twierdzą, że był niewinny. Przekonani są o tym również jego przełożeni z pałacu Mostowskich, którzy świadkowi koronnemu Brodzie nadali ksywę Idiota. W winę Sławka nie wierzą nawet pracownicy prokuratury, którzy przedstawiane przez Brodę informacje określają jako zasłyszane bądź skonfabulowane.

Podczas kręcenia seriali dokumentalnych *Prawdziwe psy*, *Taśmy grozy* i *Ciemna strona miasta* poznałem setki policjantów, służących we wszystkich wydziałach zarówno w pionie kryminalnym, prewencyjnym, jak i wspomagającym w kilku miastach Polski. Czterech z nich skończyło tragicznie. Dwóch popełniło samobójstwo, trzeci dostał wysoki wyrok, a ostatni oderwał się od rzeczywistości, uzależniony od twardych narkotyków.

Po ukazaniu się *Złych psów. W imię zasad* odezwało się do mnie kilkudziesięciu policjantów, których wcześniej nie znałem. Zainspirowani historią Sławka zdecydowali się opowiedzieć mi o własnych traumatycznych przeżyciach podczas pracy w policji. Niektórzy nigdy nie przeszli na drugą stronę barykady, a mimo to zostali niesłusznie ukarani, podobnie jak policjanci, którzy znaleźli się po ciemnej stronie mocy. W tej książce rozmawiam z jednymi i drugimi o tym, dlaczego ludzie przekraczają granice i jaką cenę za to płacą.

Patryk Vega
Warszawa, 27 lipca 2015

TRZEBA PRZERZUCIĆ ZWŁOKI

Sierżant sztabowy Piotr Pamuła, Wydział do Walki z Przestępczością przeciwko Życiu i Zdrowiu: Miałem jedną taką chujową sytuację – nie nadaje się w ogóle druku i do niczego, bo nikt ci tego nie wyda...

Patryk Vega: Nie kokietuj.

Ale to strasznie drastyczne i od razu ci mówię, że całkowicie niezgodne z prawem.

Dobra, dawaj.

Nasz dworzec słynął z rekieterów... Nie wiem, czy kojarzysz, o kim mówię.

Ci Ruscy, co po haracz przychodzili?

Tak. I oni kroili ludzi po pociągach. Balcerowicza nawet kiedyś skroili. Tylko sytuacja była generalnie specyficzna ze względu na zasadę terytorialności. No bo na przykład fakt, że popełniono przestępstwo, ktoś stwierdził u nas, na dworcu wschodnim, bo się tu obudził i zobaczył, że jest skrojony, albo wysiadał i zauważył, że nie ma portfela. Ale podstawowe pytanie brzmiało:

– Gdzie pan zasnął?

No i na przykład delikwent odpowiadał:

– Przed Dęblinem.

– Czyli że w Dęblinie już pana mogli zrobić?

– No tak...

Więc do Dęblina – zgodnie z zasadą terytorialności – przesyłaliśmy materiały w sprawie kradzieży na szkodę obywatela takiego i takiego, i koniec.

A z tymi rekieterami mieliśmy naprawdę przejebane, bo skurwysyny były chamskie, nie można im było nic zrobić. Zatrzymywałeś go, a on i tak na drugi dzień wychodził i dalej, kurwa, śmiał ci się w oczy. W dodatku każdy chodził z kopytem. Chłopaki się ich bali. No i kiedyś zatrzymali jednego praktycznie na gorąco, jak kroił jakąś Rosjankę. Cwaniaczek zaczął wtedy ostro skakać do jednego naszego kumpla, Wojtka. A że Wojtek to kawał chłopa, zaczął go napierdalać. Jak go potem przyprowadził na komisariat – miałem wtedy dyżur – to już był masa krytyczna gość... Był tak nabity, że krew się po prostu z niego lała jak z wieprza. Mówię, chuj: „weźcie go już zostawcie, bo będzie źle". No bo co miałem zrobić? Przekazać go Stołecznej i powiedzieć, że się przewrócił na torach?

Ale ten Rusek znowu zaczął pajacować i mówić, że jesteśmy „psy na smyczy ruskiej" i tak dalej. No to dostał jeszcze jednego strzała i padł. Patrzymy – chuj się nie podnosi. Bierzemy go, a tu, kurwa, trup! No i co teraz zrobić? Wojtek ma żonę i troje dzieci. Ten drugi, który z nim był w patrolu – dwa lata służby za sobą. Dyżurny – trzydzieści jeden lat służby, za trzy miesiące emerytura. Przecież wszystkich wypierdolą. Zaczęła się panika. Ci pierwsi w płacz, dyżurny zażył waleriankę czy coś innego – myślałem, że zawału dostanie. Jeszcze mówi do mnie:

– Piotrek, kurwa, trzy miesiące do emerytury, trzydzieści lat studiów poszło się pierdolić, kurwa. Co wy żeście zrobili!? Trzeba dzwonić do Głównego.

– Siedź, dziadek, cicho – mówię. – Zaraz tu będzie dobrze.

Potem do chłopaków:

– Słuchajcie, wyskakiwać z mundurów, gościa pod ręce, do samochodu i wywoźcie go stąd.

– Jak to?

– No normalnie, macie go wywieźć.

– Gdzie?

– Zostawcie go na moim terenie, tylko, kurwa, trochę dalej.

Dobra. Wywieźli, przyjechali.

– Wywieźliście?

– Wywieźliśmy.

– No to w mundury i na patrol.

– Gdzie?

– No jak to gdzie, kurwa!? Tam, gdzie położyliście gościa.

– Po co?

– No trupa, żebyście go znaleźli!

– Ale co, mamy go znów przerzucać?

– Nie, kurwa, nic nie przerzucać! Zgłoście, że trup jest.

Poszli, za chwilę patrol nadał do dyżurnego: „Zwłoki znaleźliśmy! Gość pobity". Dyżurny wysłał mnie na czynności. Wziąłem tę sprawę, wyprowadziłem – i umorzenie „NN".

Niefajnie.

Właśnie. Ale powiedz mi, co miałem, kurwa, zrobić w takiej sytuacji? Z jednej strony mogłem się zachować zgodnie z literą prawa. Zadzwonić do Głównego i powiedzieć: „było zatrzymanie, policjanci pobili, doszło do przekroczenia uprawnień służbowych". Nawet gdyby na sekcji zwłok wyszło, że gość zmarł w wyniku zatrzymania akcji serca, to i tak by powiedzieli, że na skutek pobicia. Zrobiłaby się afera, zrobiłby się dym – bo wtedy był taki bum na odpierdalanie policjantów. Tak że wyjebaliby wszystkich. Mnie akurat może nie, no bo ja w tym najmniej zawiniłem. Mógłbym tak zrobić, ale z drugiej strony, to był jakiś tam pierdolony rekieter – Ruski, który na chuj się wpierdalał do Polski kroić ludzi? Poniósł konsekwencje swoich czynów.

Ale jednak człowiek...

Tego Ruska to zatrzymywaliśmy chyba z pięć albo sześć razy – miał na imię Jurij. Kroił ludzi na dobry patent. Nie wiem, czy wiesz – są takie krople spawacze do oczu, w takich malutkich plastikowych fiolkach. Ja je dobrze znam, bo często ich używaliśmy – jak się nachlałeś, to, żeby na drugi dzień wzrok mieć idealnie krystaliczny, zapuszczałeś kropelki i miałeś białka prawie błękitne. Ale z drugiej strony, jak kapnąłeś dwie kropelki komuś do kieliszka, to działało jak pigułka gwałtu. Zasypiałeś po nich od razu. No i ten Jurij robił właśnie wszystkich na te krople spawacze. Zapraszał gdzieś na wódeczkę, usypiał, kroił każdego, kto tam był, i już. Tutaj akurat, jak go zatrzymali, to nieźle napierdalał tę Rosjankę. Nie dziwię się, że się chłopaki wkurwili.

Od początku było ostro?

Jak zacząłem pracować w Warszawie, dali mnie na dworzec kolejowy Warszawa Wschodnia jako kryminalnego – chociaż to się wtedy nazywało „wywiadowca". Miałem jakieś dwadzieścia dwa, dwadzieścia trzy lata – wiesz, młody szczurek, jeszcze bardzo ambitny i tak dalej. Jest godzina dwudziesta z hakiem, idę sobie po peronie, a na samym końcu jeden gość napierdala drugiego. Nad nimi stoi jeszcze jeden, a dodatkowo dwóch innych biegnie. A ja, wiesz – młody policjant, idealista, no to biorę giwerę w rękę, biegnę i krzyczę:

– Hej, zostaw go w spokoju!

A tu stoi taki młody łebek, trzęsie się i mówi:

– Stój, kurwa, stój, sam stąd wypierdalaj!

Nikt nawet nie krzyknął: „policja!", „stój, bo strzelam!", czy coś takiego. Ja z kopytem, gość z kopytem i w końcu do mnie wystrzelił. Pocisk odbił się od peronu, potem od filaru i trafił mnie w dupę – nie poczułem nawet. Dopadłem go, zacząłem walić, dusić i krzyczeć:

– Kurwa! Człowieku, strzelałeś do policjanta!

A on:

– Ja też jestem z policji!

I nagle mi tygrys, czyli taki kawał chłopa, taki wielki, wskakuje na plecy, zrzuca mnie z tego gościa i jeszcze zasuwa kopa. No to ja wyciągam szmatę (bo kiedyś na to mówiono „szmata", a nie „blacha") i wyjaśniam, że jestem z policji. A ten pierwszy mówi, że on też policja. Podobnie jak tygrys.

Co się okazało? Wywiadowcy z Wilczej przypadkiem byli na dworcu i zobaczyli jakiegoś poszukiwanego. Tyle że ich tam kilku poszukiwali. A powiedziałbyś, że ja jestem policjantem? No nie - i nigdy na policjanta nie wyglądałem. Cały kabaret polegał na tym, że tamci poszukiwani spierdolili, a trzech policjantów do siebie strzelało. No, ale dobrze wyszło, bo oczywiście nic się wtedy nie zgłaszało.

Zajechaliśmy do Szpitala Bródnowskiego i tam takiemu jednemu lekarzowi kupiliśmy pięć butelek wódki - pozszywał mnie na okrętkę, wypiliśmy razem i przy okazji się z chłopakami poznałem. Dlatego mówię, że jak oglądałem *Pitbulla* i była ta scena z Łapką, to jakbym widział siebie... Dobrze, że wtedy nikogo, kurwa, nie odjebałem, bo ja też szybciutki byłem.

Opowiedz o tej aferze z Ruskimi na dworcu.

To była, kurwa, wielka afera. Rekieterzy zrobili ruski pociąg - ten Frankfurt-Moskwa. Skroili praktycznie wszystkich - jeszcze jak pociąg stał na semaforach przed wjazdem na Warszawę Wschodnią. Wchodzimy tam, a tu zapierdala Ruski i wali jednego od nas pałą przez łeb. No i już wiesz, że to nie przelewki. Doszło do tego, że zaczęliśmy rąbać drzwi siekierami, żeby w ogóle wejść do wagonów. W końcu przysłali nam posiłki ze Stołecznej, bo zaczęła się strzelanina... Ci Ruscy powyciągali noże, maczety, co tylko tam mieli pod ręką. Cały dzień się z nimi napierdalaliśmy.

Naprawdę? W stojącym pociągu taka wojna?

W stojącym pociągu. Ten skład to była potem jedna wielka ruina. Ale o tym nigdzie nie przeczytasz. Za to możesz poszukać, jak to wszystko zostało zatuszowane. Tydzień po zdarzeniu miał się odbyć szczyt dotyczący bezpieczeństwa europejskiego czy czegoś takiego. Oczywiście ruski minister spraw zagranicznych powiedział, że Polska pobiła obywateli rosyjskich, bo nie chciała przyjąć od nich zawiadomienia o przestępstwie. I że w takim razie trzeba odwołać ten szczyt, bo to jest jawna napaść na Rosję. Rozumiesz? Afera się taka zrobiła, że szczyt odwołali. Ale Milczanowski, wtedy minister, powiedział, że krzywdy nie da polskiemu policjantowi zrobić, bo policja dobrze działała. A tam wtedy ze trzech czy czterech naszych zostało postrzelonych...

Czyli to była prowokacja polityczna?

Oczywiście! Miesiąc może minął, komendant nas woła i mówi:

– Panowie, słuchajcie, lipa jest. Odchodzę na emeryturę. Drugi dowódca do wypierdolenia.

Rozumiesz? Komendant musiał pójść na emeryturę jedynie za brak nadzoru. Oczywiście wina – tylko i wyłącznie nasza. Powiedział też, że niektórych z nas także mogą wypierdolić. Chodziło oczywiście o tych, którym się udowodni czynne pobicie obywateli rosyjskich. A reszta zostanie przeniesiona.

No i do mnie komendant mówi:

– Piotrek, ty idziesz na kolejowy, do Chełma. Ale pół roku zsyłki, maksymalnie, i wracasz. Ja swojemu następcy powiem, kto jest wartościowy i kogo może przyjąć. Tak że tam w Stołecznej będą o was wiedzieli i to nie jest tak, że spisują was na straty.

Przyjeżdżam na kolejowy do Chełma, a tam mi mówią:

– Kurwa, ale my nie mamy ciebie w ogóle na rozpisce.

No to pytam, gdzie się zgłosić. A oni, że do rejonówki. Zapierdalam tam, do komendanta, i mówię, że przyszedłem z Warszawy – kolejowy wschodni, że byłem inspektorem dochodzeniowo-śledczym i tak dalej. A on mi na to, że teraz pójdę do kompanii patrolowej.

– Gdzie!?

– No, do kompanii patrolowej. Kompania patrolowo-interwencyjna. Co, to nie policja?

No i poszedłem, kurwa, do patrolówki. A miałem uprawnienia na wszystko, nawet na technika kryminalistycznego. W dupie to mieli, że ktoś poświęcił czas i pieniądze na wyszkolenie mnie jako policjanta kryminalnego. A miałem egzaminy ze wszystkiego: techniki kryminalistycznej, techniki operacyjnej, sztuki walki, kurwa, uprawnienia do używania glauberyta, mossberga, tonfy. I chuj! Jak przyszedłem, to byłem jedynym, który z tonfą chodził. A tam kompania patrolowa w Chełmie – sto osób, z których dwie mają wykształcenie wyższe, sześć – średnie, siedemdziesiąt – zawodowe, a reszta – wykształcenie podstawowe. Kurwa... matoły takie. Patryk, jak ja to zobaczyłem, to uwierz mi, już wtedy odechciało mi się policji.

Innym razem w taborach znaleźliśmy skład broni. Wiesz, ktoś sobie dziuplę na broń zrobił w takim starym opuszczonym budynku na wschodnim. Kiedyś zatrzymaliśmy nurka, żulika znaczy, tak przez przypadek. Zrobiliśmy mu kipisz i się okazało, że miał świeżuteńką klamkę – nigdzie nierejestrowaną. Spytaliśmy, skąd ją wziął, a on na to, że tu każdy taką ma. No i zaprowadził nas do tego opuszczonego budynku, a tam: trzydzieści siedem kałachów, cztery mossbergi, osiem granatów i chyba siedemnaście sztuk broni krótkiej. I wiesz, że nie ustaliliśmy, czyje to było?

A facet odkrył to przez przypadek?

Nurki tam nocowały. Zobaczyli drzwi metalowe, zajebane sztabą, no to ich intrygowało, dlaczego w takiej ruinie są takie drzwi. Więc się tam dostali, a potem chodzili jak kowboje po dworcu. Kurwa, nurki. Ta klamka była cięższa od niego. Żeby ją podnieść, musiał złapać dwoma rękami. Później Stołeczna to wzięła po nas i szczerze mówiąc, nawet nie wiem, co się z tą bronią stało.

Trupy też się pojawiały.

Kiedyś się chlało. Chlało się non stop. Zaczynało się robotę od chlania. Miałem kierownika, który przychodził do mnie i mówił:

– Piotrek, dawaj, pierdolniemy po jednym, bo mnie trzęsie.

– No, kierowniku, mnie też trzęsie, ale... tylko po jednym, bo w chuj roboty!

– Się wie, po jednym.

I przynosił flaszkę. Stawiał szklanki, rozlewał tę flaszkę do szklanek, po jednym, i bach! A potem zaczynaliśmy pracę.

No i była taka jedna niedziela, miałem dyżur – a ja często brałem niedziele, nocki i tak dalej, bo młody byłem i szkoda mi było tych, co mieli rodziny. Zresztą ja też miałem, ale daleko. Swoją drogą – spanie w celi po robocie to się ode mnie zaczęło, bo mi się nigdy nie chciało na Bródno jeździć. No i kiedyś siedzę rano w niedzielę taki skacowany i myślę, jak tu coś do picia skołować. Nagle przychodzą z patrolówki i mówią:

– Inspektorze, trupa mamy.

– Gdzie?

– Przy torach.

Granicą między komendą na Cyryla i Metodego a nami były tory na Kijowskiej. Więc mówię:

– Jaki trup? Co? Kto? Zabity?

– Nie, nurek, żulik, przekręcił się pewnie w nocy.

– Panowie, kurwa, widzicie mnie?

– No, widzimy. Pan zawsze taki jest?

– Dzisiaj jest niedziela, więc jestem szczególnie potrzebujący.

– To co?

– No załatwię sobie później browara. Ale najpierw weźcie go na drugą stronę, a ja zadzwonię na Cyryla i Metodego do dyżurnego, że trupa mają.

– Się robi!

Przerzucili i przyszli.

– I jak tam?

– Zrobione.

– Nie no, panowie, chyba was pojebało. I wy tutaj? Przecież mówiłem, żebyście go pilnowali! Ja wydzwonię dyżurnego, przyjedzie ich patrol i powie, kurwa, że trup jest u nas, bo go sami przełożą, tak jak wy.

Kiedy już pojechali przypilnować tego bajzlu, zadzwoniłem do dyżurnego.

– Trupa macie.

– Jakiego trupa?

– No trupa.

– Gdzie?

– No, przy torach, zaraz za nimi.

– Oż kurwa, przerzuciliście.

– No nie, już tam leżał, chłopaki go pilnują. Tak że przyślijcie do nich kogoś, bo mi patrol potrzebny na dworcu.

A sam też przenosiłeś?

Nie, sam nie przenosiłem.

To ile tych trupów tak przenieśliście?

No, z pięć... Pięciu nurków poszło na rzecz 28. Komisariatu. Rozumiesz... cała moja praca to były jakieś tam wybory.

Miałeś jeszcze tego typu dwuznaczne sytuacje?

Tak – jak dostałem wyrok śmierci od kieszonów. Działo się to, kiedy byłem jeszcze młody i świeży. Nie wiedziałem, że złodzieje opłacają się chłopakom z komisariatu. Każdy peron opłacał się komuś innemu. A ja dostałem wyrok śmierci od kieszonów, czyli kieszonkowców, bo nie mogli mnie kupić – i nie dlatego, że, kurwa, byłem jakoś krystalicznie uczciwy, bo kupić można każdego. Tylko zawziąłem się na skurwysynów, bo kroili wszystkich... Na przykład miałem kiedyś taką sytuację, że skroili pół wycieczki – małolaty stały na peronie i płakały. No to szlag mnie trafił, bo wiem, że taki małolat dwieście czy trzysta złotych dostał od matki czy ojca, a tu go skroili, i chuj. Więc myślę sobie: skrójcie jakiegoś biznesmena, a nie, kurwa, małolatów, co na wycieczkę jadą!

I nie współpracowałem z nimi w ogóle. To parę razy mi dali policjanci do zrozumienia, żebym się nie wpierdalał w określonych godzinach na peron – ale miałem to w dupie. Aż w końcu kiedyś powiedział mi jeden kolega z komisariatu: „Piotrek, ty musisz mieć oczy w plecach, bo... bo będzie źle".

No i wtedy rzeczywiście było już kiepsko, bo nie dość, że się bałem, że ktoś z komisariatu mnie popchnie pod pociąg, to jeszcze kieszonów było w ciul.

Szefem ich wszystkich był taki Laluś – playboy niesamowity. No i on też kiedyś mi powiedział: „słuchaj, albo będziesz brał jak każdy, albo, kurwa, niestety: pociągi jeżdżą często, wypadków macie dużo, różnie to może być". Nie bał się mi tego powiedzieć... No ale nic – jakoś przeżyłem na tym dworcu.

Jednocześnie były też sprawy, na które przymykałem oko. Na przykład obowiązywał zakaz handlu alkoholem, ale miałem takiego Janka, złodziejugę, który w przejściu podziemnym handlował wódą razem z żoną. Gość sobie znalazł patent i dobrze na tym zarabiał. Ja się go nie czepiałem. Zawsze też chłopakom mówiłem: „panowie, nie czepiajcie się, bo jak Janek stoi, to mamy spokój". No i tak było. Nic się nie działo, nie miałem żadnych zgłoszeń. Kiedy miała być jakaś napierdalanka, to Janek mówił do ludzi: „jak macie coś do kogoś, to idźcie tam, za tory, bo dzisiaj pan inspektor służbę ma". I miałem dobrze.

Drugi to był taki Maciek, który z piwem biegał po wagonach. Gość, który swego czasu, w latach osiemdziesiątych, był zajebiście bogaty i pytał, ile Warszawa z ludźmi kosztuje. Że niby chciał kupić. Później w kasynie wszystko przepuścił i handlował piwem. Jego też nigdy nie ruszałem, bo on mnie ciągle ratował – zawsze piwko jakieś dla mnie miał. I kiedyś zdarzyła się taka sytuacja, że przychodzi Maciek i biadoli:

– Od pana z patrolu to mi, kurwa, całe piwo skroili. Na ten pociąg Moskwa–Frankfurt miałem dwadzieścia sześć butelek.

No to zachodzę do chłopaków i mówię:

– Panowie, słyszałem, że zrobiliście akcję, a ja nie mam z tego notatki.

– Jaką akcję?

– No, zatrzymaliście handlarza nielegalnym alkoholem. Zabezpieczyliście towar, a ja nie mam notatki żadnej z tego zdarzenia, a tu już minęły cztery godziny.

– My? Nie.

– Otwieraj szafkę.

– Ale jak to?

– Słuchaj, albo otworzysz szafkę, albo dzwonię po komendanta.

Otwierają szafkę, a tam stoi browar. Mówię:

– Skąd go macie?

– Noż kurwa, Maćkowi wzięliśmy, bo z tym latał.

– Przecież wiesz, że go nikt nie tyka. Pójdę teraz po niego, zrobię okazanie, Maciek wskaże, kto to zabrał, a ja dzwonię do komendanta i, kochany, masz po robocie.

Tak im powiedziałem i poszedłem do pokoju. Za chwilę przyszli do mnie i mówią, że to wszystko oddadzą. Po prostu się zesrali.

– Słuchaj, no kurwa, weź przestań... Co ty odpierdalasz? Za jakieś tam dwadzieścia piw skrojonych jakiemuś, kurwa, obszczymurowi będziesz aferę robił?

No to im powiedziałem, żeby zaczekali. Przyszliśmy z Maćkiem do chłopaków i zaczynam:

– Maciek, to po ile ty masz to piwo?

– Pięć zyli.

– Panowie, dwadzieścia sześć butelek razy pięć złotych to jest sto trzydzieści złotych dla pana Maćka.

– Kurwa! To piwo złoty pięćdziesiąt w sklepie kosztuje!

– Ale on sprzedaje je po piątaku. Spierdoliliście mu biznes? Spierdoliliście. Sto trzydzieści złotych dla pana i rozstajemy się wszyscy w zgodzie, a piwko wypijemy po służbie.

No i już, zapłacili mu te sto trzydzieści złotych. A Maciek mi dupę potem uratował. Taka sytuacja: mieszkałem wtedy na Bródnie i kończyłem robotę o dwudziestej drugiej. Ostatni autobus miałem gdzieś koło dwudziestej trzeciej trzydzieści. No i raz napierdoliliśmy się jak barany. Zamiast spać w celi, jak to zwykle robiłem, myślę: jest przystanek, siadam na ławeczce, poczekam i jadę do domu. A potem budzę się, no i już jest świt, rozumiesz. Przepięknie... Myślę: no nic, trzeba iść do komisariatu, tam dospać. Tylko że patrzę – nie mam kopyta. Portfela i legitymacji też nie mam. No, jestem wyczyszczony, do zera. Pędzę więc do komisariatu i pytam dyżurnego:

– Słuchaj, kto ma dzisiaj dyżur?

– Elka.

– Zadzwoń do niej, niech sobie w domu zostanie z rodziną, z mężem, ja dziś dyżur wezmę.

– O, to się Elka ucieszy.

– Dobra.

Tylko co dalej? Siedzę i móżdżę. Wykombinowałem, że poczekam jeszcze troszeczkę, pójdę na peronik, wezmę stację, krzyknę, że mam jakąś grandę, a potem powiem, że w pościgu wypadło mi wszystko, i chuj. Bo co innego wymyślę? Powiem, że strzelałem, giwera gdzieś mi wypadła i niech przyjeżdżają – jak to się kiedyś mówiło – BCP-y, szukają broni, w ogóle wszystkiego, ale zawsze będzie, że mnie nie skroili.

Wtedy przylatuje do mnie Maciek.

– Panie inspektorze, sprawę mam.

– Człowieku, co mnie dziś twoja sprawa obchodzi? Ja mam, kurwa, takie problemy na głowie, że... radź sobie sam. Później będę dostępny.

Ale ze dwie godziny minęły i myślę: może jednak z nim pogadać, to chociaż browara by sobie człowiek sieknął, no bo przecież nawet portfela nie mam. Więc idę do niego, zaczynam zagajać, a on:

– Panie inspektorze, pięć minut tylko mam.

I otwiera torbę, a tam: pistolet, magazynek, portfel, legitymacja, odznaka.

– Skąd to masz...?

A on:

– A wychodzę sobie wieczorem na szluga, patrzę, a na ławeczce ktoś drzyma. Podchodzę, a to pan inspektor ululany. Pół godziny pana inspektora budziłem i ni chuja. Myślę: jak odejdę, to skroją pana inspektora. No to wziąłem to wszystko, wrzuciłem do torby i krzyczę już od trzech godzin, że mam do pana sprawę...

Wszystko mi oddał, rozumiesz – portfel, kasę, gnata. Za to właśnie, że się kiedyś zachowałem w stosunku do niego dobrze. Bo skroiliby mnie na pewno... tam nie było nikogo dobrego, tylko sami szubrawcy. Nawet wśród taksówkarzy.

Jak to?

To był czas, kiedy we wszystkich kioskach siedemdziesiąt procent biletów to były fałszywki. Rozprowadzaniem tego zajmowali się właśnie taksówkarze. No i była taka sytuacja, że kanar przyłapał gościa z takim właśnie biletem. Poszedłem potem do kiosku, w którym facet kupił ten bilet, a tam siedzi dziewczynina w ciąży, z wielkim brzuchem.

– Przeszukanie muszę pani zrobić...

A ta mi słabnie. I wtedy widzę, że zaczynają mnie otaczać taksówkarze. Kilku złapało mnie za bety, a jeden się do kiosku wpycha, żeby wyczyścić go z tych biletów. Później powiedzieli, że oni mnie nie znali, nie wiedzieli, że jestem policjantem. Akurat. Tak czy siak - sprawa poszła do umorzenia. Później zabraliśmy ileś tysięcy sztuk tych lewych biletów, ale i tak donosili nowe... No, ale to były inne czasy, lata dziewięćdziesiąte.

Wracając do pracy na dworcu - zdarzyły ci się jeszcze jakieś akcje, które wyjątkowo zapadły ci w pamięć?

Bo to jedna? Na przykład jak nam spod komisariatu radiowóz zajebali - i to oznakowany. Były wtedy czyjeś imieniny i ostro piliśmy. Nagle wódy zabrakło, więc krzyknąłem do jednego młodego:

- Masz tutaj ściepeczkę, bierz radiowozik i jedź do sklepu po wódeczkę.

Po chwili młody wraca.

- Nie ma czym.

- Jak to: nie ma czym?

- No, nie ma czym...

Wytrzeźwieliśmy, kurwa, wszyscy w jednej chwili. Wydzwaniamy wszystkich, ale nikt wozu nie widział. No to zgłosiliśmy kradzież oznakowanego radiowozu spod komisariatu.

Komu to zgłosiliście?

Stołecznej. Trzeba było zgłosić, że podpieprzyli nam radiowóz. W Otwocku go później spalony znaleźli.

I co, były jakieś konsekwencje?

Nie, nie, nie...

Jak to możliwe?

Nikt nie chciał szumu robić – wszystko rozeszło się po kościach. Dlatego później, jak oglądałem tego twojego *Pitbulla*, to się śmiałem, bo tam też była taka historia.

A jak było konkretnie z tym spaniem w celi?

Tak jak mówiłem, spałem w celi, bo mi się nie chciało na Bródno jeździć. W dodatku zawsze byłem nagrzany, a to były czasy, kiedy strasznie, na bezczela, kroili ludzi – w tramwajach, autobusach i tak dalej. Wchodzili i mówili: „Zamykać drzwi!". Kierowca zamykał drzwi – i brali łańcuszki, zegarki, a na następnym przystanku wypadali i tyle ich widziałeś.

No i ja nie chciałem nagrzany jeździć, bo zawsze broń zabierałem ze sobą. Teraz broń oddajesz do dyżurnego, kiedyś – nie. Wtedy cały czas broń miałeś przy sobie. No i myślałem sobie, że trafi mi się na trasie ktoś z Głównej albo ze Stołecznej i zobaczy, że jestem wypity, a broń wystaje, i będzie afera. No to spałem sobie w celi. Kocyk, poduszeczka i pyk!

Raz się nagrzałem, bo były czyjeś imieniny, władowałem się do celi, koc narzuciłem, i już. Tymczasem w nocy jakieś afery były z kibolami na dworcu i wszystkich pozamykali. Budzę się, kac mnie męczy jak nie wiem co, otwieram oczy i myślę: gdzie jestem? W celi – okej. A tu obok gość do mnie:

– Ty, a ciebie za co zawinęli?

Rozumiesz? Kurwa, gościa mi do celi wrzucili. A ja z kopytem najebany spałem... Nikt nie sprawdził, że to ja, a jeszcze byłem kocem przykryty. No i zacząłem z tym gościem nawijać. Nagle słyszę:

– Kurwa, cicho tam, bo zaraz pała w ruch pójdzie! Cicho, mówię!

Ale nic, nawijamy tak z pół godziny... aż wreszcie nasze tygrysy miały motywację, żeby przyjść i nas obić, bo zakłócamy, kurwa, ciszę i porządek. Drzwi się otwierają, ja wstaję i z przerażeniem w oczach mówię:

– Panowie, kurwa, ja tutaj spałem...

– No to czemu nic nie powiedziałeś, że tu spałeś? Do kogo masz pretensje? Do siebie chyba, kurwa, bo spałeś.

Ale już później zawsze, jak kogoś do celi wpuszczali, patrzyli, czy mnie tam nie ma... Bo różnie to mogło być. Ja, zajebany, spałem – jakby ten kibol to był jakiś głupek, toby mnie odstrzelił, mnie albo siebie.

A Sławka Opalę znałeś?

Tak, znałem – jeszcze jak był w kryminalnym. Zresztą znałem wszystkich pijaków stamtąd, z tamtych czasów. Sławek też zawsze lubił wypić. Ja myślę, że zgubiło go to, że w pewnym momencie pił z każdym – wiesz, zawsze przy wódce czegoś się można było dowiedzieć. Ale to było złe – bo z drugiej strony, te osoby, z którymi pił, też sobie myślały, że zawsze czegoś się mogą dowiedzieć od niego. Później, jak spotykałem się z chłopakami z patrolówki, to mówili mi, że kiedy Sławek odszedł z policji, to się trochę zmenelił... W ogóle zrobił błąd, że odszedł – ja na jego miejscu bym w życiu nie odchodził. Mnie zwolnili, ale do samego końca, kurwa, czekałem, aż to zrobią...

A Sławek to był bystrzak. Na przykład po zabójstwie Papały to praktycznie po dwóch czy trzech dniach mówił już, kto go załatwił – że to złodzieje samochodów.

Według ciebie Patyk zdjął Papałę? Ale jaką mógł mieć motywację, skoro rąbał zawsze luksusowe fury, a Papała miał daewoo espero?

Patryk, Patryk, Patryk... Espero wtedy kosztowało czterdzieści tysięcy złotych – to była luksusowa fura. W tamtych czasach złodzieje kroili wszystko, co się dało albo na co mieli zamówienie. Jak ktoś miał zamówienie na espero, to mu się kroiło espero, i tyle.

Ale czemu go zabił? Nie widział na robocie, że gość siedzi w środku?

Wtedy wszyscy się czymś wspomagali, więc podejrzewam, że Patyk też był nafukany albo coś takiego. W dodatku to był młody gówniarz, chciał przykozaczyć, miał klamkę w ręku, no i go odstrzelił. Wiesz, to jest tylko chwila, jeden impuls. Masz gnata, wpierdalasz się do samochodu, gdzie miało nie być nikogo, a tam siedzi klient. Jeden strzał i jest po gościu. No ale że fajnie było zrobić z tego sprawę polityczną, to się tak to wałkowało przez ileś lat... Widocznie komuś pasowało, żeby nie dojść do prawdy. A pięćdziesiąt procent policjantów w dochodzeniówkach wiedziało, jak to naprawdę wyglądało. Tak samo było z Olewnikiem. Pogadaj, kurwa, z tymi, którzy robili przy sprawie.

No i co powiedzą?

Powiedzą ci, jak to naprawdę było. Przecież młody Olewnik nie miał już kasy, więc sobie wymyślili na jednym jublu, że trzeba go będzie porwać – po to, żeby stary hajsem sypnął. A na tym jublu byli wszyscy: i komendant policji, i złodzieje, i razem go porwali dla kitu. Ale stary nie chciał groszem sypnąć, więc wszyscy się obesrali, że sprawa wyjdzie. Olewnik zaczął kozaczyć, no to go sprzątnęli, i już – żeby było cicho. A wiedzieli, że policjanci będą sprawę tuszować, ile tylko będą mogli. Skłaniam się do tego, że właśnie tak było.

Wracając do Sławka – myślę, że mu wielką krzywdę zrobili, jak go dali w kryminale na oddział dla szczególnie niebezpiecznych.

Dlaczego?

Opala psem już nie był dziesięć lat. Kto po dziesięciu latach pamiętałby, że to jest akurat Opala, pierwowzór Despera z *Pitbulla*? Poszedłby do normalnego kryminału, na przykład tam, gdzie siedzą celnicy, pogranicznicy i tak dalej – i w ten sposób by sobie normalnie odsiedział dwa i pół roku. A na enkach masz całkowitą izolację. To ci ryje beret niesamowicie. Bo, kurwa, przez dwa i pół roku nie masz paczek, masz ukrócone widzenia. W zasadzie widujesz tylko klawisza, siebie i swoją celę. W dodatku wszędzie chodzisz w czerwonym.

Ja poszedłem siedzieć praktycznie z ulicy, jeszcze w mundurze. Miałem przez to jeszcze gorzej, bo byłem policjantem, którego twarz wszyscy znali. Przez to musiałem się na początku ostro napierdalać w kryminale, żeby był spokój.

A swoją pierwszą poważną sprawę pamiętasz?

Kurwa, Patryk, tego chyba nikt nie zapomina. To było 1 marca, miesiąc służby miałem może za sobą. Sąsiedzi zgłosili, że Fela leży zamarznięta. Taka stara meliniara.

Mówisz o tej z podniesionymi rękami?

Tak, tak, ręce miała skostniałe. Przychodzi lekarz, nazywaliśmy go Rudy, i mówi: „O, Fela się zapiła? Ale i tak trzeba zobaczyć, czy nie ma żadnych obrażeń". No, ale jak ją rozebrać? A lekarz trach rękę – chrup! – kość wylazła. Rękę drugą – chrup! – kość wylazła. Ręce jej połamał, żeby mógł ją rozebrać. Ja, kurwa, zielony. Rudy do mnie:

– O! Co? Świeżak? Idź do karetki, powiedz, że cię doktór przysłał.

To idę, kurwa, do tej karetki, pewnie po jakieś kropelki, i mówię do kierowcy:

– Lekarz przysłał.

– Z trupa?

– No.

– A to czekaj.

I dalej, wyjmuje spirytus rektyfikowany i mówi: „pij". Ja na to, że nie piję wódy (bo przed policją nie piłem). A on: „pij, będzie dobrze". No to walnąłem lufę, wróciłem i już jakoś było... Pamiętam też, jak kiedyś trafiliśmy na jeżyka...

Jakiego jeżyka?

Mieliśmy zabójstwo. Wchodzimy, a przed drzwiami stoją chłopaki z patrolu i mówią:

– Wchodźcie, my tam nie wejdziemy.

A z pomieszczenia odzywa się podejrzany:

– Inspektorze, chodź pan, jeżyka zajebistego zrobiłem.

No to się zastanawiamy: jakiego jeżyka? O co chodzi? Wchodzimy, a gość dalej:

– Patrzcie, jakiego jeżyka zrobiłem.

Dwadzieścia jeden noży wbił w plecy swojej żonie! Zrobił jej, kurwa, jeżyka! „Patrz, jaki zajebisty jeżyk", kurwa, Ale nie ruszyło mnie to aż tak bardzo. Ja już chyba wtedy jakiś byłem... Trzeba mieć grubą skórę. Jakbyś się tym wszystkim przejmował, tymi zabójstwami, tobyś od razu wysiadł.

Pamiętam też swojego pierwszego trupa na wschodnim. Wpierdolił się pod pociąg. Zachodzimy zwłoki pozbierać. Flaki nawinięte, dynda wątroba, tam jakiś kawałek ręki uciętej. Dwie dziewczyny, takie starsze, które u nas pracowały, zbierały to razem ze mną. W pewnym momencie one do mnie: „Piotrek, co ty, kurwa, flaki chcesz odwijać? Weź do worka głowę, jakąś rękę, żeby tam rodzinie coś oddać. Głowy zawsze trzeba szukać, ale kto się tam będzie flakami przejmował?". A ja miałem podejście uczciwe: są flaki na ośce, to je odwijam. W końcu to część trupa. Może przyjdzie lekarz, będzie badał i stwierdzi po wątrobie, że go otruli albo coś takiego.

Najgorsze są trupy dzieci. Mieliśmy kiedyś taką sytuację, że dziecko wpadło pod tramwaj i je przecięło na pół. No, to robiło jednak wrażenie. Miałem też takie zdarzenie, że dziecko zabiło się, bo... biegło ze szklanką.

Jak to?

Biegło ze szklanką, zaczepiło o próg, przewróciło się, a szklanka tak się stłukła, że jej dno praktycznie ucięło mu dłoń. I dziecko się z tego powodu wykrwawiło na śmierć... Później swoim dzieciom nigdy nie pozwalałem ze szklankami biegać. Kurwa, w ogóle im szklanek nie dawałem.

Jeśli chodzi o takie makabryczne historie, to mieliśmy też sprawę dwóch wspólników – Czachy i Szczołka. Jeden wielki, ale strasznie głupi, a drugi mały. Pewnego razu poszli skroić jeden bar. Wiesz – kominiareczki, plastikowy gnacik i siekiera. Zastraszyli dziewczyninę i zabrali jej kasę. Potem nam zeznała, że jeden był mały, a drugi duży, i od razu pokojarzyliśmy, o kogo chodziło. No i zaczęliśmy się kręcić, rozpytywać. Przesłuchaliśmy też Szczołka – a ten się nieźle zesrał. Postanowił więc wyeliminować jedyne zagrożenie, czyli zabić swojego wspólasa. Wziął taki, kurwa, nóż kuchenny i upierdolił mu głowę całkowicie... Taki silny był skurwiel. Tylko trzeba jeszcze było pomyśleć o tym, żeby nóż zabrać z miejsca zdarzenia, jakoś ślady zatrzeć. A on ten nóż pierdolnął, wszystkie odciski zostawił. Sprawa wykryta momentalnie. Piętnaście lat za to dostał... no ale łeb mu urżnął jak kurczakowi. Potem mówili na niego Zabójca Kurczaków.

Wiesz, człowiek to wszystko neutralizował gorzałą. Naprawdę chlało się strasznie. Kiedyś pojechaliśmy z kumplem chlać do lasu. Całą nockę tam spędziliśmy. Rano otwieram oczy, patrzę na zegarek: czwarta. Budzę kumpla i mówię:

– Służba nam się kończy. A tu patrz, jaka mgła zajebista, jak mleko. Jak my z tego lasu wyjedziemy?

– E tam, godzina więcej dużo ci da. Śpimy dalej.

Piąta się zrobiła. Już najwyższa pora, żeby się zebrać, bo o szóstej przychodzi następna zmiana. Tylko jak w takiej mgle pojechać, jak jeszcze narąbani jesteśmy? Mówię:

– To zrobimy tak: ja wysiadam, ty odkręcasz szybę, ja idę i ci mówię, jak masz jechać.

No i otwieram drzwi, patrzę – słońce zapierdala przepięknie, tylko szyby nam zaparowały od środka, rozumiesz. Tak chlaliśmy, że zaparowało nam do białego. Trzy godziny gniliśmy tam przez te zaparowane szyby, bo myśleliśmy, że to mgła jest.

A czemu ty się w ogóle nająłeś do pracy w policji? Jakie były początki, jak trafiłeś do pracy na dworcu?

Rzuciłem studia i dostałem bilet do wojska. A wtedy było tak, że zamiast do wojska mogłeś iść do policji. No to złożyłem kwity i przeszedłem komisję. A przyjmowali wszystkich. Pamiętam gościa na komisji, który miał takie wielkie sznyty. Pyta się go pani psycholog:

– A co pan tutaj ma?

– Bo wie pani, w maliny wpadłem i tak się porysowałem za maleńkości…

Okej, zdolny do pracy w policji.

No i potem w tych policyjnych hotelach to był meksyk. Na przykład wpadamy do pokoju, a tam goście kurwę trzymają nad balkonem i latawca będą z niej robili. Mówię:

– Weźcie ją zostawcie, co wam odpierdala?

– To szmata jebana. Umówiliśmy się na dwieście za numer, a ona chce trzysta.

W tygodniu to z pięciu poszukiwanych zatrzymywali za jakieś dziesiony, czyli kradzieże z pobiciem, za włamy i tak dalej.

Policjantów?

Tak. Masz pokój hotelowy, otwierasz drzwi, a tam dziupla. Rozumiesz, paserska. Co chcesz, to możesz kupić. Rower, zegarek, magnetofon, radyjka samochodowe. Co chciałeś. Otwierasz i wchodzisz jak do supermarketu. Szumowin było w chuj wtedy. W tym hotelu na Krasiczyńskiej było niesamowicie. BCP-y cały czas tam wpadały.

Co tam jeszcze w tym hotelu się działo?

Krew się lała cały czas. Napierdalali się między sobą jak mafia – o podział wpływów. Nożami się cięli. Cały czas coś się działo.

A ty tam mieszkałeś?

Tak. Co prawda rzadko, ale musiałem tam jeździć, żeby się przebrać czy wykąpać. Jak mogłem, to unikałem tego miejsca, ale musiałem czasami się tam pojawiać. Przejebane było niesamowicie. Kiedyś tam nawet jedną Chinkę z Pragi ochraniałem.

Jak to?

Była ponoć ważnym świadkiem. Przeciwko jakimś mafiom. Jechała z Czech do Niemiec przez Polskę. No i jak wysiadła na wschodnim, to jej ochrona się rozmyła: policjanci z Czech zniknęli, a Chinka została sama. Więc przyszła do nas do komisariatu i próbowała wytłumaczyć łamaną angielszczyzną, o co chodzi.

Nie wiedzieli, co z nią zrobić, to oczywiście zrzucili sprawę na mnie.

– A weź ją, młody, poruchasz sobie.

Nic nikogo nie obchodziło, że może ona faktycznie jest świadkiem w jakiejś ważnej sprawie, że ją wystawili i że jak ją ktoś będzie chciał odpierdolić, to mnie też przy okazji może załatwić. No bo dlaczego mieliby tego nie zrobić? Co, mam na czole wypisane „policja"? No ale ochraniałem ją wtedy przez dwa dni. Zesrany byłem strasznie, bo w tym czasie trwała też wojna wietnamska – Wietnamcy się między sobą napierdalali o wpływy. Coraz częściej ich z Wisły wyławiali. Zarzuciłeś wędkę jak na szczupaka, a wyławiałeś Wietnamca. No ale w końcu przyjechali po tę Chinkę policjanci z Czech.

A z Wietnamcami to miałem swego czasu przewspaniałe życie. Ciągle jakieś imprezy. Wiesz, oni się pierdolili na potęgę, bo jak się dziecko urodziło, to miało od razu polskie obywatelstwo i oni jako opiekunowie byli tu już na legalu. Więc się dziecko urodziło, była taka impra, że pięćdziesiąt, sześćdziesiąt osób lądowało w chałupie. I ja zawsze chodziłem na te imprezy.

A do burdeli wietnamskich jeździłeś?

Pewnie, ale później chłopaki z wydziału je po mnie przejęli, bo ja się już zesrałem. Te burdele wietnamskie były bardzo hermetyczne. Tam ciężko się było dostać. To nie było tak, że sobie wchodziłeś z ulicy. Ale ja, jako że tych wszystkich Wietnamców znałem, często tam chodziłem na imprezy.

Normalnie by ci nie otworzyli...

No co ty. Ale kiedyś wchodzę do takiego burdelu i siedzi dwóch Polaków. Ja, kurwa, zdygany. Tamci, cyk, wstają, do Wietnamca gadu-gadu i po chwili wychodzą. No to tak siedzę, a Wietnamiec mówi: „Piotrek, ty się nie przejmuj, oni też policja".

Ale co się okazało? Że większość tych burdeli wietnamskich to były dziuple, gdzie kwitł handel wszelakiej maści.

Miejsce spotkań.

Właśnie – miejsce spotkań mafii wietnamskich. Później, jak już zaczęli się odpierdalać, to chłopakom sprzedałem, że są takie wietnamskie burdele, gdzie można wejść, a jak nie otwierają, to się wchodzi z drzwiami. Przecież też tak wchodzili, najebani. „Policja!", kurwa, but, rozumiesz, drzwi wyjebane, i już.

Ciekawie było z tymi Wietnamcami. Nikt ich nie kroił. Był spokój. Nie zdarzały się żadne przestępstwa poza tymi, na które i tak nie miałem wpływu. Chodzi mi o rozliczenia, które mieli między sobą. Później się dowiedziałem, że każdy, kto przywoził kogoś z Wietnamu do Warszawy, musiał tutejszemu szefowi wybaculić za jedną osobę dziesięć tysięcy baksów.

Za jedną przyjezdną?

Tak. Chciałeś sprowadzić cztery osoby, całą rodzinę, to czterdzieści tysięcy musiałeś odliczyć.

Jeżeli nie miałeś do zapłaty, to u niego odrabiałeś tę kasę. Stąd ci wszyscy Wietnamczycy pracowali po bazarach, handlowali nie swoim towarem, tylko tym, który im dali - żeby odrobić tę opłatę. Jak się zbuntowałeś, to cię odpierdalali. I już. Kończyłeś w Wiśle. Nie wiem dlaczego, ale Wisła tak im się spodobała, że ich tam topili.

Na żywca? Czy najpierw w łeb dawali?

Jedni byli postrzeleni, innych topili na żywca. Zależało od tego, jaką przewinę miałeś: mogli być dla ciebie łaskawi, a jak nie, to cię topili na żywca.

A gdzie cię wysłali na samym początku pracy, gdzie zaczynałeś??

W swoich stronach - w okolicach Chełma.

I gdzie tam byłeś? Też w tej patrolówce, do której cię potem, po aferze z Ruskimi, przenieśli?

Nie, pracowałem w komisariatach. I dobrze, bo tam się poznaje całą tę pracę - zapierdala się na wszystko. Dzięki temu uczysz się dochodzenia, interwencji, patrolu, no, generalnie wszystkiego. Ja robiłem od początku w sekcji dochodzeniowo-śledczej. Pracowałem z takim komisarzem, niesamowitym fachowcem, a naszym komendantem był sierżancina jakiś tam z dawnego ZOMO. Znalazł się na tym stanowisko tylko dlatego, że był znajomym komendanta rejonowego policji. A komisarz zapierdalał ze mną jako zwykły policjant. Dużo też było dawnych esbeków. Strasznie chujowa praca była z nimi, bo nie znali żadnej roboty.

Miałem takiego jednego w komisariacie, chuja złamanego. I ten gość dzwoni kiedyś do mnie do domu w niedzielę o ósmej rano, i mówi:

– Piotrek, przyjeżdżaj, jest morderstwo policjanta! Policjanta zabili! Przyjeżdżaj!

– Czekaj, spokojnie. Niby gdzie go zabili?

– W komisariacie. Leży tu, kurwa, zabity.

No nic. Wsiadłem w samochód i zapierdalam. Wchodzę, a ten roztrzęsiony. Pytam, co się stało. A on:

– No chodź, sam zobacz. Ktoś zajebał Waldka. Bo piliśmy jeszcze wczoraj. Dzisiaj się budzę, a on zajebany.

Okazało się, że te kurwy piły wódę pod jakąś konserwę rybną i ten Waldek się ujebał konserwą. Leżał niepomny i wyglądał, jakby był zakrwawiony... Kurwa.

A na dworzec jak trafiłeś?

Na dworzec poszedłem prosto z Piły. Tam skończyłem specjalistyczny kurs, który na tamte czasy był naprawdę zajebisty. Przyjechałem do Stołecznej i zacząłem robić jako inspektor dochodzeniowo-śledczy na komisariacie kolejowym Warszawa Wschodnia. Pasowało mi, bo dzięki temu miałem darmowe przejazdy i mogłem jeździć, kiedy chciałem, do domu. I było zajebiście, dopóki nie przyszła ta afera z Ruskimi i nie przenieśli mnie dalej.

A jak było w Chełmie w tej kompanii patrolowej?

Porażka, wiecznie byłem karany dyscyplinarnie. Ale pamiętam kilka ciekawych akcji. Strach niesamowity, bo wtedy Ruscy wracali z Niemiec, z Polski, łącznie z tymi wszystkimi wojskami... Każdy, kurwa, z czymś jechał. To jakąś dubeltówkę wiózł, to coś innego... W Chełmie była nawet taka sytuacja, że kumpel kumpla z patrolu odjebał.

W jakich okolicznościach?

Dużo policjantów wtedy przechodziło na drugą stronę – na gangustwo. No, wiesz, szli w gangsterkę. To był łasy chleb, bo kroili Ruskich.

Jak?

Zatrzymywali ich jako patrol policyjny i kroili. Była taka sytuacja, że dostaliśmy zgłoszenie napadu na Ukraińców. No i ci Ukraińcy mówią, że jak prowadzili samochód z Niemiec, to podjechało do nich trzech. Jeden na pewno był policjantem, bo działał w mundurze. Podjechali do nich passatem B3 sedanem. Rozpuszczamy wici po całym terenie, żeby szukać gościa i tego samochodu. Ale jeden z chłopaków mówi: „ty, no przecież Siwy ma takiego passata". Jedziemy do niego – Siwy siedzi w samochodzie. Podjechało kilka radiowozów, a Siwy wybiega i spierdala w pole. Chłopaki z patrolówki pobiegli za nim, a my do passata, otwieramy bagażnik – w środku leży martwy Ukrainiec. Zarżnięty jak świnia. Tymczasem Siwy spierdala, ci za nim, a on się nagle odwraca z bronią i trach! trach! trach! – trafił swojego kumpla z patrolu, z którym, kurwa, jeździł z dziesięć lat. Odjebał go po prostu. Dostał potem za to ćwiarę, czyli dwadzieścia pięć lat.

Działo się. Blisko granicy.

W tym Chełmie to najbardziej przejebane mieliśmy właśnie na granicy. Były tam ogromne kolejki. Przepustowość przejścia w Dorohusku była strasznie mała. Tak że ludzie stali tam w samochodach po dwa, trzy dni. No i w pewnym momencie powstały tam mafie ustawiaczy. To byli goście, którym płaciłeś sto baksów i oni cię z ostatniego miejsca w kolejce prowadzili pod sam szlaban. Później jeszcze wprowadzili takie karteczki, na podstawie których mogłeś przejechać, no i tymi karteczkami handlowali. Tak że ciągle była zadyma. Tam było też o tyle nieciekawe, że mogłeś zawsze dostać kosą nie wiadomo skąd. Wiesz: stoi kolejka od przejścia granicznego na dwadzieścia kilometrów. Nie ma żadnego zaplecza socjalnego, nic. I ludzie się burzą. Przez to tam było najwięcej roboty. Ale ja wiedziałem praktycznie o wszystkim, co się tam działo. Bo albo się w knajpie dowiedziałem, albo ktoś mnie tam lubił i powiedział. No i ciągle pisałem notatki. Ale co z tego, skoro pisałem je jako patrolowiec. Notatkę dostawał gość z dochodzeniówki i pierdolił to. Albo ją do Lublina wysyłał, a wcześniej przepisał na swoje nazwisko, że to on ustalił. No i za to miałem przejebane z nimi. Nie lubili mnie, bo byłem „warszawiakiem", który „kozaczył". No to się szlifowało krawężniki tam i powrotem albo się na radiowozie jeździło. To już była żadna robota. Żadna. Zresztą już się tam później nie wpierdalałem za bardzo, bo wiedziałem, że na mnie polują i chcą mnie udupić.

Z powodu Warszawy?

Tak. Cały czas przez Warszawę. Chcieli mnie wyjebać. Ja tam miałem posądzenia o przynależność do grup przestępczych, o współpracowanie z miejscowym elementem przestępczym.

I na tym cię udupili?

Nie. Dałem się podpuścić. Kumpel miał knajpę w takiej wsi. Cały czas mu ją obrabiali, i to tak na bezczela.

Kelnerzy czy ktoś inny?

Złodzieje mu się wpierdalali. Potem jeszcze przychodzili i tę skradzioną kasę wydawali u niego. Wiedział o tym, bo znaczył te pieniądze. W pół roku zrobili mu tę knajpę chyba pięć albo sześć razy. No i zacząłem się dowiadywać, co i jak. Od razu miałem na widelcu typowanych. Dorwałem jednego, drugiego, zgłosiłem do chłopaków z komisariatu. I mówię: „Panowie, to zrobił ten i ten. Tego i tego przyduście, to jeszcze wam powiedzą, gdzie fanty są". No ale, kurwa, jak to – ja? Obcy? Wpierdala się w jakieś komisariaty i jeszcze będzie mówić, co oni mają zrobić? Jeszcze sprawców im znalazł? Zlewali to ciepłym moczem. W końcu jeden do mnie mówi: „To co, nie wiesz, co zrobić? Przywieź ich nam tutaj". I tak zrobiłem, że jednemu wpierdoliłem i przywiozłem go w bagażniku. Ze wszystkiego mi się wyspowiadał: co, jak, gdzie, kiedy. A na komisariacie? Powiedzieli mu: „przywiózł cię tu jakiś frajerzyna i jemu wszystko wyśpiewałeś?". No i gość się wyłgał. Wobec niego postępowanie umorzono. A mi dojebali ograniczenie wolności, nakłanianie do fałszywych zeznań, przekroczenie uprawnień służbowych. Facet złożył na mnie zawiadomienie. Załatwili wszystko bardzo szybko: zawiesili mnie, przeprowadzili postępowanie i dostałem trzy lata.

W zawiasach czy nie?

Trzy lata puchy.

Za to, że go przywiozłeś w bagażniku?

Za to, że go przywiozłem w bagażniku, nakłaniałem do fałszywych zeznań, kurwa, i mu wpierdoliłem.

Bardzo wysoki wyrok. Gwałcicielom tyle nie dają.

Nikomu nie dają. Od razu opinia dzielnicowego negatywna, komendanta negatywna – wszystkie opinie negatywne, i chuj. Poszedłem siedzieć.

Gdzie cię wsadzili?

Zacząłem siedzieć w Krasnymstawie, później siedziałem w Rzeszowie w Załężu, potem w Uhercach, a na koniec w Jabłonkach. Tam nawet bramy nie zamykali. Powiedzieli, że jak spierdolisz, to i tak cię niedźwiedzie zeżrą.

A pod jakąś celą byłeś? Z mundurowymi?

W Krasnymstawie tak. Tam miałem fajnie – byłem z dwoma czarnymi z AT, to znaczy antyterrorystami, którzy już siedzieli pięć lat.

Za co?

Bez zarzutów, bez niczego. Chodziło o przekroczenie uprawnień służbowych w Terespolu na granicy. Zadymy. Cały czas byli jako tymczasowo aresztowani. Tam było super. Z kucharzami też siedziałem. A później poszedłem do Rzeszowa na Załęże, czyli już do normalnego kryminału. Tam siedziałem na jedynce. To był taki doświadczalny oddział z więźniami z HIV. Masakra. Tam, kurwa, nikt niczego nie dotykał – baliśmy się nawet jeść. Wiesz, o HIV się wtedy mało mówiło, a tutaj HIV-owcy siedzieli. A jak się chodziło do łaźni, to się w woreczku foliowym myło, bo się baliśmy, że się zarazimy. Integracja, kurwa.

A dalej?

Z Załęża poszedłem na Uherce. Tam siedziałem z Karrambą.

Karrambą?

No, tym znanym raperem. Z tamtych czasów oczywiście. To był rok 2000, więc dla ciebie to jeszcze nie był znany raper. Tam to już był meksyk. Trzy tysiące ludzi w jednym kryminale. Ukraińcy, Cyganie i chuj wie kto jeszcze. Tam za odmowę pracy poszedłem do tych jebanych Jabłonek. W taki cypelek między granicą słowacką, polską i ukraińską, gdzie odbierał tylko drugi program telewizji czeskiej. I nic więcej. No i tam już dosiedziałem.

A jak przestępcy reagowali na to, że siedzi pies? Nie chcieli cię dojechać?

Mało kto wiedział na początku. Później, jak siedziałem z kimś z tamtych stron, to powiedział, że jestem psem, no i od razu krótka gadka do mnie. Nie było tak, że w nocy jakaś kocówa, tylko na spacerniaku. No ale ja zawsze byłem bystrzak, do tego szybki i lubiłem się napierdalać. Więc się z nimi napierdalałem. Później sobie przypunktowałem, bo na Załężu wpierdoliłem pedofilowi. Kadzieńki mi dojebali wtedy.

Kadzieńki?

To jest wyrok, który dostajesz dodatkowo za przestępstwo popełnione w zakładzie karnym.

Spotkałeś go pod celą?

Tak. Pod celę go rzucili i powiedzieli, o co chodzi. Z takimi fajnymi gangusami siedziałem wtedy, co się nie przypierdalali do mnie. Powiedzieli krótko: „Byłeś psem, mamy na to wyjebane. Jak będziesz normalny, to my do ciebie nic nie mamy". W kryminale jest tak, że złodzieje się do psa zawsze przyczepią. Ale gangusy, dożywotni i inni tacy to nie. Żyjesz z nimi normalnie. Nie będą się waflowali, że jesteś przyjaciel, chociaż takich też później miałem, jak siedziałem w Jabłonkach. Z takim Hiszpanem to miałem zajebiście dobrze. Trzymaliśmy sztamę naprawdę niesamowitą. W ogóle to ja dwa razy siedziałem. Później wróciłem jeszcze na rok.

Kiedy to było?

W 2010.

Za co?

Za niewinność. Za autentyczną, kurwa, niewinność. Polowali na mnie niesamowicie. Znaleźli mi dzień przed przedawnieniem wyroku jakiegoś ochłapa ze starych czasów. Chodziło o to, że byłem oskarżony o pobicie. No i 15 kwietnia sprawa się miała przedawnić, a 14 kwietnia mnie zamknęli. Trzymali mnie w sądzie przed północą, żeby wszystkie kwity na mnie znaleźć, bo nie mieli ich nawet na miejscu. Dostałem rok do odsiadki.

A gdzie tym razem?

Chełm i Opole Lubelskie. Polskie Alcatraz – najgorszy kryminał w Polsce.

Tak? Myślałem, że Sztum jest najgorszy.

Nie. Sztum kiedyś taki był. Tak jak kiedyś Wronki, których już nie ma. Dlaczego najgorsze? Dlatego że tam miało być najnowocześniej. Wyłożyli na to osiemset milionów złotych, a wszystko się sypało. Cała ta elektronika, kamery – nic nie działało.

I już wtedy nikt nie wiedział, że jesteś psem? Wszedłeś pod inną legendą?

Tak. Jak tam wszedłem, to każdy, co mój wyrok brał, śmiał się, bo taka teczka pożółkła. Wtedy już było całkiem inaczej. Jeszcze z pierwszej odsiadki spotkałem chłopaków. Siedziałem tam też z takimi rowerkami. Po pijanemu ich zatrzymywali. Wjeżdża dziadek pod celę i mówi, że ma pięć lat puchy.

– Za co?

– Za rower.

– Jak to za rower?

– A bo raz mnie jebnęli i dostałem półtora roku, drugi raz dwa lata dali, potem trzeci raz, i tak w sumie w rok chyba z osiem spraw mi wyjebali.

No i pięć lat mu w sumie dali.

A czym się różniła policja od gangsterów w tamtych czasach?

Odznakami. Gangusy nie miały odznak. My mieliśmy blachy. Czyli tak naprawdę chyba się niczym nie różniła. I tu, i tu były struktury mafijne. Tu byli bandyci i tam byli bandyci. Choć nie wszyscy policjanci byli źli. Było naprawdę dużo dobrych policjantów.

Teraz jest, Patryk, inaczej. Kiedyś się chlało, bo wóda była wszystkim – wódą się zmiękczałeś, wódą się uodparniałeś, wódą się odstresowywałeś. Teraz jak patrzę, to aż tyle wódy nie ma, ale ćpają w chuj. Każdy policjant ze speedem lata.

Z amfą czy z koksem?

Z amfą. Teraz każdy z woreczkiem. Dla nich speed dzisiaj to jak dla mnie kiedyś wóda.

Po co im to?

Nie śpisz, jesteś bystrzejszy, w jakiś sposób odreagowujesz. Cywilizacja, Patryku – teraz wszystko idzie do przodu.

CZEGO ZABRAKŁO LUDZIOM NA TITANICU

Podinspektor Marcin Niekłański, Wydział Kryminalny: Przyszedłem do policji na początku lat dziewięćdziesiątych. Wtedy połowa policjantów była po ciemnej stronie mocy. Wiesz, było ciężko, przez te wszystkie przeobrażenia, które zachodziły w Polsce.

Jak zaczynałeś?

Bardzo chciałem pracować w kryminalnych. Ale żeby w ogóle dostać się do naczelnika, trzeba było przejść pierwszy bastion oporu, czyli sekretarkę. Wchodziłeś, pytałeś:

– Pani Małgosiu, naczelnik jest może?

A ona krótko:

– Wypierdalaj, gnoju, bo ci zaraz zajebię.

Ale w końcu się dostałem do tego naczelnika, choć łatwo nie było.

– Siadaj, synu – przywitał się. – Co cię do mnie sprowadza?

– Chciałbym zostać policjantem pionu kryminalnego.

– Dobra, ale co konkretnie chcesz robić?

– No... Wie pan, jak to mówią: jeden kolega przyszedł do włamań, drugi przyszedł do życia i zdrowia. To może i mnie by pan gdzieś tu wsadził.

– Wiesz co, ja dam cię na próbę do poszukiwań. Tylko pamiętaj, synu, masz trzy miesiące, żeby się wykazać. Tu pracują najlepsi z najlepszych. Jak się nie sprawdzisz, to mimo że cię tu polecili, masz załatwione, że się tu, kurwa, nie utrzymasz.

Przychodzę do pokoju, tam siedzi ekipa starych wyjadaczy. No i ci od razu do mnie – lufa! Ja mówię:

– Panowie, przecież mnie zaraz stąd wypierdolą. Jeszcze dobrze nie przyszedłem, a wy już każeta mi pić...

A oni:

– Pij, synu.

No to co – trzeba było pierdolnąć. A później od razu knajpa po robocie i tak dalej.

Ten pierwszy okres mojej pracy był bardzo dynamiczny. Spodobało mi się. Jebnąłem od razu takiego „wynika", że zwierzchnikom aż się zagotowało pod kopułką. Zgarnąłem gościa, którego długo poszukiwali - ukrył się w mieszkaniu w szafie. Bo wiesz, ja miałem to, czego zabrakło ludziom na Titanicu - czyli szczęście.

Dobra tam wtedy była ekipa. Jeden za drugiego życie by oddał. Mieliśmy też paru ubeków, którzy nam pokazali, jak robić, żeby się nie narobić, a żeby wszystko było dobrze. Oni siedzieli, walili wódę cały czas, bo to były stare orły, a myśmy zapierdalali na nich.

Miałem tam też takiego Władka, wielkiego fachowca, który uczył mnie wszystkiego. No i po tych trzech miesiącach w poszukiwaniach nastąpiły akurat jakieś przeobrażenia i Władek został kierownikiem od zabójstw. No i mówi do mnie:

- To dawaj tam ze mną.

- Władek, ja się na tym przecież nie znam... Tutaj to proste jest wszystko, a tam trzeba rozpracowania robić, szukać bandytów, nie ma przebacz.

- Kurwa, to jest proste. Mówię: dawaj ze mną.

I poszedłem. Okazało się, że nie było to takie proste, jak przekonywał, ale za to zajebiście wciągające. Powiem ci, że jebnąć klienta po jakimś czasie za głowę, czyli morderstwo, za napad czy jeszcze za coś innego i zobaczyć jego minę przed lufą o szóstej rano, to jest bezcenne.

To były lata, kiedy myśmy nie wychodzili z roboty. Było bardzo dużo zdarzeń: począwszy od zabójstw, poprzez napady, haracze i porwania dla okupu. To wykańczało, ale jednocześnie zawiązywała się między nami - policjantami - taka nić sympatii. Bardzo chcieliśmy, żeby społeczeństwo zrozumiało, że my to wszystko robimy dla nich.

Wiesz, to jest fajne, kiedy na przykład zwracasz komuś cztery kilo złota, a wcześniej złodzieje przypalali go lokówkami albo bili do nieprzytomności młotkami, żeby to złoto zdobyć. Kiedyś rozkręciliśmy klientowi pół mieszkania, żeby znaleźć fanty. Potrafiliśmy skuwać płytki, zrywać boazerię - ale mieliśmy nosa do tego. A powiem ci, Patryk, że to jest niewyobrażalne, w jakich miejscach ludzie potrafią się schować, żeby tylko policja ich nie znalazła...

Gdzie na przykład?

Ściany ze skrytkami, szafy, lodówki... Jak wchodziłeś do mieszkania, musiałeś zwracać uwagę na emocje ludzi, którzy tam byli - rodziny, znajomych i tak dalej. Po nich było widać, czy poszukiwany klient jest w środku, czy go nie ma.

Wiesz, czego się najlepiej nauczyłem przez te wszystkie lata? Pracować banią, a nie ręką. Największa satysfakcja była wtedy, kiedy siedziałeś z gościem i wiedziałeś o nim wszystko - z kim śpi, kogo rucha na boku, gdzie pija, gdzie jada śniadania, gdzie chodzi na siłownię, o której godzinie wychodzi z domu. Jak miałeś dobrze rozpracowanego człowieka, to zawsze znalazłeś jakiś słaby punkt. Te wszystkie zbóje to są kozaki, jak ich jest trzech, czterech, pięciu. Ich kozactwo się kończy z chwilą zatrzaśnięcia się drzwi do radiowozu. Zresztą u nas tak było, że wszyscy bardzo szanowali policję kryminalną. Dlaczego? Bo się nas po prostu bali.

Pamiętam, jak był wjazd na taki jeden burdel i tam był taki Wasyl, co też strasznie kozaczył. Potem chwilę z tobą posiedział i już był grzeczny. Co mu wtedy powiedziałeś?

Że go lubię, ale że to jest, kurwa, nasze miasto i że my w nim, kurwa, rządzimy. Nie będzie nam jakiś Ruski stawiał warunków. Jak mu to pasuje, to zostanie tu dalej, a jak nie, to my będziemy u niego codziennie.

O tym Wasylu to się w ogóle mówiło, że on był ze specnazu czy GRU. Zresztą każdy Ruski tam był po jakimś Afganistanie. Kiedyś nam jeden zbój powiedział, żebyśmy go rozkuli, bo on i tak nas może samymi nogami zajebać. Tak że trzeba było uważać – ale my byliśmy ekipą, którą się szanowało, bo... byliśmy ostrzy.

Jak wyglądała taka robota?

Kiedyś mieliśmy dużo okupów za samochody i był gość, który nas strasznie z tym wkurwiał. Wiesz, grał nam na nosie, śmiał się prosto w oczy. No i pojechaliśmy do chama na wioskę, bo wiedzieliśmy, że ma tam dziuplę. Było nas trzech – ja, naczelnik i kierownik sekcji. Dojechaliśmy, no i naczelnik zaczął grać, że my tu jesteśmy gangstery, że słyszeliśmy, że stodółkę tu można podkupić, i tak dalej. Z początku cham mówi, że nie, nie bardzo. No to naczelnik zawołał do kierownika, żeby ten dwie butelki wódki przyniósł, i zaczęliśmy z chamem pić. W końcu, po wódzie, cham nam zaczął opowiadać co i jak. On się zajebał, my się zajebaliśmy, tylko kierownik trzeźwy został, bo prowadził.

No ale mówimy: dobra, szykujemy go na jutro, na strzał. Wracamy do bazy, wchodzimy zameldować się zastępcy komendanta do spraw kryminalnych, a tam, kurwa, siedzi u niego komendant wojewódzki – akurat przyszedł na herbatę. Była godzina dwudziesta. Od razu mi się kita zgrzała, a naczelnik, ten, co był z nami na akcji, staje na baczność i zaczyna:

– Panie komendancie, chciałem zameldować, że może pan poczuć od nas alkohol.

Kurwa... Ja blady z tyłu stoję, ale twardo czekam na rozwój sytuacji, a komendant wojewódzki pyta zdziwiony:

– Nie rozumiem, ale niech pan to rozwinie.

No i naczelnik wyjaśnił, o co chodzi. Na to komendant:

– Aha, aha, aha, nie no, kurwa. – Wstał, poklepał nas i powiedział: – Dobra, chłopaki, idźta do domu. Takich ludzi mi trzeba.

Czujesz? No to poszliśmy na górę, zrobiliśmy, co mieliśmy zrobić, i radiowozami nas odwieźli do mieszkań. Takie czasy były – chodziło o to, żeby najebany policjant wrócił cały i zdrowy do domu. Dzisiaj są pojebane czasy, to i od razu dzwonią obywatele, że „Blue Taxi", „Blue Gówno" i tak dalej. Radiowóz jest po to, żeby zabezpieczać. Zwykłych śmieci, pijaków można radiowozem wozić, ale pijanych policjantów już nie? A dlaczego? Przecież to jest taki sam człowiek. To, że wykonuje zawód zaufania społecznego? Oczywiście, ale wódki się może napić. Czasami to nawet lepiej rozładowuje stres niż na przykład siłownia.

W każdym razie – na drugi dzień pojechała ekipa, zawinęła chama i przywiozła do nas. Ale cham był sztywny jak pal Azji.

Czemu jak pal Azji?

No bo jak Azję Tuhajbejowicza nabijali na pal, to się ten pal nie złamał. No i tu cham też taki sztywny, nie pucował się. To znaczy nic nie sypnął. No to chwytamy się ostatniej deski ratunku. Mówię do chłopaków:

– Dobra, kujta mnie i prowadźcie do chama.

Więc mnie skuli, zaprowadzili do niego, a ja na wejście walę z kopa w krzesło i mówię:

– Ty kurwo, szmato, sprzedałeś mnie! Ty frajerze, chuju, zajebię cię!

I tego typu teksty. Chłopaki w końcu wyciągnęli mnie za bety i poszli go znowu przesłuchiwać. Za piętnaście minut przychodzi kolega i mówi:

– Rozpierdolił się.

Tak że pewne rzeczy musieliśmy robić naokoło...

Czasami ciężko było też wytłumaczyć ludziom – w sensie: pokrzywdzonym – żeby grali z nami uczciwie, bo my jesteśmy mądrzejsi od bandytów. Przecież jak było jakieś zagrożenie dla pokrzywdzonego, to myśmy robili tak, żeby go delikatnie wyautować, odsunąć od zagrożenia.

Jakieś przykłady?

Jasne. Zawinęli klientowi mercedesa. Wpada do niego sąsiad i mówi:

– Brachu, kurwa, patrz, jak dobrze trafiłeś... Słyszałem, że ci zajebali samochód, a ja mam dojścia do tych bandytów, co ci go ukradli. Parę groszy posmarujesz, to oni ci go oddadzą.

A to był oczywiście jeden z gangsterów, którzy mu ten samochód podprowadzili. Klient przyszedł do nas i zgłosił sprawę. No to my wchodzimy do akcji i gramy. Bandyci elektryczni jak chuj, zresztą to pierwsza liga była wtedy. Zaczęliśmy robić obserwacje i inne rzeczy. No ale najważniejszy był pokrzywdzony – trochę się baliśmy o niego, bo mieszkał po sąsiedzku z tym bandytą. No i wysłaliśmy do niego jednego policjanta, żeby na bieżąco monitorował sprawę.

A wiesz – to były jeszcze takie czasy, że nie mieliśmy nowoczesnej techniki, superpodsłuchów, kamerek i tak dalej. I w pewnym momencie przyszedł do naszego pokrzywdzonego ten zbój, żeby pogadać o transakcji. Nasz kumpel nie wiedział, gdzie się schować, więc wskoczył za wersalkę. No i leżał tam pół dnia – wersalka dosunięta, stacja w uchu przyciszona. Dzięki temu słyszał wszystkie rozmowy i wszystkiego się dowiedział. A pokrzywdzony dogadał się z gangsterem tak, że da mu pieniądze na wykup tego skradzionego mercedesa, a ten gangster wręczy mu – w ramach zabezpieczenia – umowę kupna-sprzedaży jego własnego samochodu: beemki.

Finał był taki, że dorwaliśmy tych złodziei. Akcja była gruba, bo mieliśmy pościg za nimi – wiesz, kurwa, po chodnikach, przez rondo i tak dalej. Myśmy się tam nie pierdolili w tańcu – jak trzeba było przycisnąć, to te nasze poloneziny ledwo zipały. A teraz najlepszy motyw: przychodzi do nas żona tego aresztowanego chama i mówi, że chce odebrać kluczyki od jego beemki. Tłumaczymy, że to nie jest jej samochód.

– Jak to, przecież to samochód mojego męża?

No to wołamy pokrzywdzonego, on przychodzi i mówi do tej babki:

– No nie, to nie jest już wasz samochód, ja mam tu umowę kupna-sprzedaży...

Czyli wyjebał ich na tę beemkę tytułem odszkodowania.

A temu, co przez pół dnia leżał za wersalką, to nie chciało się na przykład lać?

Może, ale to lejesz pod siebie w takiej sytuacji. Patryk, kurwa, to jest taka adrenalina, takie emocje – leżysz, trzymasz spoconą łapę na kopycie i nie wiesz, kurwa, co się może wydarzyć. I nie myślisz nawet o tym, czy ci się chce lać, czy nie. Dopiero później wszystko puszcza.

Wiesz, to jest cały czas gra na emocjach. Jak później zostałem przełożonym, to zawsze tłumaczyłem chłopakom: nie przemoc, tylko emocje. Jak ich pokonacie głową, to macie taką satysfakcję, że to jest niesamowite po prostu. I pokazywałem im, jak to się robi. Praktycznie nie mieszkałem w domu - na każdej akcji, realizacji byłem z nimi. Nigdy też nie siedziałem w biurze. Wkurwiali się wszyscy, bo ktoś musiał dowodzić z biura, ale ja dowodziłem z miejsca, bo zawsze powtarzałem: jak trzeba będzie wypieprzyć drzwi, pierdolnąć samochód samochodem, to ja podejmę decyzję, bo jestem na miejscu - zza biurka nie da się kierować takimi rzeczami.

Naszych lokalnych gangsterów to myśmy mieli w jednym palcu opracowanych. Rozmawialiśmy z nimi tak: „kurwa, jak chcecie coś nam zrobić na złość, to róbcie, ale na innym terenie, bo u nas to będzie od razu wpierdol". Jak doszło do jakiegoś zdarzenia, to myśmy ich potem brali wszystkich na dołek. Nie pukaliśmy do drzwi, tylko dzwoniliśmy po AT i jazda - żeby, kurwa, było z przytupem i z przyświstem. Jak masz chama, to go duś, jak się zesra, to go puść. Taki świętej pamięci Gazel to mówił, że jak widział czarną kominiarkę na twarzy psa, to robił tylko przepisowy krzyż na ziemi i czekał.

Wtedy ciągle były jakieś walki, ale później skala przestępczości się zmieniła.

Rosła czy malała?

Malała. W latach dziewięćdziesiątych była bardzo duża, na początku nowego stulecia też, a później bandyci zrozumieli, że łatwiej jest wyłudzać podatki VAT i pracować w białym kołnierzyku, niż napadać i zabijać, bo za to są duże wyroki, a tam im chuja tak naprawdę można zrobić. W międzyczasie trochę gości poszło na koronki, znaczy świadków koronnych, i posypało tych różnych gangsterów. Oni się tam później podogadywali, popłacili sobie należne i dzisiaj raczej wszyscy żyją w symbiozie. Część siedzi, część pouciekała. Z perspektywy dwudziestu lat swojej pracy mogę powiedzieć, że teraz w mieście jest bezpiecznie. Dzisiaj prawdziwi gangsterzy mają takich chujoplątów, co im na przykład narkotyki jakieś rozprowadzają. A poza tym to VAT, VAT, VAT i jeszcze raz VAT. Ale to już nie jest poważna gangsterka.

A nie macie w Radomiu w ogóle problemów z przestępczością pseudokibiców? Bo oni są w chuj zorganizowani, do tego dochodzi ideologia i też robią narkotyki. Do tego są bardzo hermetyczni.

Powiem ci, że tu u nas nie mamy z nimi za dużo problemów...

A tam nie ma jakieś drużyny?

Są: Radomiak Radom, Broń Radom. Ich kibole jeżdżą na jakieś ustawki, ale nie powiedziałbym, żebyśmy sobie z nimi nie radzili. Ja sam jestem kibicem. Od dziecka chodziłem na wszystkie mecze Radomiaka. Tak że oni wszyscy mnie tam znają. Najpierw stałem i w mundurze ich pilnowałem, później po cywilnemu, a potem dowodziłem w niektórych meczach zabezpieczeniem kryminalnym i tak dalej. Ja nawet jeżdżę na mecze wyjazdowe tego klubu. Fajną rzecz też zrobiono, bo powołano zespoły antykonfliktowe – u nas dwóch chłopaków się tym zajmuje i oni wzięli na klatę tych pseudokibiców.

A na czym polega taka praca?

Chłopaki są zespołem monitorującym, który jeździ na każdy mecz. Zajmuje się pseudokibicami.

Po cywilu?

Tak – to są operacyjni. Tyle że kibice ich wszystkich znają. No i potem jest na przykład taka sytuacja, że jest jakiś mecz na wyjeździe i nasi kibice zaczynają dymić. Dowódca zabezpieczenia podejmuje decyzję, że trzeba im spuścić wpierdol. Na to nasze chłopaki mówią:

– Poczekajcie chwilę. Puśćta nas do nich.

– No jak... Pójdzieta do setki kibiców?

A oni idą, wołają któregoś z tych dowodzących kibiców i mówią:

– Słuchaj, jest temat taki: albo, kurwa, gracie na zasadach tego klubu, albo dostajecie wpierdol i was nie ma. Sprawa jest prosta. To jak: chcecie dostać teraz wpierdol?

– No, nie chcemy.

– To ma być spokój.

I załatwione. Oczywiście to tak działa u nas, bo w potężnych klubach, takich jak Legia, to jest nie do opanowania. Gadałem kiedyś z jednym policjantem ze Śląska i on mi powiedział właśnie, że największe zagrożenie stanowią pseudokibice, bo z nich wyrastają później potężne gangi. Tam, na Śląsku, to są ludzie z familoków – dzieci ulicy, które nie mają nic. One się mogą tylko wybić przez kibicowanie, przez zabicie, poderżnięcie gardła czy przez narkotyki. Na Śląsku mają z tym ciężko. Byłem w życiu w różnych miejscach, ale to, co widziałem na meczach na przykład Górnika z Ruchem, to był dramat.

Moim zdaniem policja sama sobie nie poradzi z tym problemem. Państwo jest słabe i niewydolne w tym zakresie. Jeżeli nie doprowadzimy do tego, że pojawi się prawdziwa nieuchronność kary, to będzie kiepsko. Ale Anglicy i Włosi jakoś sobie z tym poradzili.

Co tam jest wprowadzone teraz poza skutecznym monitoringiem? Bo monitoring chyba dużo zrobił?

Wiesz, Patryk, jeżeli chodzi o zmiany dotyczące organizacji meczów, zacznijmy od tego, że teraz nie kupisz biletu bez identyfikacji swojej osoby. Problem w tym, że nikt nie pilnuje tego, czy jeśli kupiłeś bilet na miejsce 7C, to faktycznie tam siądziesz, czy nie. Każdy ma to w dupie. Bo jak idę na mecz reprezentacji i jest pięćdziesiąt pięć tysięcy ludzi, i mam 7C, to siadam na 7C. Na stadionach klubowych tak to nie działa niestety.

Poza tym lobby, które spowodowało, że mecze chronią agencje ochrony, przegrało z systemem i pseudokibicami. Wcześniej, jak chroniła policja, to było dużo spokojniej na meczach. Dzisiaj agencje ochrony sobie nie radzą. Bo to w ogóle wygląda tak: za bezpieczeństwo meczu odpowiada organizator. Nikt inny. Najważniejszą osobą na stadionie jest kierownik do spraw bezpieczeństwa, a on jest od organizatora.

No i na stadionie musi być odpowiednio dużo informacyjnych i porządkowych. A w odwodzie stoi zawsze policja – czyli policja i tak jest angażowana. Zaczynamy od głupiego wożenia się z tymi gamoniami po całej Polsce. A na to konwojowanie kibiców idą masakrycznie duże pieniądze. Na przykład ostatnio jechaliśmy do Lublina na mecz. Patrzymy, a tam każdą stację benzynową blokuje radiowóz, żeby nie zjechał autokar z tymi debilami. Wiesz dlaczego?

Bo kradną?

Tak, robią sobie typowe promocje – wpadają, jebudu, wychodzą i już są straty, jest przestępstwo, jest problem. No i stają potem gdzieś przy lasach, blokują przeważnie cały ruch, bo te chuje chodzą i leją po asfalcie. A jak jedzie dwustu, trzystu, to nic na to nie poradzisz.

A opowiedz jeszcze o tej sytuacji z sylwestrem, kiedy wszyscy byliście najebani.

Jakieś trzy czwarte Wydziału Kryminalnego poszło wspólnie na sylwestra. I zasada była taka, że starsi napierdalają w gaz, a młodsi pilnują samochodów – w razie gdyby była potrzeba, żeby gdzieś jechać. No i śpię sobie w domu po imprezie, bo gdzieś o czwartej rano wróciłem. Nagle dzwoni naczelnik i pyta:

– Co robisz?

– No, kurwa, ryby łowię.

Bo co mogę robić o piątej rano po sylwestrze? A naczelnik:

– Bo jest zabójstwo.

– Ale, proszę, szefie, ja jestem, kurwa, zajebany.

– A myślisz, że ja nie?

No to zaczynamy się zbierać, zjeżdżają radiowozy, wchodzimy do komendy, a tam każdy zapierdolony.

Zresztą niektórzy to się jeszcze z garniturów nie porozbierali. No i poprzyjeżdżaliśmy, siedzimy, kurwa, i co? Przecież zabójstwo jest. Więc ładujemy się do radiowozów – na szczęście mieliśmy tych młodych, co nie pili.

Przyjechaliśmy na miejsce i jak wypadliśmy na te blokowiska, to w dwadzieścia minut już wszystko było wykryte. Tam piżgało wszystko, kurwa. Jakieś dwie godziny zajęło nam to wszystko, łącznie z przyznaniem się sprawców w komendzie, na papierze. Reszta zabezpieczała zwłoki, a my co? Poprawiny sylwestra czas zacząć. Pojechaliśmy napierdalać do komendy i piliśmy tam do wieczora.

W ogóle to mieliśmy takie szczęście, że co siedliśmy do jajeczka czy do wigilii, to wychodziło zabójstwo. Ja pierdolę, ręce opadały.

No tak, święta są wylęgarnią awantur domowych – ludzie się spotykają, wylewają jakieś żale...

Tak, Patryk, ale myśmy się nie zajmowali takimi *stricte* awanturami. My wchodziliśmy dopiero, jak komuś po awanturze łeb spadł. Ewentualnie jeśli doszło do napadu rabunkowego. Ale co było fajne: nie zdarzało się, żeby się zadzwoniło do kogoś, a on mówił: „nie mogę". Każdy rzucał wszystko, i chuj. Taka ekipa była. Myśmy się w godzinę potrafili zebrać w dwudziestu paru. To była potężna siła.

Pamiętasz jakieś związane z tym sytuacje?

Kiedyś zawinęli jednego naszego spod sklepu. Chłopak pojechał kupić sobie ćwiarteczkę, a jakieś chujopląty osiedlowe poznały, że to jest pies. Zawinęli go do samochodu i pojechali do lasu mu najebać. On im jakoś wtedy uciekł – jak stanęli, to im chyba po prostu spieprzył z tego samochodu. Potem zadzwonił do mnie, a my momentalnie zebraliśmy ekipę. Jeszcze zadzwoniłem do naczelnika i mówię:

– Szefie, zawinęli naszego, jedziemy szukać skurwysynów.

A on do mnie prosto:

– Bez nich nie wracajcie.

A czemu? Chciał im dojebać? Zamykał ich wcześniej?

To była taka lokalna gangsterka – wiesz, biła, piła i tak dalej. No i pojechaliśmy na kilka radiowozów. W końcu ich zobaczyłem i krzyknąłem przez stację:

– Mamy chujów, jadę za nimi.

Goście mi zaczęli nawiewać swoim samochodem, ale że nasza „polonia" była, kurwa, wyścigowa, to doszedłem ich i zajechałem im drogę. W międzyczasie dojechały inne radiowozy i zaczął się taniec godowy. Ale co się tam działo, to niech już zostanie w mojej pamięci i tych, którzy tam byli.

Jak ci goście wyszli po dwóch latach z więzienia, to spotkaliśmy się przypadkowo przed domem tego kumpla, któremu chcieli dojebać. Jeden z nich warknął do mnie:

– Ty kurwo mendo.

Wyszedłem centralnie przed bramę i mówię:

– Chodź no, mistrzu. Poznaliśmy się kiedyś? Na chuj ci to potrzebne? Zawiń się i trzymaj mordę krótko.

Nawet nie jęknął, powiem ci szczerze.

Zawsze było na ostro?

Było też trochę śmiesznych sytuacji. Wjechaliśmy kiedyś naszą nieskazitelną „polonią" na teren, gdzie jest zakaz ruchu. Patrzymy, a z drugiej strony wjeżdża piękne audi i zapierdala. Patrzymy na znak – i lizak, jeb go do bandy. Za kółkiem siedział gangus. Mówimy:

– No i co, mistrzu, mandacik. Pińcet, kurwa.

– Ale za co pińcet, chłopaki?

– Co „chłopaki", nie ma chłopaki, pińcet, i chuj.

To on znowu:

– Ale chłopaki, jakaś zniżka.

A mój kumpel do niego:

– Ty, u nas zniżkę mają tylko emeryty i rencisty.

– Tak? To proszę bardzo. – I legitymację rencisty nam pokazuje.

Popatrzyliśmy po sobie. I co? Chuj.

– Masz dzisiaj farta, dostajesz zniżkę...

Ale wiesz, to też budowało relacje między nami a gangsterami. Rozumiesz? Oni też wiedzieli, że do pewnego stopnia muszą nam ufać, bo jakbyśmy ich brali tylko na ostro, to nigdy byśmy się z nimi nie porozumieli. Zresztą często spotykaliśmy się po nocach w różnych knajpach i w innych podobnych miejscach.

Miałem na przykład kumpla z dzieciństwa, który poszedł siedzieć za zabójstwo. Zabił faceta w afekcie i postrzelił dziewczynę. No i zamknęli go, chyba na dwanaście lat, a wyszedł po ośmiu. Jako jeden z niewielu się wtedy nawrócił – a mógł być prawdziwym gangsterem, bo miał w bliskiej rodzinie naprawdę poważnych gangusów. No ale kiedy wyszedł, to nie mógł się kompletnie odnaleźć – jak poszedł wyrobić dokumenty, to, kurwa, prawie płakał, bo wszyscy go mieli w dupie.

Więc mu pomogłem – zadzwoniłem do przyjaciela, żeby załatwił sprawę z tymi dokumentami. I on potem do mnie mówi:

– Słuchaj, robię grilla. Zapraszam cię, musisz być. Ja cię bardzo proszę.

– Wiesz co, niekoniecznie mi towarzystwo odpowiada.

– Nie, kurwa, musisz być, ja mam wielką wdzięczność dla ciebie za to, co dla mnie zrobiłeś.

No to pytam, kto będzie. A on mi na to, że ten i ten.

– Dobra, tylko pozwolisz, że ja najpierw powiem ze trzy zdania do wszystkich na dzień dobry.

No dobra. Oczywiście zameldowałem o tym swojemu naczelnikowi, bo u nas takie zasady były, że jak piłeś z gangsterami wódkę, to siadałeś i pisałeś z tego notatkę. Po to, żebyś – jeśli jakaś kurwa cię potem podjebie i przyjdą koledzy z kontroli – mógł im powiedzieć: „tak, piłem ze złodziejami, proszę, tu są kwity".

Ciężko się było tego nauczyć, ale starzy gliniarze zawsze powtarzali, żeby pisać te notatki, i bardzo tego pilnowali. Bo młodzi to zawsze pierdolili – woleli polatać, zawinąć, a nie jakieś tam notatki pisać. Ale ja zawsze później swoim policjantom też powtarzałem: „Jak coś zrobiłeś, to napisz z tego notatkę. To jest twój dupochron i lepiej o niego zadbać. A jak masz coś spierdolić, nie wiesz, jak to zrobić, to mi ją przynieś, ja ją przeczytam i sprawdzę". I tak to się toczyło.

Wracając do tematu – przyjechałem na tego grilla, a wcześniej kupiłem z pięć butelek wódki. Wchodzę na imprezę, a tam siedzi taka naprawdę konkretna gangsterka. No ale przychodzi ten mój kumpel i mówi:

– Siema, miło, że jesteś.

– Poczekaj, ja tylko dwa słowa. – I na cały głos: – Zaprosił mnie tutaj Jarek, a jak się komuś nie podoba, że tu będę, to niech wypierdala.

Pięciu się podniosło i wyszło. No i pijemy wódkę już później, atmosfera się elegancko rozluźniła. Nagle jeden do mnie mówi:

– Mam do ciebie temat.

– Co, chcesz mnie na ucho zaciąć? To ja mam ciebie zaciąć, a nie ty mnie. Mnie nie zatniesz.

– Ja wiem, ale dałbyś mi telefon, to cię wydzwonię, byśmy pogadali później, bo dzisiaj nie ma klimatu.

– No dobra.

Wszyscy złodzieje mieli nasze telefony, tak jak my mieliśmy ich. Tak już było. No ale siedzimy dalej i pijemy. W pewnym momencie wódka się skończyła i ja mówię do niego:

– Ja tu przyniosłem wódkę, a ty nie przyniosłeś? To co ty – za psa pieniądze pijesz, a ciebie na wódkę nie stać? Chcesz, żebym pijany pojechał po wódkę?

Na ambit mu wszedłeś.

Kiedyś w knajpie podszedł do mnie złodziej i zaczyna:

– Dzień dobry, poznajesz mnie?

– Nie, a zamykałem cię kiedyś?

– No tak.

I stoimy przy barze, on coś tam pije i nagle pyta:

– Napijesz się ze mną?

– Dlaczego nie?

No to zamówił po pięćdziesiąt gram i soczek. Pierdolnęliśmy, rzucił na bar pięćdziesiąt złotych. Pani mu wydała piętnaście. No to ja mówię:

– Pani pozwoli jeszcze raz to samo.

Barmanka nalała znów po pięćdziesiątce i podała po soczku. Wypiliśmy, rzuciłem pięćdziesiąt złotych, pani mi wydaje. Ja na to:

– Nie, mnie stać bez reszty, dziękuję.

Takie zagrywki się robiło, żeby ich poczochrać trochę.

A pamiętasz, w jakiej sprawie chciał tamten gość zadzwonić?

On później kontaktował się ze mną w paru delikatnych sprawach. Wiesz, Patryk, z nimi to było zawsze tak: większość udawała zucha. Ale za każdym razem chodziło o to, żeby wyjebać konkurencję z rynku. Przyszedł, wypluł się na konkurenta, myśmy tamtego zakuli, a on był czysty. Miał dla siebie pracę. Rynek się zwolnił, więc można było więcej zarobić.

Musisz wiedzieć, że te gangstery są takie, że jeden drugiemu by za pół stówki gardło poderżnął.

Jak jeden drugiemu wisiał pięćdziesiąt złotych, to masakra była, człowieku. Myśmy nieraz zapominali sobie oddać po stówie z chłopakami – a oni nie. Tam każda złotówka musiała być rozliczona.

Ale to co – czuł od razu, że będą gadać, że jest frajer, bo go można z pieniędzy opierdalać i nie mieć szacunku? Że musi pokazać, że trzeba się z nim liczyć?

Słuchaj, oni wszyscy chcieli, żeby każdy się z nimi liczył. A to nie ma tak, kurwa. Istotni byli tylko najpoważniejsi. Kiedyś mieliśmy taką sytuację: pojechaliśmy do knajpy o szumnej slangowej nazwie Pod Trupkiem. Bo naprzeciwko cmentarza. Najpierw walnęliśmy po lufie na komendzie, a potem tam na flaczki. Była taka ładna pogoda, to sobie siedliśmy na ławce, a pani nam przyniosła flachę i flaczki.

Pijemy wódę, już trochę zrobiliśmy. Zajeżdża jedna beemka, druga beemka, trzecia, i wychodzą z nich takie małolaty. Myśmy ich znali, bo to nasza radomska gangsterka. Ale, kurwa, plują coś do nas, szczekają. Kumpel mówi:

– Ty, co to za porządki?

– No widzę właśnie, że na nas warczą.

Ale chuj, siedzimy, pijemy. Ich jest dziesięciu, my najebani, to nie będziemy się rzucać, bo nas wyklepią. No i nagle zajeżdża mietek jeden, mietek drugi. Wychodzi dwóch poważnych gangsterów. A ja wstaję od razu i mówię:

– Dzień dobry panom. Zapraszamy.

Przyszedł jeden i mówi:

– Słucham panów?

Wiesz, pełna kultura. To pytam:

– Ty, co to, do chuja, jest, że my się wódki nie możemy napić w naszym mieście, bo jakieś gnoje na nas poszczekują?

– Słucham?

I poszedł, zrobił porządek z gnojstwem. W momencie. Jeszcze wraca i mówi:

– Czy tytułem przeprosin mogę panom flaszkę postawić?

– Oczywiście. Siadaj. Pierdolniesz?

– Nie no, jak panowie wiedzą, ja nie piję.

No to chuj. Jebnęliśmy po lufie, ale mówię:

– No nic, to zabieraj tę flaszkę do siebie.

Siedzimy dalej, pijemy wódkę i już się tak dobrze opiliśmy. Nagle kumpel woła go po ksywie. A on:

– Tak, słucham pana?

– Nie wiesz, czym, kurwa, do domu pojedziemy?

– Panowie sobie życzą którym?

I jakbyśmy sobie życzyli, to któryś ze zbójów by nas odwiózł do domów. Ale jakby chcieli, toby nas... Zresztą oni i tak wiedzieli, gdzie my mieszkamy, my wiedzieliśmy, gdzie oni, więc to nie stanowiło takiej tajemnicy.

A dużo było takich prób jak z tym policjantem, co mu chcieli zrobić oklep w lesie? Czy ci gangsterzy pompują się raczej gdzieś na ogniskach, przy chlaniu, że kogoś dojadą, a nic z tego nie wynika?

Co ty, oni są ciency jak dupa węża. Zasada jest jedna: jak ktoś uderza w nasze gniazdo, to, kurwa, wiercimy bandytów od najmniejszych rzeczy – karzemy, jebiemy za wszystko, wyciągamy informacje i tak dalej. Oni tak pierdolą farmazony, że dojadą, dojadą, dojadą. Tak naprawdę musi być ogień sprawa, żeby dojechać psa. Teraz jeszcze, jak CBŚ wchodzi, to już pięty posrane u wszystkich. Nie ma kozaka na nich. I to samo policja kryminalna. Oni już wiedzą, że jak kryminalny wchodzi, to chuj.

Myśmy najebani chodzili po knajpach, cha, cha, cha, hi, hi, hi, i nikt nawet nie kwękał w naszą stronę, bo wiedzieli, że następnego dnia o szóstej rano stanie Załoga G w drzwiach. I wtedy będzie przejebane.

Zawsze był szacunek?

Dam ci humorystyczny przykład. Przyjechałem w Wigilię na myjnię, stanąłem w kolejce i poszedłem zobaczyć, jak tam idzie mycie. No i stoi pan gangster.

– Dzień dobry.

– Dzień dobry.

– Co tam?

– Na myjnię przyjechałem, ale widzę, że kolejka duża, to trochę poczekam.

– A ja panu miejsce zająłem.

– No ale, kurwa, stary, ja nie będę tak mył tego samochodu, zobacz, ilu ludzi w kolejce czeka...

– Ale ja panu miejsce zająłem. Proszę.

– Nie no, nie wjadę.

– To nikt nie wjedzie. To jest miejsce dla pana, przede mną.

I musiałem wjechać, bo nikt by nie wjechał. No pierdolnięty, ale to też pokazuje, jaki był szacunek.

Ale byli i tacy, którzy się mocno pilnowali, na przykład taki gangster, co kiedy zajeżdżał pod blok, to dzwonił domofonem do małżonki – ta wychodziła na klatkę, zapalała światło i puszczała psa. Jak nie szczekał, to facet wchodził do klatki, bo wiedział, że nikogo nie ma. Jakby się coś wydarzyło podejrzanego, toby od razu spierdalał. Tak że ta ich psycha całymi dniami pracowała. Niewdzięczny zawód.

Oni żyją bardzo bogato, ale krótko. I to jeszcze nie wszyscy żyją bardzo bogato. Już nie mówię o tych zwykłych chujoplątach, co tam napadają na starsze panie i torebki wyrywają. Bo to już jest zwykłe drańczęsto i skurwysyństwo. Ale takich spraw to sporo wykrywaliśmy. Dzisiaj jest zresztą pod tym kątem dużo łatwiej, bo Wielki Brat jest wszędzie. A kiedyś tylko dane i rozpoznanie.

Zawsze mówiłem, że dla nas najważniejszą grą była dezinformacja i dezintegracja środowisk. Nie to, żeby ich pozamykać, tylko żeby ich porozpierdalać od środka. Najlepszy nasz tekst to wiesz, jaki był? Jak tam któryś podskakiwał, to się do niego mówiło przy koleżkach: „Dlaczego pajacujesz? Jak przychodziłeś po pieniądze na komendę, to tak nie pajacowałeś". I szedłeś dalej. A ten już, kurwa, blady. I co? Więcej nie pajacował.

A was te konfrontacje stresowały?

Zdarzało się, że po długiej i ciężkiej służbie trzeba było się rozluźnić. Wtedy przyjeżdżał do nas psycholog – nazywał się Wyborowy. I on nas leczył, mieliśmy wtedy długie Polaków rozmowy.

Nieraz się zdarzało, że przychodził do nas wtedy też ktoś z kierownictwa. To mieliśmy taki patent: stawialiśmy sobie maszynę do pisania klawiaturą przodem do drzwi, a za nią ustawiliśmy kieliszki. No i kiedyś zachodzi do nas komendant. Wcześniej słychać było, że idzie, to pochowaliśmy wszystko. Ten wchodzi i pyta od progu:

– Pijecie?

– Meldujemy, że w życiu, panie komendancie.

– Tak? A to audi odbite to skąd?

A tam stopki czterech kieliszków odbite na biurku. Ale wiesz, to nie było tak, że myśmy tam siedzieli i tylko pili. W tym czasie pisaliśmy na maszynach, robiliśmy akta i tak dalej.

A były jakieś zabójstwa, które tobą szczególnie wstrząsnęły?

Wiesz co, zanim przyszedłem do policji, to w ogóle nie chciałem na pogrzeby chodzić. Strasznie mnie to jakoś blokowało. Ale jak już się przychodzi do naszej firmy, to wszystkie bariery się łamie. *Veni, vidi, vici.* To musiałem przełamać też tę psychozę z trupami.

Jak w mundurze pracowałem ze trzy lata, to już widziałem jakieś trupy, na przykład kiedy jeździliśmy zabezpieczać miejsce zdarzenia. Ale pamiętam dobrze swoje pierwsze zabójstwo, kiedy przeszedłem do kryminalnego. Goście pili wódę, o coś się posprzeczali i jeden drugiemu napierdolił siekierą. No, stary, powiem ci, że robiło to wrażenie.

Jak tam przyjechaliśmy, naczelnik powiedział:

– Idź, młody, zobacz, ucz się, bo stara gwardia wiecznie żyć nie będzie.

No to wszedłem do środka, a tam wszystko w farbie, klient z banią napuchniętą jak trzy dynie i podziabany cały siekierą. Uuu, to był straszny widok. No ale tu akurat sprawca był znany i już poszukiwany. A mieliśmy parę takich spraw, w których sprawców nie znaliśmy. Były kiedyś takie słynne marsze milczenia młodzieży, jak zabili młodego chłopaka za parę adidasów – skopali go na śmierć. Robiliśmy przy tej sprawie. Wtedy też dostaliśmy nagrodę od ministra spraw wewnętrznych za wykrycie i zatrzymanie sprawcy. Byliśmy tak wkurwieni, że jak wpadliśmy na tych małolatów, to jeszcze nie wyszli z domu, a już się poprzyznawali wszyscy.

Dla mnie to była trudna sprawa pod względem emocjonalnym, bo znałem brata i ojca tego dzieciaka. Pracowałem z nimi w poprzedniej robocie. Ja byłem tym pierwszym, który pojechał do domu powiedzieć, że to ich syn, bo on był dzień wcześniej zgłoszony jako zaginiony. Szukaliśmy go, a znaleźliśmy zabitego, skopanego na śmierć. Nie pamiętam teraz, ile miał lat – szesnaście, siedemnaście albo osiemnaście. Najgorszy był ten pierwszy moment, gdy weszliśmy i matka już wiedziała, co chcemy powiedzieć. Jeszcze słowa z siebie nie wydobyliśmy, a ona już pisk. Coś strasznego.

W ogóle powiadamianie ludzi o śmierci ich bliskich było okropne. Ciężkie były też sekcje zwłok dzieci. To wszystko gdzieś tam na psychikę działało.

No ale szło się wtedy do Wyborowego, psychologa. Pierdolnęło się i jakoś przechodziło, człowiek spychał gdzieś te wydarzenia, zapominał. W tej robocie trzeba było wyłączać emocje. Wchodziło się na zimno.

Podam ci przykład: syn zapierdzielił matkę i ojca dziabką.

Czym niby?

No dziabką – do ogródka, taką do dziabania w ziemi. Zapierdolił ich, podziabał na środku podwórka. No i jak myśmy tam zajechali, trwał już pościg za klientem, bo uciekł gdzieś w pola. Chłopcy go złapali. Przy czym to zatrzymanie i zabójstwo to jest jedno. A historia druga jest osobna. My tam pracujemy, robimy oględziny, zabezpieczamy miejsce zdarzenia i tak dalej. Dobra, skończyliśmy czynności, możemy się zawijać. No to któryś mówi:

– Dobra, to wołajcie wesoły autobus.

Wiesz, co to jest?

Nie.

Karawan. Dzwonią więc do dyżurnego, a dyżurny mówi:

– Słuchajcie, jest dużo zwłok, wesoły autobus będzie dopiero gdzieś za dwie godziny.

No to sobie siedliśmy, zwłoki leżą przykryte jakimiś workami, a za płotem stoi tabun tubylców. Naczelnik mówi do mnie:

– Masz tu stówę, jedź no, przywieź coś do jedzenia, bo chłopaki głodni.

Wsiadłem w samochód, skoczyłem do sklepu. Kupiłem podwawelskiej dwa kilogramy, musztardę i trzy chleby. No i te zwłoki tak tam leżą, my siedzimy na jakichś pieńkach i te kiełbasy maczamy w musztardach, i jemy. Dla nas to było normalne. Ale ludzi wokół zaczęło rzucać. Zaczęli coś kwękać, ale myśmy nie zwracali na to uwagi. Głodni policjanci po wykonanej robocie powinni zjeść. Więc siedzieliśmy i jedli, a że nie było innego miejsca, tylko to...

Miałem tam teścia niedaleko i on mi potem mówi:

– Jak wyście tak mogli? Kurwa, tu zwłoki, a wy jecie...

– Słuchaj, a ty w oborze jesz kanapki? Jesz. No to widzisz. Dla mnie to jest moja praca. Taka sama jak twoja. A ty, jak obrządzasz, to też przegryzasz.

Na sekcję zwłok jak się szło, to też już tradycją było, że trzeba najpierw co nieco pierdolnąć. Bo ten trupi jad, te zapachy, to wszystko... Nie dało się. Zasada była taka: najpierw bania, potem szedł gość na sekcję zwłok i spieprzał do domu. Trzeba się było przebrać i wykąpać.

To musiało zostawiać po sobie ślad.

Wiesz, my generalnie jesteśmy trochę inni niż cała reszta społeczeństwa. Mówię o typowych policjantach kryminalnych. Pokażę ci to na konkretnym przykładzie. Jesteśmy na drugim końcu Polski na wczasach. Psy chujami wodę piją. Wchodzimy z kolegą policjantem na taki wiejski bazar. No i po dziesięciu minutach wszyscy, co mieli trefny towar, spierdalają z targu i krzyczą, że psiarnia przyszła. Rozumiesz?

Tak samo oni wyczuli nas, jak my ich. Od razu, wchodząc na ten targ, wiedzieliśmy, kto handluje spirytusem, kto fajkami, kto ma coś nielegalnego. W ogóle jak wchodzę do pomieszczenia, to od razu widzę, kto jest kurwą, kto złodziejem. Firma wyrobiła w większości z nas taki szósty zmysł. Potrafimy przeczytać ludzi, powiedzieć po pierwszym zetknięciu z człowiekiem, czy warto zainwestować w jakieś znajomości, czy trzymać się od niego z daleka, bo śmierdzi chujem. I rzadko który z nas się myli.

A zdarza się, że znajomi z dzieciństwa wstydzili ci się rękę podać na ulicy?

Tylko takie kondomy. Prawdziwe chłopaki z ferajny to zawsze piona, piona. Może z początku był to dla nich szok. Ale istniała jedna zasada: nigdy nie pracowałem tam, gdzie się wychowałem. I jak spotykałem tych kumpli na przykład na korytarzu w sądzie, to patrzyłem im w oczy. Takie mieliśmy niepisane reguły. Gdzie się mieszka i pracuje, tam się chujem nie wojuje. Nie wolno było pracować u siebie. Po co masz mieć kłopoty?

Jak trzeba było kumpli zamykać, bo się już na czymś wpierdolili, to mówiłem: „jedźcie, chłopaki, sami, ja tym razem odpuszczam". No ale było też czasami tak, że któryś zaliczył wpadkę na gorąco. To wtedy już sorry Gregory, ale profesje nam się pozmieniały. Ty poszedłeś na lewo, a ja na prawo. No i tyle.

Pamiętam kiedyś taką sytuację: jadę w niedzielę z obiadu od rodziców z byłą już teraz żoną i z córką. Siedzi kumpel pies na przystanku. Zajechałem, zatrąbiłem, a on macha i pyta:

– Ty, wiesz, kogo widziałem? – A chodziło o takiego poszukiwanego gościa. – Szedł z kobitą i pewnie jest teraz w domu.

No to nic, odwiozłem swoich do domu i pojechałem do komendy po pistolety. Wracamy, wbijamy do tego gościa i pukamy do drzwi. Zazwyczaj nikt nie otwiera, ale akurat jego rodzice mieli na obiad przyjść. I baba otworzyła – my ją od razu na bok, wpadamy z giwerami, a on stoi i mówi do mnie:

– Siema, Marcin.

Uuuuu, skucha... Okazało się, że chodziliśmy razem do szkoły średniej. No i on jeszcze zapodaje do mojego kumpla:

– Wiesz co, tu jest w kasetce dziesięć koła papieru. Ja skaczę, wybijam szybę i mnie nie ma.

A kumpel go od razu jeb w łeb i zakłada mu kajdanki.

– Możesz skakać, ale razem z tymi kajdankami, bo tam chłopaki czekają.

Bo wiesz, jak raz weźmiesz w łapę, to już będziesz zeszmacony. Bandyci będą mieli na ciebie wyjebane.

Trzeba wiedzieć, gdzie stoi barykada...?

Wracając jeszcze do tych pseudokibiców. Kiedyś byłem na meczu Radomiaka, a działo się to świeżo po tej sytuacji w Otwocku, kiedy doszło do burdy i zginął jeden kibol. No i wiesz, siedzę sobie po cywilu, w dresiku, i zaczęli tam jacyś kolesie pierdolić, że policja to bandyci. Ja się wkurwiłem i mówię do jakiegoś chłopczyka:

– No i po co tak pierdolisz, mistrzu?

– Bo zabili człowieka.

– Tak? Strzela ktoś teraz, napierdala do nas?

– No nie.

– A jak wstałeś i krzyczałeś, że policja chuje, to strzelał ktoś do ciebie?

– Też nie.

– To teraz weź kamień, idź na płytę, pierdolnij sędziego. Będą strzelać do ciebie?

– No będą.

– No, kurwa, dalej, idź i pierdolnij.

– Ja tam nie pójdę.

– No i widzisz, chujozo. To po co się drzesz? Nikt nie strzela do nas za to, że się mecz ogląda.

Gość później patrzył na mnie dziwnie. Ale myślę, że do nich dotarło.

Czyli jak nie ma presji grupy, ludzie potrafią myśleć racjonalnie.

Mieliśmy jeszcze jedną taką dość nietypową sytuację. Były święta i takie typowe wiejskie nurki poszły się najebać. Jako że sklepy były pozamykane, uderzyli na stację benzynową. Kupili sobie wina, wypili, potem się pokłócili i jeden klient pociął dwóch gości tulipanem, stłuczoną butelką. Po prostu poszlachtował ich jak świnie, po gardle.

No to namierzyliśmy gościa i pojechaliśmy do niego na chatę. Robimy przeszukanie, a jego matka cały czas:

– Olaboga, olaboga, to nie un…

– Un nie un – mówimy – jutro o szóstej rano jesteśmy z powrotem, ma tu, kurwa, stać i czekać.

I pojechaliśmy, bo go faktycznie nie było. Przyjeżdżamy następnego dnia z rana, a on stoi w furtce, spakowany, z walizką, i czeka na nas. Wtedy to się położyliśmy ze śmiechu. To pierwszy taki wypadek, że klient wyszedł spakowany, z walizką, i czekał na policję, żeby go zawinęła.

KLAMOT, SZMATA I TAK DALEJ

Podkomisarz Kamil Mruk, Wydział Kryminalny: To były początki instytucji świadka koronnego w naszym kraju. Zaczęło się od tego, że dostaliśmy zadanie zgarnięcia znanego w Szczecinie złodzieja samochodowego, który miał zostać świadkiem koronnym. Przyjechaliśmy po niego we czterech. Okazało się, że chlał w knajpie z jakimiś ruskimi złodziejami. Jak nas zobaczyli, to od razu powiedzieli do niego: „Psy przyjechały. Dobra, to my ich tu blokujemy, a ty spierdalaj przez kuchnię". No i prawie się tam zaczęliśmy z nimi strzelać. No ale w końcu dorwaliśmy naszego gangusa, jeszcze dostał w ryj, skuliśmy go w dyby i do radiowozu. Dopiero jak odjechaliśmy kawałek i emocje trochę puściły, to go rozkuliśmy. Kumpel zapytał, czy chce browara. On, że oczywiście tak, ale był już na totalnym zjeździe. No ale walnęliśmy po drodze po browarku na rozluźnienie.

Czyli nie miał źle.

Pierwsze tajne mieszkanie, do którego go przywieźliśmy, było chyba na osiemnastym piętrze w takim wyjebanym bloku. Potem przyszło go pilnować dwóch takich fajnych gości, ale strasznych alkoholików. Tak że swój swojego od razu zrozumiał. Jak go zobaczyli pierwszym razem, to on się telepał po tym wcześniejszym piciu. Jeszcze ich zapytał:

– Ludzie, co wy, nigdy nie piliście?

Więc jeden z tych policjantów poleciał od razu do sklepu i mu kupił setkę cytrynówki.

Jak dalej potoczyła się ta sprawa?

Policja dała naszemu świadkowi dwa tysiące złotych na mieszkanie i utrzymanie. Oczywiście jeden z policjantów brał całą kasę, a on dostawał tylko pięć stów. No ale na początku i tak miał wszystko na koszt państwa – od żarcia po wódę. Problem w tym, że on nam spadł jak meteoryt z nieba – nikt nie miał doświadczenia w ochranianiu takiego świadka. Zamiast zrobić grupę składającą się z kilku ludzi, cały wydział zaangażowano w jego ochranianie. Dopiero po pewnym czasie przydzielili mu stałą grupę.

Ale wcześniej, co oczy otworzył, to byli inni ludzie w mieszkaniu. No i każdy coś z plecaka wyjmował. Ten nasz świadek mówił potem, że powinien się po tym wszystkim zapisać do psychologa i do grupy AA, bo codziennie był najebany.

A z czasem działy się coraz ciekawsze rzeczy. W pewnym momencie przynieśli mu policyjny komputer, żeby się nie nudził. Dali mu normalnie loginy, a tam był dostęp do różnych poufnych informacji – o wszystkich policjantach i tak dalej.

Ale po co był mu ten komputer?

Żeby miał na czym grać, żeby mieli na czym filmy razem oglądać, jak go tam pilnowali, i tak dalej. Wiesz, normalnie z biurka zdjęli i przywieźli, z pełnymi danymi, kurwa. To sobie wszystko poczytał i wszystko wiedział. Niektóre rzeczy sobie nawet na pendrive'a pozgrywał. Jakby się ktoś dowiedział, byłaby straszna afera.

A filmy były legalne?

No, ściągane po prostu. Zależy, kto miał jakie zamiłowania – jeden lubił kryminały, a drugi, kurwa, jakieś love story. Wszystko było katowane po kolei, a *Pitbulla* to już wszyscy tak znali, że każdy się czuł jak Despero.

Sielanka.

Siedzieli tam i pili wódkę – świadek, Andrzej, Mariusz i taki Kaszana. Nagle nasz świadek wyjął telefon i chciał pokazać Kaszanie zdjęcie swojego dziecka w komórce. A Kaszana wziął ten telefon i pierdolnął nim o ścianę. No i świadek go pyta: „Co ty robisz, bydlaku? Chciałem ci tylko zdjęcie dzieciaka pokazać". Poszedł, pozbierał telefon i siadł obok Kaszany. A ten nagle wyjął klamkę, przeładował i przystawił mu do łba. Wszyscy zaniemogli. A Kaszana napierdolony, z tą klamką nie wiadomo, co zrobi. Więc chłopaki zaczęli go uspokajać. W końcu odłożył pistolet, a wtedy inny policjant od razu podbiegł, trzasnął go w pysk i wyrzucił mu magazynek. Kaszana się zerwał, wybiegł na korytarz i zaczął się drzeć: „Policja! Pomocy! Policja! Potrzebuję pomocy!". Potem z powrotem wbiegł do mieszkania, stanął na balkonie i powiedział, że będzie skakał.

W końcu poprzyjeżdżali z wydziału, pozbierali ich i wymienili ekipę na trzeźwych. Ale za długo trzeźwi nie byli, bo też zaczęli z tym świadkiem pić.

Skończyły się wakacje.

Jeszcze lepsze było to, że ten nasz świadek miał taką laskę, która była złodziejką samochodów. No i chłopaki go puszczali później, żeby jeździł się z nią podymać. Potem Kaszana ją poznał i się w niej zakochał. Nawet żonę dla niej zostawił i do tej babki się przeprowadził. No, kabaret po prostu.

W końcu w wydziale stwierdzili, że wszyscy sąsiedzi już wszystko wiedzą, więc trzeba przenieść gdzieś naszego świadka – najlepiej na wieś. No i go wywieźli do domku w lesie. Zaraz na początku przyjechał tam do niego taki Marcin. A co mogą w środku lasu robić dwa chłopy? Zaczęli pić. W pewnym momencie Marcin mu zaproponował, żeby się posiłowali na rękę. Skończyło się na tym, że zaczęli się napierdalać. Rano przyjeżdża Kaszana, a ci leżą najebani i posiniaczeni. No to zabrał ich do samochodu i pojechali po silniki, które ten świadek kiedyś zajebał i zostawił u pewnej byłej policjantki na posesji.

Jak to: u byłej policjantki?

Normalnie – bo to była koleżanka matki i brata tego świadka. Poprosili ją, czy nie mogą tam tego przechować.

A ona nie domyślała się, że są z przestępstwa?

Może się domyślała, ale nie robiło to jej różnicy. Chyba z rok tam u niej te silniki leżały. W każdym razie – odebrali te silniki, a Marcin razem ze świadkiem wrócili do chaty. Ciśnienie im spadło, no to znowu zaczęli pić. Potem nasz świadek jeszcze Marcina odprowadził na dworzec PKP, bo chłopak był tak najebany. Rozumiesz, kurwa? Świadek koronny.

Jaja się działy straszne. W dodatku wszystko na koszt państwa. Nawet sobie krewetki zamawiali. Oczywiście razem z wódą. W pewnym momencie nasz gangus poszedł do naczelnika i powiedział, że on by chciał samochodem jeździć, bo się źle czuje, jak nie może sobie autem pojeździć. No i zaczęło się testowanie policyjnych fur. Potem to już było nawet tak, że nasz świadek brał radiowóz, odwoził jedną zmianę na dworzec PKP, a zabierał drugą. Takie numery.

W pewnym momencie stwierdzili, że by im się jakieś panienki przydały na tym kwadracie. Ale trzeba było ułożyć jakąś legendę. Więc wymyślili sobie, że wszyscy będą robić po prostu za policjantów, którzy tam są na jakiejś akcji, a Kaszana będzie naczelnikiem. No i zaczęli tam jakieś laski sprowadzać, grille robili, wódka się lała. W pewnej chwili było tak, że do tego naszego świadka codziennie dzwoniła jakaś lala i pytała, co zje na śniadanie. No i przyjeżdżała, robiła mu kanapeczki i tak dalej.

Jedna miała męża, a druga – właśnie ta złodziejka – jakiegoś gacha we Francji, który się ukrywał przed wymiarem sprawiedliwości i ją utrzymywał. Generalnie wszystkie były z odzysku, ale mieli z nimi dobrze. Kaszana trochę grał na gitarze, świadek trochę śpiewał, no to było fajnie. Choć zdarzały się i mordobicia.

Ale powiem ci jeszcze ciekawszą rzecz. Czasem Kaszana wszystkich policjantów zwalniał i jeździł sobie z naszym świadkiem po różnych panienkach. Ten sobie jeszcze klamota od Kaszany wziął, przypiął do paska i wchodził tak na przykład do sklepu po wódkę. A w tym pistolecie normalnie naboje były.

Ale czemu on mu tę klamkę dawał?

Bo takim darzył go zaufaniem – świadka, który wcześniej samochody kradł. Dasz wiarę? Gość chodził z jego pistoletem. Przecież mógłby mu spierdolić. Ciekawe, jak by się z tego wytłumaczył. Ale wracając do tych panienek – w pewnym momencie była taka sytuacja, że siedzieli na kwadracie we czwórkę – świadek, Magda (ta złodziejka samochodowa), Kaszana i taka Ewa. A ta Magda, co tu dużo pierdolić, lubiła się podymać w każdą dziurę. No i ten świadek kiedyś rano schodzi i mówi do Kaszany:

– Kurwa, zajebiście było, ona i w dupala zapierdala.

– Ta, no co ty?

Wiesz, tak jakby nigdy w życiu tego nie robił. No i w końcu doszło do tego, że – tak jak ci wspominałem – Kaszana się z nią związał.

Chciała być z policjantem?

Tak, ona specjalnie chciała się podpiąć pod niego, bo wiedziała, kto to jest, i miała dzięki temu dupochron. A Kaszana to cóż... niedorobiony gość po prostu. Wiesz, on był gdzieś tam też komendantem ochotniczej straży pożarnej. No i cała wieś wiedziała, że pilnuje ważnego świadka. Koleś po prostu wszystkim się chwalił. Na tym kwadracie, gdzie był świadek, zrobił nawet kiedyś wieczór kawalerski dla kolegi.

W lokalu, gdzie był świadek koronny?

Tak. Świetny balet. Ale oczywiście też się działy sceny dantejskie. Bo świadek w swoim pokoju dymał się z tą Magdą i potem tam spali. Rano się nasz gangus budzi i czuje, że mu ktoś rękę w dupę wpycha. Patrzy, a tam jakiś gość nad nim stoi. Jak mu zajebał, to facet aż do kuchni wpadł. A układ tej chaty był taki, że miałeś salon z kominkiem, trzy schodki, kuchnia, następne trzy schodki i pokoje. No to jak mu zajebał, to gość spadł do tej kuchni. Kaszana się obudził, a świadek na to:

– Jakiegoś pedała tu, kurwa, przyprowadziłeś.

Jak tego gościa jeszcze Kaszana pierdolnął, to cztery żebra mu złamał. Facet z piętnaście kilometrów w podartej koszuli szedł na nogach do domu. A okazało się potem, że koleś chyba świadka z tą Magdą pomylił. Chciał ją chyba wyrżnąć.

Generalnie był hardkor. Jak naszemu świadkowi znudziło się jeżdżenie, to sobie wymyślił, że chciałby postrzelać. No a Kaszana miał pozwolenie na cezetkę, taki czechosłowacki pistolet, to sobie napierdalali w lesie.

Trudno w to uwierzyć.

Raz przyjechał taki Wojtek i gość o ksywce Buźka – oczywiście dwóch policjantów. No i pojechali ze świadkiem do Biedronki po zaopatrzenie. Jak zwykle – wóda, piwo i jakieś żarcie. Buźka zatrzymał się przy tych koszykach promocyjnych, w których są powystawiane jakieś szmaty, klapki i tak dalej. Położył tam swój plecak, a w tym plecaku klamot, szmata, wszystko, co chcesz. No i wyszli z Biedronki, wsiedli do samochodu i pojechali. Nagle Buźka się budzi.

– Chłopaki! Gdzie jest mój plecak?

No to wrócili. Na szczęście wszystko znaleźli. Dajesz wiarę?

Ten Buźka to też ciekawy typ. Aktualnie jest na misji w Kosowie. Ale myślę, że to tylko przez to, że ruchał taką Zosię z ABW. Jej historię wszyscy znają. Poszła pracować do policji i dymała się z każdym. Potem spierdoliła do ABW. Do dzisiaj na jakichś portalach typu seksfotka można znaleźć jej zdjęcia. Co najlepsze – nadal jest w służbie. Ale co jeszcze lepsze – miała też kontakt z naszym świadkiem. Kiedyś nie mieli gdzie pić i poszli na cmentarz – ona była wtedy jeszcze policjantką. Normalnie ze zniczy wódkę pili. Takie rzeczy się działy.

Zabawa ze zmianami lokali operacyjnych dla świadka trwała długi czas, bo nie bardzo było wiadomo, co z nim zrobić. Posadzić go nie można było, a puścić go też nie bardzo chcieli, bo się bali, że jeszcze mu się odwidzi i da nogę. Stwierdzili więc, że życie świadka jest zagrożone, i do jego ochrony brali kolejnych oddelegowanych ludzi. Świadek czuł się jak małpa w zoo, bo codziennie przyjeżdżali go odwiedzać nowi policjanci, zupełnie jakby złodzieja nigdy nie widzieli na oczy. Co do zagrożenia świadka, to najbardziej ucierpiała jego wątroba, bo każdego dnia wóda i szukanie nowych rozrywek. Jak się wszystkim znudziło kąpielisko, grille, dziewczyny, gry na kompie służbowym i filmy, to któregoś dnia policjanci wygrzebali kamizelkę kuloodporną, którą mieli na stanie. W tej chałupie mieli też wiatrówkę, taką dość mocną, więc gdy zabrakło w okolicy ptaków, a butelki i tarcze się znudziły, zaczęli testować kamizelkę w taki sposób, że świadek ją wkładał na grzbiet, a jeden z policjantów do niego strzelał. Powiem ci, że albo ta kamizelka była do dupy, albo ta wiatrówka taka dobra, bo miał siniaki, a ślady na kamizelce zostały bardzo wyraźne, o co zresztą potem była afera.

Innym razem policjanci pojechali z naszym świadkiem do Słubic, żeby spotkać się z niemieckimi policjantami. Od nas pojechało pięciu gliniarzy i prokurator. Nie zdążyliśmy dobrze dojechać do Myśliborza, a już wszyscy najebani, oprócz kierowcy. A kierowcą był Kaszana. Na początku się palił do jazdy, a później się wkurwiał. Ale na miejscu mieli życie jak w Madrycie. Nawet w hotelu policja za wszystko płaciła. Szkło tylko stało i każdy polewał – od naczelnika po prokuratora. Nasz świadek poopowiadał, jak to te samochody kradli w Niemczech, i wszyscy byli happy. A poza tym się integrowali.

Naszego świadka zabierali na tak zwane eksperymenty. Czyli chodzili po Frankfurcie, a on mówił: „no, tu były takie krzaki, tu stał samochód, a tu go zajebaliśmy". Wiesz, po to, żeby zweryfikować jego zeznania. A że on chodził zawsze w bojówkach, więc miał pochowane po kieszeniach seteczki z wódką. I mówił na przykład: „o, w tamtych krzakach siedziałem, poczekajcie chwilę, muszę to sprawdzić". No i leciał w krzaki, łykał sobie, wychodził i mówił: „Nie, to jednak nie te. Pomyliło mi się”. Do tego cały czas jeden gliniarz chodził z nim w te krzaki i mówił: „Masz jeszcze jedną? Bo mnie też suszy”. Wesoło było w tym Frankfurcie.

Ale mieli też jedną sytuację mniej zabawną – jak jechali do Berlina. Zgarnęli po drodze jednego Niemca – takiego starszego gościa. W samochodzie waliło gorzałą, to mu wkręcili, że nam podnieśli wiek emerytalny, więc dlatego wszyscy piją. No ale gość musiał wdychać tę mieszankę wypocin z alkoholem i w pewnym momencie dostał zawału.

Jak to?

Normalnie – jechali i nagle gość im zaczął schodzić na tylnym siedzeniu. I zaczęła się akcja. Nasi wszyscy oficerowie, ale żaden po angielsku nie umiał gadać. Zatrzymali się przy jakimś McDonaldzie i wezwali karetkę. Na szczęście udało się gościa odratować.

A naszego świadka zabrali nawet raz na realizację – i to pod jego własnym domem.

Dlaczego?

Bo on mieszkał ze swoją byłą konkubiną, synem i pasierbem, a przez ścianę miał lidera złodziei ze Szczecina z jego żoną. Jego baba i żona tego dilera to były siostry rodzone. No i przydał się na tej realizacji, bo wcześniej narysował im każdy zakątek tego domu, tak żeby te terminatory szturmowe nie zrobiły przez przypadek dzieciom krzywdy. Nawet mieli go ubrać w mundur i dać mu kominiarkę, żeby tam z nimi wszedł, ale w końcu odpuścili.

Po tej akcji poszła fama, że większość złodziei ze Szczecina, których jeszcze nie pozamykaliśmy, spierdoliła na wakacje. Świadka odstawili do tego domku w lesie, dali dwa tysiące złotych miesięcznie na życie, i tyle. Siedział tam sobie z babcią – czyli właścicielką tej chaty, która mieszkała obok. Niemniej jednak dalej prowadził bujne życie towarzyskie i utrzymywał bliskie kontakty z niektórymi policjantami. Zaliczył nawet romans z panią prokurator.

Jak to?

Był kiedyś taki jeden policjant, który pracował w samochodówce. Straszna ciota, ale jednocześnie niesamowity dupiarz. Nie wiem, co te laski w nim widziały, ale widocznie miał jakiś urok osobisty. No i zabrał kiedyś ze sobą panią prokurator na grilla do Buźki. Ale był tam też między innymi nasz świadek. A że pani prokurator lubiła się podymać, to szybko znalazła z nim wspólny język. Chłopie, co się tam między nimi wyprawiało... kamasutra po prostu. Ananasa z puszki mu na kutasa zakładała i opierdalała pałę – wiesz, tak że się wgryzała w tego ananasa. Podobno doznanie rewelacyjne. Co ciekawe – wynajmował później od niej pokój. A tam się zjeżdżali też inni prokuratorzy, policjanci i tak dalej.

Ale jak to – wynajmował u niej w domu pokój, jak mu się już ochrona skończyła?

No tak, pracował już wtedy normalnie, a u niej na górze w domu wynajmował sobie pokój.

Ale dalej się z nią dymał?

Kurwa, człowieku, tam takie orgie odchodziły... normalnie porno z udziałem wszystkich. Raz do nich dwóch gości z samochodówki przyjechało – w ramach ponadnormatywnej służby. Przy czym za ponadnormatywną służbę wtedy nieźle płacili. No i przyjechali do nich normalnie w mundurach, nieoznakowanym radiowozem. W pewnym momencie jeden z tych policjantów poszedł sobie z naszym świadkiem zajarać zioło na górę. A ten drugi został i zaczął wyrywać tę panią prokurator, bo bardzo chciał ją wyruchać. Ta go podpuszczała, ale mu w końcu nie dała. O czwartej rano w końcu wzięli się i zebrali – jeden policjant najebany, a drugi najebany i najarany. Ale normalnie wrócili i się rozliczyli z tej służby. Nie wiem, jak oni to zrobili.

A ta prokurator też jarała zioło?

Nie, ona nawet chyba nie wiedziała, że ci jarali na górze. Ale pić lubiła. Do tego, wiesz, zawsze się wkurwiała, jak jakieś panienki przychodziły do tego świadka. Stała im pod drzwiami i się darła: „ciszej, bo spać nie mogę!". A chodziło po prostu o to, że w tym momencie jej nikt nie ruchał. Ciekawy jestem, co by było, gdyby wpadł jej pod młotek. Chybaby ją musiał porządnie przerżnąć, żeby mu odpuściła.

A ten policjant, co jarał z naszym świadkiem, to później przyjeżdżał tam i kupował od niego zioło. No bo gdzie on, kurwa, mógł kupić zioło? Nigdzie. Kto by mu sprzedał? Nikt. A ten mu zawsze ogarniał temat. Nazywali to „chusteczkami", bo ten mu zawsze to zioło w chusteczki chował.

A kto w ogóle zrobił z tego delikwenta świadka koronnego?

Wszystko zaczęło się od policjanta, który miał ksywkę Jose. Jose poznał się z naszym świadkiem, kiedy ten był jeszcze nielatem. Gość jako szesnastolatek miał już do czynienia z naprawdę grubymi karkami. Jak nie latali na robotę, to zostawiali u niego klamki. To był dobry sposób, bo jak im ktoś rewizję robił, to oni byli czyści. A nikt się nie domyślał, że broń przetrzymują u jakiegoś gnoja. No więc chłopak zbierał te wszystkie klamki do reklamówki i trzymał u siebie w domu. Ale jak to taki nielat, oczywiście lubił sobie z nimi też pochodzić. No i siedział raz z klamotem w jakimś klubie bilardowym i tam się natknął na Josego. Zrobił się przypał, ale Jose to wykorzystał i zrobił sobie z niego swojego informatora. Gość zaczął sypać – raz, drugi, trzeci, czwarty. Nawet nie brał za to pieniędzy. Miał za to zielone światło na jakieś tam swoje działania. Cokolwiek by zrobił, to zawsze było cicho. Nawet jak na komisariacie wyjebał z bani gościowi, który przeciwko niemu zeznawał, to się akurat okazało, że kamera była zepsuta i nic się nie nagrało. W pewnym momencie było już tak, że chodził sobie po komisariacie, jak chciał, do szafek zaglądał i tak dalej. Wolna amerykanka.

Wtedy też zaczęły się bliższe kontakty naszego świadka z policjantami.

Kiedyś na przykład najebali się w hotelu. Jeden z policjantów chciał dziewczynie zaimponować i wyskoczył z okna. Na swoje szczęście się nie połamał, tylko sobie porządnie dupsko obił. Poza tym, wiesz, wszyscy najebani z klamkami latali. Temu łuski wypadły, tamtemu magazynki. Potem klamki leżały na stole, przyszła kierowniczka i je wszystkie do reklamówki schowała. Na drugi dzień chodziła i im to rozdawała. Każdy pilnował swojego mienia…

A jak było dalej z tym Josem?

No działali wspólnie – nawet razem na robotę jeździli. Nasz świadek sprzedał im info, że w takim i takim miejscu mają być złodzieje. Jose akurat nie mógł jechać, więc oddelegował jakiegoś policjanta i pojechali z tym świadkiem. Zapierdalali radiowozem pod tytułem volkswagen transporter i po drodze pierdolnęli sarnę. Szkoda im było ją zostawić, więc załadowali zwierzątko na pakę. Później natknęli się w końcu na tych złodziei – goście stali dwoma samochodami. Wśród nich był taki gość, co potem poszedł siedzieć za głowy, to znaczy zabójstwa, i strzelanie do policjantów – ksywka Sprinter. Notabene wydaje mi się, że jemu Jose też pomagał przez całe życie. Nawet z prokuratury facet wyskoczył, bo miał magicznie ukryty w podeszwie gaz łzawiący i kluczyk do kajdanek.

No ale chuj z tym. Nasz świadek razem z policjantem zaczęli pościg za tymi złodziejami. W końcu tamci porzucili poloneza, który cały był wypchany skórami – po prostu wcześniej opierdolili hurtownię odzieży skórzanej. Ale nie były szczególnie fajne – głównie takie kożuchy dla babci i dziadków. Niemniej jednak zanim ten polonez dotarł na komisariat, to nasz świadek razem z policjantami podzielił się tymi skórami. Ale sam Jose skończył nie najlepiej, bo w kryminale.

Za co?

Grupa przestępcza. I to jeszcze on był w tej grupie kierownicą. Tych, co zamykał, to, kurwa, reanimował, pomagał im wychodzić z pudła i brał do swojej szajki. Jeździli potem po okolicy razem z nim jako anonimowi policjanci. To, co robił Jose, było niepojęte. Policyjne gadżety wynosił tym swoim chłopakom, sprzedawał gangsterom informacje po dwieście, trzysta złotych. Dasz wiarę? I tak się chuj dwadzieścia trzy lata w służbie uchował.

A jak wpadł?

Pojechali całą ekipą gdzieś tam w kujawsko-pomorskie. Wparowali do jakiegoś gościa – oni wszyscy w kamizelki policyjne wystrojeni, a Jose z legitymacją służbową. No i zaczęli wkręcać gościowi, że kupił rzeczy pochodzące z przestępstwa i muszą to zabezpieczyć. Wiesz, chodziło o jakieś komputery, telefony, nawet pieniądze mu „zabezpieczyli" – że niby musieli nominały sprawdzić. A wiesz, to był taki zwykły szary człowiek – widocznie musieli dostać cynę, że chłop sprzedał jakieś krowy, zboże albo ziemniaki. No ale się okazało, że facet jednak nie był taki głupi i zadzwonił na komisariacik, który się mieścił w tej jego miejscowości, i zapytał, o chuj chodzi i co oni tu odpierdalają.

I się sprawa rypła, przyjechały posiłki i zgarnęli całą ekipę na gorącym uczynku. Jose zdążył jeszcze spierdolić do Szczecina, ale Biuro Spraw Wewnętrznych go zdjęło u niego na chacie. Na początku chłopaki z policji zrobili nawet zrzutkę na adwokata dla niego, ale jak się okazało, że sprzedawał informacje bandziorom, również na ich temat, to go olali ciepłym moczem. No i Jose poszedł pierdzieć w pasiaki.

Z kim jeszcze ten świadek utrzymywał takie bliskie kontakty?

Z policjantem o ksywce Merry, który był technikiem kryminalistycznym. Gość wcześniej był barmanem i znanym ruchaczem w okolicy. Potem nasz świadek wyjechał do Francji i jak wrócił, to Merry był już w mundurze. I wyglądało to tak, że jak Merry miał służbę razem z Kaszaną i takim Piotrkiem, to dzwonili do naszego gangstera, ten przyjeżdżał swoim samochodem i chłopaki, zamiast łazić z buta, rozsiadali się u niego w samochodzie, wyciągali flaszkę i tak im służba mijała. A nasz świadek bardzo na takich akcjach korzystał. Jak ktoś mu się przy dupie kręcił, to zawsze dostawał sygnał – z tym się szybko ogarnij, tego nie rób albo ulotnij się na jakiś czas. Tak że zawsze mu w odpowiednim momencie pogrozili palcem.

Ale najlepsza akcja była, jak mieli z Merrym wypadek. Pojechali do dziadka naszego świadka takim grand cherokee. Oczywiście bardzo się najebali i jak mieli wracać, to Merry stwierdził, że nigdy nie jeździł jeepem, więc chętnie by się przejechał. Nasz świadek się nawet ucieszył, bo stwierdził, że jak ich policja zatrzyma, to Merry machnie szmatą i pojadą dalej. No ale jak wsiedli, to świadek od razu usnął na siedzeniu pasażera, a Merry'emu się włączył Krzysztof Hołowczyc i zaczął zapierdalać po lesie sto czterdzieści kilometrów na godzinę na ośnieżonej drodze. W końcu tak przypierdolił tym jeepem, że dwa drzewa skasował. A nasz gangster nie miał nawet pasów zapiętych i jak walnęli w te drzewa, to on uderzył w szybę. Połamał sobie kręgosłup, jedno oko mu prawie wypadło (musieli mu je później wkładać) i na chwilę zatrzymało mu się serce. Merry sobie tylko kolano obił i w pierwszej chwili myślał o tym, żeby stamtąd spierdalać, ale został i zaczął tamtego reanimować. W końcu przyjechała karetka i zabrali naszego świadka do szpitala – przez jakiś czas leżał w śpiączce. Jak się obudził, to matka nad nim stała i się darła, że już nie będzie chodził. Ale niedługo potem wstał i jeszcze sobie poszedł zapalić do łazienki. Tam zemdlał, przytaszczyli go do łóżka, postawili obok popielniczkę i powiedzieli, że jak chce palić, to niech pali przy łóżku. A jego matka dobrze się znała z tym lekarzem i jeszcze go potem zapytała:

– Jak to? Przecież miał nie chodzić.

– No co, do dupy diagnozę postawiłem. Każdy się może pomylić.

Po dwóch tygodniach nasz świadek już normalnie chodził i zaczęły się wycieczki do prokuratora, żeby całe zajście wyjaśnić. W końcu przyszły kwity, że sprawa umorzona. Jak nasz świadek to zobaczył, z wrażenia zrzucił gorset i pojechał do Merry'ego. Ten akurat siedział na jakimś zdarzeniu, ale jak usłyszał, że sprawa ma swój szczęśliwy finał, tak się ucieszył, że zostawił wszystko, wsiadł do samochodu ze świadkiem i pojechali razem zrobić flaszkę pod monopolowy.

A wiesz, czemu sprawa została umorzona? Bo prokuratorka była żoną komornika, który z kolei był przełożonym ich kumpla Marka. No i oni z tym Markiem jeździli na asysty komornicze. Czasami spierdalali razem z nim, zależy, jaki był przeciwnik, ale generalnie dobrze im się współpraca układała i ręka rękę myła. No to oni zagadali do Marka, Marek do swojego przełożonego, a ten przełożony do swojej żony. I w ten sposób sprawa została umorzona. A nasz gangster, jak latał potem z taką poważną grupą ze Szczecina, to zawsze miał legendę, że jest byłym psem.

KOLEDZY ZAMACHAJĄ CI NAD GROBEM PAŁKAMI

Trudno przejść na drugą stronę barykady?

Nadkomisarz Ryszard Klember, Wydział Kryminalny: Bardzo łatwo. Czasem nawet nie wiesz, kiedy to nastąpiło. Przyszedł kiedyś komunikat, że złodzieje uciekają z parkingu swoim samochodem i kradzioną furą. Było gdzieś tak koło północy. No to ruszyliśmy za nimi – jeden radiowóz mój, drugi moich chłopaków i jeszcze jeden oznakowany. To było osiedle na wysokości szpitala na Sobieskiego. Latamy po tych uliczkach i nagle padło hasło, że się pojawił właśnie jakiś czerwony polonez w tym rejonie. Wyjeżdżamy na Sobieskiego – kurwa, jest! No to dajemy bomby, to znaczy światła, a on spierdala.

W pewnym momencie złodzieje zobaczyli, że nie mają już szans ucieczki, to dali w pedały. Wtedy zaczęła się akcja jak szkoleniowa – bo ja swoim policjantom wpoiłem trochę zasad i technik interwencji. Tak że wiesz: odpowiednie podejście, z właściwej strony każdy. Komendy: „nie ruszać się", „ręce na kierownicy" i tym podobne. Podejrzani siedzą grzecznie. Nikt tam nie podryguje, nic. No to ich na asfalt, kucie i tak dalej. Nagle podchodzi do mnie jeden z policjantów i mówi:

– Komendancie, ja ich, kurwa, znam. To nie są złodzieje.

– Jak to: nie złodzieje?

– To są chłopaki – mówi – z tego warsztatu, co z komisariatem sąsiaduje.

– Czyli może, kurwa, jednak złodzieje?

Ale myślę sobie: wyjeżdżaliśmy z komisariatu, to oni stali pod domem i pewnie pojechali za nami zobaczyć, co się dzieje.

Sprawdzamy. No faktycznie, ojciec z synem. Pytam:

– Panowie, o co chodzi?

– Bo my ciekawi byliśmy, jak wygląda robota policyjna.

– To czemu żeście nic nie mówili?

No, kurwa, takie emocje były, że zapomnieli języka w gębie. Wczuli się w sytuację.

W trakcie interwencji zostali trochę sponiewierani, dobrze, że wpierdolu jeszcze nie dostali. Ale żaden nawet nie pisnął, że „swój". Wszystkie polecenia spełnione, no to jednak, kurwa, widać, że przestępcy – znają się na robocie. Wiedzą, że jak panowie policjanci już ich mają, to nie wolno podrygiwać.

Innym razem policjanci robili zasadzkę na złodziei samochodowych. I nagle dostali z bloku cynk od obserwatora, że po parkingu grasują złodzieje. Za chwileczkę drugi cynk, że wsiadają do jakiegoś żółtego malucha z fantami i że wyjeżdżają już z tego parkingu. No to jak wyjeżdżają, to ci z zasadzki zatrzymali ich do kontroli. Ale według raportu o użyciu broni kierowca postanowił spierdalać i próbował najechać na jednego z policjantów, ale temu udało się uniknąć samochodu, odskoczył na bok. Policjant, który składał potem raport o użyciu broni, napisał, że dostrzegł, iż pasażer siedzący obok kierującego maluchem celuje do niego z broni palnej. Bojąc się o swoje życie, strzelił w kierunku zamachowca, celując w ramię, w którym tamten trzymał broń. Jednakże z uwagi na to, że kierowca gwałtownie ruszył, nie trafił w miejsce, w które celował, tylko w klatkę piersiową i biedaka pozbawił życia jednym strzałem. Słaby organizm.

Nie wiem, co nim powodowało przy pisaniu raportu o użyciu broni. Najprawdopodobniej ktoś mu podpowiedział: „chłopie, napisz w raporcie, że najechał na policjanta". Napaść samochodem na życie policjanta już się kwalifikuje. Było zagrożenie życia, a potem udaremnienie ucieczki z miejsca zdarzenia. Niemniej jednak nie byli to tacy przestępcy, w stosunku do których można użyć broni, a jeżeli już, to należało strzelać w koła. Zwłaszcza że kiedy już strzelamy w pościgu lub udaremniamy ucieczkę, lub udaremniamy zamach samochodem na czyjeś życie, to jak kogoś mamy obezwładnić strzałem z broni palnej, to kierowcę, a nie, kurwa, pasażera. Jaki on ma wpływ na zamach poza tym, że może ten zamach zadysponować, jeżeli jest, powiedzmy, przywódcą w nieformalnej grupie?

Pytam potem o to wszystko tego, który strzelał, a on na to:

– No bo mi tak powiedzieli, że im więcej napiszę, to...

– Nie, niech każdy pisze swój raport i każdy podaje swoje powody, dlaczego użył broni. Ty piszesz, kurwa, że widziałeś broń w ręku człowieka. Masz szczęście, że napisałeś, że broń, a nie jakiś tam przedmiot przypominający swoim wyglądem pistolet. Bo byłaby wątpliwość co do zasadności użycia broni palnej, a ustawodawca mówi: „jeżeli masz wątpliwość, to broni lub innego środka przymusu bezpośredniego nie używasz".

Aczkolwiek zawsze powtarzałem policjantom, których uczyłem: własne wątpliwości zawsze rozstrzygajcie na swoją korzyść. Papier jest cierpliwy. Nigdy nie pisz, że widziałeś przedmiot przypominający wyglądem broń - pisz, że widziałeś broń. Nie przyznawaj się. Papier ci przyjmie wszystko, a ty masz się, kurwa, nie przyznawać. Działasz w stresie. No bo w końcu nie codziennie strzela się do ludzi, nawet gdy są bandytami. Musisz podejmować błyskawicznie decyzje, bo od tego może zależeć twoje życie lub życie innych osób. Możesz się pomylić. Ale przeżyjesz ty i przeżyją twoi partnerzy. Zawsze lepiej samemu przynosić pensję do domu, niż mieliby wysyłać rentę pocztą. Chuj z tego, że będziesz miał ładny pogrzeb, że koledzy zamachają nad grobem pałkami. Że będzie salwa honorowa. To wszystko chuj. Masz za zadanie przeżyć.

Przyszła mi wtedy do głowy taka myśl: dlaczego my - wykładowcy - mamy rozstrzygać takie rzeczy? Nie będziemy obiektywni, znamy przepisy, doskonale umiemy je zinterpretować na dowolny użytek i zawsze staniemy po stronie policjanta, rozumiejąc jego sytuację na miejscu zdarzenia. Rozpisaliśmy kiedyś panel dla słuchaczy, na którym zgromadziło się dwustu pięćdziesięciu policjantów. Opisałem im tamto zdarzenie z maluchem, a na koniec kazałem się określić anonimowo, czy użyliby broni w tej sytuacji, czy nie. No i powiem ci, że chyba z dwustu trzydziestu napisało, że strzeliłoby do tego pasażera. Reszta miała wątpliwości co do przedmiotu trzymanego przez niego: czy przedmiot ten może być bronią, więc nauczeni, kurwa, że policjant, mając wątpliwości, nie używa broni, wypowiedzieli się negatywnie lub powstrzymali od zajęcia stanowiska. Nie powinni być policjantami. Gdyby rzeczywiście wzięli udział w takiej akcji, a złodziej faktycznie miał broń palną, mogliby nie przeżyć zdarzenia. W każdym razie – większość pytanych by strzeliła.

Da się przewidzieć, kiedy naprawdę wyciągniesz pistolet?

Znam z opowiadań taką sytuację: siedzi kilku policjantów i jeden szemrany gość, chcący uchodzić za człowieka „z miasta". I wiesz, najebali się i zaczęły się takie słowne przepychanki: „Jak strzelasz? Jaki jesteś silny?" i tak dalej. Nagle się okazało, że ten gość ma broń przy sobie, której miał nie mieć. I mówi do jednego z tych policjantów:

– Ja bym cię, kurwa, odpierdolił. Nie jesteś, kurwa, dla mnie kozakiem.

I chwycił za pistolet, ale nie zdążył – policjant okazał się szybszy. Wykurwił mu kulkę w towarzystwie. No i zrobiła się afera. Człowiek zabity i co z nim zrobić? Zakopać go? Nie zakopać? Wyda się – nie wyda się? Nie wiadomo, kto wiedział jeszcze o tym spotkaniu. W końcu wezwali karetkę i zrobili to na legalu. Trudno – pojedynek rewolwerowców. Ten go zastraszył, tamten wyciągnął szybciej broń i go pierdolnął.

Szło to na początku w dobrym kierunku, ale wiesz – opinia, prasa, zaczął się najazd i pierdolnęli chłopaka; szóstkę dostał. Bardzo dobry glina. Może gdyby był trzeźwy, toby do tego nie doszło. Tak się kończy noszenie broni i picie wódy, kurwa. Dlatego przestałem nosić broń. A przez kilkanaście lat chodziłem wszędzie z pistoletem – aż w końcu mnie naszła taka myśl: kurwa, kiedyś się mogę nie powstrzymać. Dawniej po prostu łapałem klamkę i działałem. Teraz mówię sobie: nie, ja już za stary chuj jestem, żebym się wpierdalał w jakieś afery. Tym bardziej że czasy niepokorne – policjant teraz jest, że tak powiem, towarem drugiego gatunku. Rzadko kiedy staje ktoś po jego stronie, gdy mu się noga powinie, więc trzeba się odpierdolić od tego ryzyka.

Tylko że od broni na służbie raczej nie uciekniesz.

Inny wypadek, kiedy wydawałem opinię o zasadności użycia broni: policjant gonił łobuza i go zastrzelił. Tak się wkurwił, że musiał za nim lecieć jakieś półtora kilometra, że jak go dopadł, to mu wpakował kulę w potylicę.

Rozmawiam z nim o tym i pytam go:

– Jak to było naprawdę? Bo napisałeś, że biegłeś za nim, dogoniłeś go i doszło do bójki. W trakcie tej szamotaniny padł strzał, niefortunny, w głowę, z tyłu, i on nie przeżył. Ale skoro się z nim biłeś, to po chuj miałeś broń w ręku?

– No, bo go goniłem...

– Ale – mówię – zeznałeś też, że jak biegłeś za nim, to się nie bałeś, więc po co ci była broń? Policjant wyciąga broń wtedy, kiedy się obawia o swoje życie, tak? I się tą bronią zabezpiecza, żeby nie stracić zdrowia lub życia. A ty zeznałeś, kurwa, w prokuraturze, że się nie bałeś.

– No bo ta prokuratorka mnie zapytała, ja tak rozumiałem, czy się nie bałem używać broni.

– Tylko że w dokumentach nie ma tego pytania. Jest tylko, że na pytanie, czy się nie bałeś, odpowiedziałeś, że się nie bałeś. Ty to czytałeś?

– No, nie.

– No to – pytam – dlaczego podpisałeś protokół?

– Myślałem, że ona pisze to, co mówię

– Człowieku, kurwa, przecież ty zeznałeś przeciwko sobie. Będziesz pierdział w pasiak. Zeznałeś, że biegłeś za łobuzem, nie bałeś się go, kurwa, i go zastrzeliłeś. Musimy teraz to wszystko odkręcić. Musisz jeszcze raz zeznać, że twoje wcześniejsze zeznania nie pokrywają się z tym, co faktycznie przeżywałeś na miejscu zdarzenia.

I wystarczyło to naprawić – to jedno zdanie, bo prokuratura się do tego później przyczepiła. Tylko że to jakiś nonsens.

Wiesz – na tym sztuka polega. Przede wszystkim trzeba znać przepisy. Któryś z policjantów w twojej pierwszej książce powiedział, że przepisy są chujowe. Nie, nasze policyjne przepisy są rewelacyjne. Dają taką gamę możliwość zachowań, że chyba w żadnym państwie tak nie ma. Tylko że niestety nasi policjanci nie rozumieją czegoś takiego jak potrzeba nauczenia się tych przepisów i ich właściwego interpretowania. To powinno być wyjaśniane na szczeblu edukacyjnym, gdy oni kończą kolejne kursy. Do tego jeżeli można posłużyć się łagodniejszą formą obrony, to użyj tej łagodniejszej formy, a nie tej, kurwa, skrajnej. Jeżeli można dokonać kontroli osobistej, to dokonaj kontroli, a nie przeszukania. Jeżeli możesz zatrzymać kogoś rękami, to zatrzymuj w ten sposób, a nie strzelaj do człowieka.

Ale wypadki się zdarzają?

Jak jeszcze byłem w szkole chorążych w Łodzi, miałem ciekawą sytuację. Człowiek na warcie stał – akurat z mojego plutonu. Taki stary chuj, co go ze straży pożarnej przenieśli do milicji. Z bronią to on miał do czynienia dawno temu w wojsku. No i dostał kałacha na tę wartę, i coś tam zaczął z nim kombinować. I wysłał dwa pociski w biurowiec stojący między Łodzią Fabryczną a szkołą. Trafił bodajże w siódme i dziewiąte piętro. Było to akurat w godzinach urzędowania biurowca. Jak ludzie usłyszeli brzęk tłuczonej szyby i zobaczyli, że się coś w sufit wpierdoliło, to podnieśli alarm. Przyjechała milicja. Milicjanci tylko spojrzeli i od razu stwierdzili, że to z podwórka szkoły. I szybko doszli do tego, kto strzelał, choć tamten gość niczego nie zgłosił. Dowódca kursu pyta go, jak to się stało. A on mówi, że chodził z karabinem przewieszonym na pasku przez ramię, które go po jakimś czasie rozbolało. I kiedy przekładał broń z ramienia na ramię, to mu się coś zahaczyło, kurwa, i wtedy karabin zaczął strzelać.

– No co ty pierdolisz? Opisz dokładnie, jak to zrobiłeś.

– No nie wiem... Jakoś tak brałem karabin i zarzucałem na drugie ramię, i on zaczął strzelać.

Wtedy dowódca kursu wziął kałacha i zaczął go przekładać z ramienia na ramię, między nogami, z tyłu do przodu, z przodu do tyłu. Aż się zasapał. I mówi:

– Patrzcie, kurwa, co wyczyniam, a ten chuj, karabin niby, nie chce strzelić, a co dopiero dwa razy.

Jak się później okazało, ten strażnik siedział sobie i pstrykał suwadłem. Pstrykał tak, że w końcu zapomniał, co pstryknął, pociągnął za cyngiel i dwa pociski wkurwił. Jakoś tam to załagodzili, nawet pokryli straty. No, ale to takie lepsze czasy były.

Pamiętasz czasy transformacji?

Dziewięćdziesiąty pierwszy rok, luty. Nocna służba. Dostajemy hasło od oficera dyżurnego, którego w zasadzie słyszą wszyscy w całym mieście. Wywołuje nasz kryptonim i mówi, że na jednej z peryferyjnych ulic było włamanie do sklepu spożywczego. No to się udaliśmy – gwizdki, na niebiesko, pyk, sześć minut i jesteśmy. Zdębiałem. Na miejscu trzy obce, w sensie rejonu, załogi. Co robią? Zabezpieczają miejsce zdarzenia. W jaki sposób? Bagażniki otwarte i kto żyw popierdala między sklepem a radiowozem z kartonami. Dochodzę do nich.

– Co wy tu, kurwa, robicie?

– Jak się pospieszysz, to sam zdążysz coś podebrać. Jeszcze tylko dwa kartony z gumami zostały.

– Zanoście to z powrotem.

A jeden z nich do mnie, żebym spierdalał. Trzasnął bagażnikiem, wsiadł do radiowozu i odjechał.

Nagle patrzę, a tu ze sklepu wychodzi mój kumpel. Szef policjantów, co przyjechali tymi radiowozami. Pytam go:

– Ty tutaj dowodzisz? Czy ciebie pojebało?

– I tak będzie na złodzieja...

– Tylko kto tu jest, kurwa, większym złodziejem?

– Przestań pierdolić, bierz towar i spierdalajcie, my też spierdalamy.

– Dostałem polecenie, żeby tu zabezpieczyć teren. To po was mam zabezpieczać? Pierdolę to. – Biorę radiostację i mówię do oficera: – Słuchaj, ty wysyłałeś tu jakieś załogi?

– No nie.

– A tutaj są już trzy załogi z miasta. To o co tu, kurwa, chodzi?

– Tak? A które to?

A ten mój kolo siny się robi z paniki. Mówię:

– To ja pierdolę, niech oni to zabezpieczają.

Nie wiem, jak to później rozwiązali. Odjechałem stamtąd. Pierdolić to. Mam sobie na garb takie coś brać? Powinienem był, kurwa, złożyć na nich doniesienie. No ale nie ja ten system budowałem i nie ja go będę burzył. Ale do dzisiaj mi się na to wspomnienie krew w żyłach burzy. Wyobraź sobie, jesteś stróżem prawa, zajeżdżasz, a tam masz sześciu złodziei. Jeszcze z dowódcą, kurwa, na czele. Cały mit o człowieku, którego lubiłem, rozwiał się w jednej chwili. Jeszcze powiedział, że widzieli, jak uciekali ci złodzieje samochodem.

– To czemu żeście ich nie zatrzymali?

– No jak? Nie mamy kolczatki...

– Ale broń macie, trzeba było strzelać w koła i ich zatrzymać.

– No jak strzelać? Do złodziei sklepowych?

– Kurwa, nie znasz prawa? Byś nagiął przepisy, ale byś ich zatrzymał w pizdu. Ale tobie bardziej zależało na wynoszeniu gum i czekolad ze sklepu.

Minęły ze dwie godziny i słyszę w radiostacji, że strzelanina w sąsiednim rejonie, że gonią jakiś samochód. A że byliśmy niedaleko, na końcu naszego rewiru, więc z ciekawości pomknęliśmy w tamtym kierunku. Zajeżdżamy na miejsce, patrzę, a tam ten mój kumpel i jeszcze dwie inne załogi – rozstrzelali mercedesa. Tak sobie wzięli tę moją uwagę do serca, że jak zobaczyli uciekający samochód, który im się nie zatrzymał do kontroli, to go, kurwa, rozstrzelali. Nowiutkiego mercedesa postrzelali jak sito. A człowiek Bogu ducha winien. To znaczy miał coś tam we krwi, no i chciał spierdolić. No ale do pijanego kierowcy nie strzelamy. Zresztą skąd wiedzieli, że pijany? Nie wiedzieli. Tego nie widać przez szybę. Kierowca ucieka, to jedziesz za nim i dajesz komunikaty. Można blokadę zrobić. Strzelanie w mieście to jest, kurwa, ostateczność. Dobrze, że tego człowieka nie postrzelili.

Minęło parę lat – dowiedziałem się, że ten mój kumpel postrzelił jakiegoś łobuza. Pierdolnął mu w kolano czy tam w stopę, bo kopnął mu psa. Znany przypadek, nawet prasa o tym pisała. Dzwoni do mnie komendant wojewódzki i pyta:

– Słuchaj, mam dylemat, czy go wypierdolić, czy zostawić. Znasz go? To dobry pies?

I bijesz się, kurwa, z myślami. W sumie tak, jeżeli chodzi o działania, to facet jest w porządku. Nie bałbyś się pójść z nim na akcję, do tego niegłupi człowiek, naprawdę. Bardzo go lubiłem. Ceniłem go za inteligencję i za to, że można z nim było usiąść i nie było takiego monotematycznego pierdolenia o robocie. Był doskonałym organizatorem, miał charyzmę, policjanci chętnie z nim pracowali. Zresztą później awansował, nawet dość wysoko zaszedł. Więc mówię:

– Szefie, dobry glina, miał kiedyś jakieś tam swoje mankamenty, ale wydoroślał. Przynajmniej mam taką nadzieję. Z ostatnich czasów już pamiętam, że stał się takim gliną twardzielem. Warto go jeszcze ochronić.

No i go ochroniłem. Niestety i tak gdzieś tam ta ciemniejsza strona duszy w nim się później odezwała i wyjebali go z policji. Może nawet nie musieli go wypierdalać, bo on chciał wtedy dobrze. Pozyskał jakichś tam sponsorów dla swojej jednostki. Zorganizował fajne rzeczy dla podległych policjantów, i nie tylko. Sam korzystałem z ich siłowni, którą między innymi zorganizował ze środków sponsorskich. Może czasem coś przytulił bokiem, ale zadbał przede wszystkim o ludzi. A że jeszcze coś mu tam skapnęło, to chuj w dupę. Ktoś go złośliwie podpierdolił, pewnie jego najbliższy współpracownik – za to, że się nie podziałkował. Ale w tamtych czasach – jeśli chodzi o sponsoring – to już trzeba było naprawdę w bardzo białych rękawiczkach działać, żeby dostać akceptację.

Często dochodziło do wałków?

Kiedyś komendant poprosił mnie, żebym w zastępstwie za jakiegoś dochodzeniowca pojechał na oględziny włamania do sklepu. Dał mi załogę i pojechaliśmy. Pod sklepem stoją pani i pan. Pani się przedstawia jako kierownik sklepu. Otwiera, wchodzimy, widać, że ostro splądrowany. Pani się rozgląda po półkach i mówi:

– Tym razem nieźle się obłowili.

Po czym otwiera torebkę i wyciąga z portmonetki sześćset tysięcy starych złotych. Dla porównania: ja zarabiałem wtedy miesięcznie milion dwieście tysięcy. Patrzę na nią i mówię:

– Czy my się znamy? Czy pani mi była winna jakieś pieniądze?

– Eee, pan bierze. Tu i tak nic więcej nie da się zapierdolić.

– Jak to: zapierdolić?

– No, co pan więcej weźmie z półek, jak tu nic nie ma?

A ten gość, co z nią stał, mówi do mnie:

– Bierz, chłopie, te pieniądze i spierdalaj.

– A pan to kto? – pytam. – Turysta?

– Ja sierżant z jedynki jestem.

– Policjant? To wypierdalaj stąd, bo jak cię jebnę w łeb...

– Ale o co chodzi?

– O gówno. Wypierdalaj stąd.

I wyszedł. Ci moi policjanci tak dziwnie na mnie popatrzyli.

– Niech pani schowa te pieniądze – powiedziałem jeszcze do tej babki. – Nie wiem, jakie do tej pory miała pani doświadczenia z policjantami, ale dzisiaj ten numer nie przechodzi.

Ale się, kurwa, czerwona zrobiła.

A za co te pieniądze chciała dać?

Ja wtedy gamoń byłem, jeżeli chodzi o pracę *stricte* dochodzeniową. Przez dziesięć lat służyłem w innych formacjach i o zachowaniach na miejscu włamania nic nie wiedziałem. Nie byłem zmanierowany. Krótka analiza i doszedłem do tego. Załoga miała mnie przywieźć i odjechać. A oni czekali, chuj wie na co. Liczyli chyba, że jak ja się obłowię, to i oni coś chapną. Ja wezmę coś, pani kierowniczka coś zapierdoli ze sklepu, na pokrycie manka na przykład. Tak robili ludzie w całym kraju, jak byli zatrudnieni na państwowych lub spółdzielczych posadach – było włamanie, to można było podpisać pod złodzieja wszystko. Jeszcze do domu się coś wyniosło.

A tutaj faktycznie tak ją obrobili, że nic nie zostało do zajumania. Jakieś octy, proszki beznadziejne do prania i szare mydło.

Dziki zachód...

Innym razem jako patrol zmotoryzowany podjeżdżamy pod ten sam sklep. Dziura wybita w drzwiach od zaplecza. Mój kierowca mówi, że wejdzie tamtędy, żeby sprawdzić, czy złodzieje są w środku.

– Nie, nie wejdziesz.

– Wejdę.

Ja, już nauczony doświadczeniem, powtarzam:

– Jak wejdziesz, to tak ci zapierdolę w łeb, że się zesrasz. Nawet nie próbuj. Ty już kiedyś przy mnie coś ukradłeś. A teraz, jak wejdziesz tam, to cię zajebię. Nie będzie żadnych wyroków sądowych, kurwa.

I nie wszedł. Za chwileczkę podjeżdżają inne załogi i one też chcą wchodzić do sklepu, sprawdzać, czy nie ma złodzieja w środku.

– Jak jest w środku – tłumaczę – to wyjdzie tą samą drogą, którą wszedł. Nie ma innej drogi wyjścia. Przyjedzie kierownik sklepu, wejdziemy z kierownikiem, a teraz wypad stąd.

– A co ty taki, kurwa, jesteś?

– Spieprzać stąd, bo was opiszę.

I wiesz, że zrobili to z oporami? Najchętniej to by mnie chyba związali. Wynieśli, co możliwe, z tego sklepu i może by mnie łaskawie rozwiązali.

Później przyjechał kierownik i weszliśmy do środka. To było jakieś geesowskie czy społemowskie, więc przyjechała jeszcze jakaś tam komisja. I dopiero wtedy odjechałem. Już nie mogli nic zajebać. Chyba że ta komisja.

Każdy chciał odkroić kawałek tortu dla siebie...

Opowiem ci jeszcze jeden negatywny przypadek. Jest akcja: gdzieś z terenu U. ucieka samochód w stronę P. i strzelają za nim. A my wprawdzie mamy nie po drodze, ale niedaleko. Jak usłyszałem, że strzelanina, to mówię do zastępcy:

– Jedziemy?

– Jedziemy.

Złapaliśmy klamki, w cywilkach wypadamy z komisariatu, a tam w drzwiach mi człowiek staje. Ksywa Bażant. Taki, co się mianował watażką u mnie w rejonie. Taki niby przywódca odłamu grupy przestępczej.

– Pan tu jest komendantem?

– Ja, a bo co? – odpowiadam.

– A bo ja się Wrześniak nazywam, ksywa Bażant. Chciałem z panem pogadać.

– Panie Wrześniak, ja nie mam teraz czasu dla pana.

– Musi pan mieć dla mnie czas.

– A kim pan, kurwa, jest, że ja muszę mieć dla pana czas?

– Wie pan, rządzi pan niebieskimi, a ja rządzę miastowymi. Chciałem z panem pogadać, żebyśmy ustalili w pryncypiach swoje kompetencje.

– We łbie się panu popierdoliło? Panie Wrześniak, ja z panem mam jakieś kompetencje uzgadniać? Ja mogę pana najwyżej w dupę kopnąć i zrzucić ze schodów, kurwa. Niech pan spierdala mi z drogi, bo się spieszę.

– Pan mnie musi przyjąć na rozmowę.

– A kto mnie do tego zmusi?

– Pan w poniedziałki przyjmuje interesantów. I musi mnie pan przyjąć. Jestem takim samym obywatelem jak każdy inny.

– Ta? To się proszę zapisać do mnie na rozmowę.

I tyle. Władowaliśmy się w radiowóz i w drogę. Ale jak przyjechaliśmy na miejsce zdarzenia, to już było pozamiatane. Patrzę, siedzi człowiek w rowie spięty z tyłu kajdankami, poczochrany trochę, widać, że z lekka obity. Ale dziwna rzecz, bo siedzi w takich szarych dresach i ma włosy łonowe na wierzchu, na wysokości klejnotów rodowych. Myślę sobie: może ma dziurę w tych dresach i mu włochy wystają z gaci. Ale nie. Pytam jednego z chłopaków, o co z nim chodzi. A ten mówi:

– Zobacz, że on ma skalp na brodzie.

Przyglądam się i dopiero wtedy widzę – on był brodaty. Jak go, kurwa, sczochrali, to mu zerwali skalp z brody i ten skalp mu się przykleił do dresów w dość niefortunnym miejscu. Ale był tak pijany, że bólu nie czuł. Tak śnięty, skurwysyn. Pewnie, jak go kręcili, to złapali go za brodę i mu ją wyrwali po prostu.

Razem ze skórą?

Ze skórą. Ja myślałem, że on tylko taki pobity, wiesz, zakrwawiony.

Tymczasem zanim chłopaki dopadli tych uciekających, to oni jeszcze kilka kolizji po drodze zrobili. Nasi zaczęli strzelać, a oni chuj, znieczulica, mieli zakodowane spierdalać.

Tego typu strzelaninę mieliśmy też z bratem kiedyś w L. Jedziemy sobie maluchem kumpla i nagle nas taranuje łada samara. Wyskakuje zza jakiegoś zakrętu i napierdala na nas. Ledwie odbiłem, a ci przejechali. Widzę, że w środku wódę walą, centralnie z gwinta, i jeszcze wyraźnie to pokazują, przejeżdżając obok nas. Samochód był na ruskich tablicach, więc pomyślałem, że to Ruscy. Jakieś nury jebane. Zawróciłem maluchem i za nimi w pościg.

Ludzie na przejściu ledwo uciekli. Matka z wózkiem, no cud, kurwa. Mówię:

– Ja pierdolę, Ameryka.

No ale tniemy za nimi w kierunku stadionu. A tam jest taki fragment lasu, gdzie droga zakręca, i straciliśmy ich z oczu. Zatrzymaliśmy się – ustawiliśmy tego malucha na drodze. Nagle słychać ryk silników, wracają – gość takim driftem wszedł w zakręt – myślę sobie, że albo jakiś nasmarowany, albo dobry kierowca. Ale patrzymy, a oni suną prosto na nas i widzą, że nie przejadą. Tu drzewa, tam drzewa, a pośrodku samochód. Ten za kółkiem wyhamował, pociągnął z flachy i stoi. A my z klamkami do nich.

– Stać, policja!

Brat z jednej strony, ja z drugiej.

W cywilu?

Tak, po cywilnemu. A oni rura na brata tym samochodem. Brat prawie nad maską przeskoczył w krzaki. A ten w wozie dał wsteczny, na ręcznym wyciągnął samochód i rura, spierdala. Więc zaczęliśmy w nich grzać. Staraliśmy się w opony, ale wiesz, ile widzisz opony w odjeżdżającym samochodzie. Słychać tylko było, jak trafiamy w blachy: bęc, bęc, bęc, wszystkie strzały celne. Ale chuje spierdolili. Ludzie tam grillowali w domkach jednorodzinnych, chcieliśmy, żeby nam coś powiedzieli – może widzieli tablice i tak dalej. Może znali samochód albo osoby w tym samochodzie. Ale nikt nie chciał z nami rozmawiać.

Grille pogasły, ludzie pochowali się do domów. A strzelanina była jak skurwysyn. Brat wystrzelił sześć kulek, ja pięć – jedna mi się ostała. Pojechaliśmy na komendę i mówię do oficera dyżurnego, jaka była sytuacja. A on:

– Dam wam dwie załogi, jedźcie w teren.

Dobra. Brat w jednym radiowozie, ja w drugim – pojeździliśmy po mieście, ale nic – nikogo nie ma. Zajechaliśmy do komendy i myślałem, że będziemy pisać jakieś raporty. Już się przygotowałem na dłuższe posiedzenie, a dyżurny mówi:

– To nic nie znaleźliście?

– No nie.

– A kulki na uzupełnienie macie?

– Mamy.

– No to nie będziemy się pierdolić w jakieś raporty. Lećcie. Jak coś wyjdzie, to się was ściągnie i przesłucha. Zostawcie namiary na siebie.

Człowieku, teraz jakby coś takiego było, to już pewnie z pięciu prokuratorów by siedziało nad nami. Przecież nie wiem, czy tam kogoś nie trafiliśmy w tym samochodzie.

A jak potem było z tym gangsterem, który chciał z tobą gadać?

Przyjeżdżam z tamtej akcji, wchodzę do gabinetu, a sekretarka mówi, że był Bażant i się zapisał na spotkanie na najbliższy poniedziałek. Więc ja za telefon, dzwonię do komendanta rejonowego – mojego bezpośredniego przełożonego – i mówię mu, jaka jest sytuacja. A on:

– Przyjedź do mnie, to dam ci podsłuchy. Nagrasz go i posłuchamy, co powie.

Okej – zajechałem do niego, wziąłem podsłuchy i zainstalowałem u siebie w gabinecie. Czekam w ten poniedziałek, gość nie przyszedł. Ale na wszelki wypadek poczekałem do następnego poniedziałku z tymi podsłuchami. Nie przyszedł. Kolejny poniedziałek, też nie przyszedł. No nic – już pewnie nie przyjdzie. Oddałem sprzęt. Ale w międzyczasie przyjeżdża do mnie taki jeden były pracownik kryminalnego z M. Miałem cynk na niego, że działa z miejscowymi mutantami i właśnie z tym Bażantem. A myśmy kiedyś nawet sympatyzowali ze sobą. Chłopak też sport uprawiał – graliśmy w siatkówkę w reprezentacji wojewódzkiej. Tymczasem: cześć, cześć, ja udaję Niemca, że nie wiem, o co chodzi. Traktuję go jak dawnego kumpla, ale cały czas jestem napięty. Co on mi powie? No i wreszcie mówi:

– Wiesz, ja tu przyjechałem, żeby cię poprosić o to, żebyś odbył spotkanie z pewnymi ludźmi.

– A kim ci ludzie są dla ciebie?

– No wiesz, kiedyś to ja się z nimi operacyjnie spotykałem, a teraz to trochę razem interesy robimy.

– Jakie ty możesz z nimi robić interesy?

– Mam hurtownię na ich terenie, to oni mnie ochraniają i tak dalej. Ja tam już się pochwaliłem, że ciebie znam, to oni by chcieli z tobą porozmawiać.

Dobrze. Kiedy? Jakiś termin wybraliśmy. Okej. Znowu pojechałem po te podsłuchy. Teraz już nawet sekretarka nie wiedziała o tym – tylko ja i ten mój przełożony, nazwijmy go umownie: Kowal. Przychodzi termin spotkania – nikogo nie ma. Czekam dzień, drugi, trzeci – nic. Gdzieś po trzech tygodniach zadzwonił do mnie ten znajomy. No to mu powiedziałem:

– Miałeś swoje pięć minut. Twoi protektorzy też mieli. A teraz wasz czas minął. Żadnych więcej spotkań.

A potem taka sytuacja: jest wypadek na Puławskiej. Sobota, mam dyżur. W radiostacji słyszę głos Kowala – a miało go nie być. Wsiadłem w radiowóz, pojechałem zobaczyć ten wypadek. On mówi:

– A co ty dzisiaj pracujesz?

– A pracuję, słyszę, że wypadek, że jesteś, to sobie podjechałem. A ty też w pracy dzisiaj? Miało cię nie być.

– Też usłyszałem, że jest wypadek, to przyjechałem…

Okazało się, że ten wypadek to miał człowiek z miasta.

Ale nie Bażant?

Nie. Ktoś z ważniejszych.

A jaka ksywa?

Już nie pamiętam. W każdym razie – podchodzi do nas taki gnój w dresie, dwadzieścia dwa, dwadzieścia trzy lata. Od razu zobaczyłem, że to jakiś łobuz. No ale wita się z Kowalem jak z kumplem. „Panie prezesie" do niego i tak dalej. Da się coś pomóc chłopakowi? No nie wiem, zobaczymy. Pytam:

– Co to za łeb?

– Z sekcji bokserskiej, z klubu, gdzie jestem prezesem.

Ale to była ściema – chłopaki mieli problem, to zadzwonili. Kowal po prostu dla nich pracował. Od niego szły te informacje o podsłuchach. Przypuszczam, że on ich wypuszczał na mnie. Mógł ich wypuszczać i czekać, co ja zrobię, a potem nasłać na mnie ABW. Wtedy jeszcze nie wiedziałem, że chuj mnie nienawidzi. Na wódkę chodziliśmy, na różne imprezy, a tu chciał mnie ujebać. Później wyszło szydło z worka.

A zdarzyło ci się w robocie, że przez głupi przypadek prawie doszło do tragedii?

Robiliśmy sobie nietypowe treningi strzeleckie. Taki zwykły trening strzelecki jest nudny. Więc strzelaliśmy do zapałek albo braliśmy inny pocisk, wsadzaliśmy w przestrzelinę i jak trafiłeś w spłonkę, to on odpalał i wiedziałeś, że trafiłeś centralnie w środek pocisku. Najlepiej to się strzelało do rac – tak z pięciu metrów.

Niektórzy próbowali strzelać jak kowboje – ale mnie to nie bawiło. Raz mi się nawet udało, że wyjąłem szybko broń, strzeliłem i trafiłem. Ale później zrobiłem to sto razy i nie trafiłem ani razu. Za to w trafianiu do małych rzeczy byłem dobry. No i sobie strzelaliśmy raz z takim Bartkiem.

Lubiłem z nim chodzić na strzelnicę, bo po pierwsze to był dobry strzelec, a po drugie nie nudziłem się przy nim, bo można było pogadać o różnych rzeczach. I jakiś hełm przez przypadek odkryliśmy – taki zardzewiały. Nie wiem, skąd się tam wziął. W każdym razie jakiś poniemiecki. No to zobaczymy, jaka amunicja przebije hełm. Mieliśmy do wyboru makarowa, lugera i tetetkę. Ustawiliśmy hełm na dwudziestu metrach. Pierdolnęliśmy dwie kulki z makarowa. Idziemy oglądać – dwa dołki. Nic się nie wydarzyło specjalnie poza wgnieceniem. No to pierdolnęliśmy do tego hełmu z lugera. Hełm spadł nam z kołka. Zachodzimy, jest przestrzelina, ale nie na wylot. Przestrzeliło tylko jedną powłokę, ale zatrzymało się na drugiej i dlatego zrzuciło nam hełm. No to stanęliśmy do tetetki – kumpel strzelił. Hełm znowu spadł, dziura w pierwszej ścianie hełmu idealnie okrągła, w drugiej ścianie hełmu otwór jak pięść.

A był tam z nami taki Józek – kierownik tego całego zamieszania. Patrzył na nasze zmagania. Okazało się, że dostał telefon i ma się zameldować u komendanta. Wraca za dwadzieścia minut i mówi:

– Panowie, przejebane. Komendant wkurwiony.

– Ale co się stało?

– Ano wchodzę do niego do gabinetu, pierdolnąłem kopytami, a on trzyma pocisk, trochę pogięty, i pyta: „co to, kurwa, jest?". No to mówię mu: „panie pułkowniku, tyle lat pan służy w policji i pan nie wie, co to jest?". A on: „Józek, jak cię pierdolnę, kurwa... ja wiem, że to jest pocisk. Pytam, co on robi u mnie w gabinecie". „A bo ja wiem, kto u komendanta sprząta?" „Józek, siedzę sobie, piszę, a nagle koło głowy słyszę świst i coś zajebało w ścianę. Patrzę, a w ścianie dziura. Podszedłem, podniosłem – jeszcze ciepły". No przecież mu nie zdradzę, żeście do hełmu strzelali. To powiedziałem mu, że musiał jakiś pocisk zrykoszetować i wpadł mu do gabinetu. Tylko że on wziął kartkę, rysuje i mówi: „Tu jest oś strzelnicy, tu jestem ja, strzelacie w tę stronę, to rykoszet może pójść w prawo, w lewo, ale, kurwa, jeszcze zakręcić?". „No chuj, zniekształcony, może jak bumerang zapierdalał".

A miałeś jakieś sytuacje, gdy ktoś niepotrzebnie wymachiwał bronią?

Pojechaliśmy z kumplem – świętej pamięci już – do Szczytna odwiedzić zaprzyjaźnionych słuchaczy i po spotkaniu postanowiliśmy wpaść na dyskotekę. Podjechaliśmy pod jedną – nieczynna, pod drugą – nieczynna. Jak nigdy. Wyjeżdżamy, a jacyś miejscowi policjanci zablokowali nam przejazd. Pytamy, o co chodzi, i mówimy, że też jesteśmy policjantami. A oni:

– Aaaaa, bo jak tyle samochodów – a jechaliśmy trzema – to myśleliśmy, że może jacyś bandyci. Ale jak policjanci, to jedźcie.

– To jeszcze powiedzcie, gdzie tu jest jakaś najbliższa czynna dyskoteka.

A oni, że sześćdziesiąt kilometrów stąd, w Olsztynie. No nic. Dojeżdżamy do tego Olsztyna, już widać światła miasta, ostatnia prosta, wyjechaliśmy z lasu i nagle się niebiesko zrobiło. Wiesz, bomby włączone. Ludzie wyskakują z latarkami. Widzę, że kolczatka rozłożona. Zatrzymuję się i dopada do mnie człowiek z kałachem. Stuka mi w szybę i drze mordę:

– Nie ruszaj się, skurwysynu, opuść szybę do końca!

A ja siedzę, nie ruszam się oczywiście. Ręce na kierownicy. Ale widzę, że ten tym karabinem ostro macha. Myślę: no chuj, jakiś młody zomowiec wystrachany, pierdolnie mi zaraz serią. To mówię:

– Jak się mam, kurwa, nie ruszać, jak każesz mi szybę opuścić?

– Opuść szybę. Pomału!

To ja powoli kręcę korbką, a on mi lufę do głowy przystawia i drze się:

– Nie ruszaj się!

– Kurwa, człowieku, przecież się nie ruszam, do chuja pana, policjantem jestem.

– Jakim policjantem?

– No normalnym. Mogę pokazać szmatę. Kiego chuja się drzesz na mnie?

Jakiś chorąży doszedł i mówi:

– Co się dzieje? Dlaczego oni jeszcze siedzą w samochodzie?

– No bo ten mówi, że jest policjantem.

– A pozostali?

– Też – tłumaczę. – I w tych samochodach za nami również.

– Wyjmij legitymację. Tylko powoli!

No to wyjmuję tę legitymację.

– Ten drugi niech też wyjmie. Z jakiej jednostki jesteś?

– Z AT.

– Z jakiego, kurwa, AT?

– To ty nie wiesz, co to jest AT?

– A kulkę dostać chcesz?

Jak już było wiadomo, *who is who*, pozwolili nam wysiąść. Z ulgi, że się wszystko dobrze skończyło, zrobiliśmy z panem chorążym misia na drodze i uścisnęliśmy graby. I zacząłem się rozglądać dookoła. Patrzę, a chłopaki z naszych dwóch pozostałych samochodów leżą w rowie skuci kajdankami. Zaczęli ich podnosić i okazało się, że jeden z chłopaków, którego rzucili na glebę, miał gaz obezwładniający w kieszeni i jak go poturbowali, to mu któryś, kolanem chyba, nacisnął na pojemnik i go rozwalił. No i cały ten gaz został mu w spodniach. Śmierdział później jak skurwysyn i jeszcze się zagazował. Dochodził chyba z pół godziny do siebie.

Chorąży pyta nas:

– No to co? Gdzie jedziecie?

– Na dyskotekę chcieliśmy.

– No to was podholujemy z fasonem.

No i kawalkada samochodów na niebiesko jechała z nami pod dyskotekę. A pytam się jeszcze na koniec tego chorążego:

– Co się stało, że taka akcja?

A on mówi, że ze Szczytna zadzwonili, że uzbrojeni bandyci trzema samochodami jadą do Olsztyna.

– No i was przywitaliśmy, kurwa, godnie.

Mało brakowało do nieszczęścia? Prawie wszyscy mieliśmy klamki.

Potem idziemy do tej dyskoteki. Na bramce stoi czterech chłopów, takich, kurwa, że każdy o pół głowy większy ode mnie. W barach przecież mały nie jestem, a każdy z nich przynajmniej o połowę większy ode mnie. Jeden z naszych chłopaków – taki były bokser – wyglądał przy nich jak breloczek u paska do spodni. Ale podchodzi do nich, wali się z liścia kilkakrotnie po pysku i mówi coś takiego: „masaż poproszę". Kurwa – patrzymy – gości nie ma. Wszyscy spierdolili, a bramka stoi otworem. Też nas chyba wzięli za bandytów.

Zdarzało się, że mógł ktoś przez głupotę zginąć?

Ja ci kiedyś opowiadałem taką sytuację, jak film dokumentalny kręcili – wiesz, jakąś tam pokazówkę dla którejś stacji. Przyjechał mój przyjaciel i zapytał, czy bym w nim nie zagrał i nie pokazał, jak zrobić profesjonalne zatrzymanie i tak dalej. Mówię: „no dobra, zróbmy to". Przećwiczyliśmy rzecz raz, drugi, trzeci, okej – jedziemy na ostro. Wszystkim kazałem sprawdzić pistolety – żeby były bez amunicji i bez magazynków. Pistolety zabezpieczone. Zrozumieli? Zrozumieli. No to dajemy. Jadę samochodem, jestem bandytą, z prawej strony też siedzi pozorant bandyta – dopadają nas policjanci, zatrzymują, wyciągają z samochodu, rzucają na ziemię, przeszukują, a panowie to kręcą. Zatrzymywał mnie mój kolega do spółki z drugim policjantem, który cały czas do mnie celował.

Jak już było po wszystkim, kiedy postawili mnie na nogi i rozkuli, patrzę, a ten mój kolega wyciąga magazynek z pistoletu, odciąga suwadło i wysypuje nabój z komory nabojowej. Skoczyłem do niego i opierdalam:

– Ty, pojebało cię!? Toś ty do mnie celował z przeładowanego pistoletu!? Przecież mogłeś doprowadzić do tragedii! Mówiłem, że każdy wyciąga magazynek, sprawdza komorę nabojową i zabezpiecza pistolet!

– Sorry... Zapomniałem...

Nawet przyszpanował odciąganiem kurka, bo chciał, żeby było bardziej realistycznie, to znaczy jak na filmach amerykańskich. Najpierw celował, a potem jeszcze przeładował. Rzygać mi się chce, jak widzę takie rzeczy. Ale to jest może nawet dobre, bo nie edukuje przestępców.

A jak było z poziomem wyedukowania policjantów?

Jak bywałem z policjantami z jednostek bojowych amerykańskich, francuskich, angielskich czy żydowskich na różnych kursach, to potem starałem się takie czy inne ciekawostki przekazywać w szkole. No i kiedyś miałem taki kurs, na którym w większości byli chłopaki z AT. Przyszli do mnie i mówią:

– Panie komisarzu, pan pokazuje fajne rzeczy, ale nasze techniki też nie są złe. Może sami byśmy coś panu pokazali.

– Chętnie.

Poszedłem z nimi i później nie pokazywałem nic innego, tylko polskie rzeczy, oczywiście w niezbędnym zakresie, adekwatnie do potrzeb kursanta. Naprawdę – wyszkolenie polskich antyterrorystów nie odbiega poziomem od wyszkolenia Amerykanów, Francuzów czy kogokolwiek innego. A nawet je, kurwa, przewyższa. Może nie mamy superśrodków technicznych – chociaż jest coraz lepiej. Ale materiał ludzki mamy wspaniały. Naprawdę to, co oni pokazywali, to był majstersztyk. A powiedzieli, że robią to tylko dla mnie, bo wiedzieli, że jestem pasjonatem roboty policyjnej, prawdziwym gliną. Ja tym rzeczywiście żyłem. Moje odejście ze szkoły to była trudna, ale naprawdę bardzo przemyślana decyzja. A co za tym przemawiało głównie? Forsa. Gdy odszedłem ze stanowiska wykładowcy, zacząłem zarabiać normalne pieniądze.

Dlatego może poziom wyszkolenia w szkołach jest marny, bo na stanowiskach wykładowców w większości siedzą ludzie bez doświadczenia praktycznego. Tam, w tych szkołach, nie ma dobrych pieniędzy. A dobry wykładowca powinien być godziwie wynagradzany. Nie wiem, dlaczego nie wykorzystują potencjału emeryckiego. Człowiek odchodzi po iluś latach służby i mógłby dalej pracować jako na przykład doradca, ekspert, cywilny wykładowca. Chociażby po to, żeby tak nawijać przez dwie godziny o swoich przeżyciach i doświadczeniach, jak ja teraz z tobą. Mógłbym im opowiadać, jakie rozwiązania zastosowałem w danych sytuacjach – po to, żeby pobudzić ich wyobraźnię. Bo policjant bez wyobraźni to jest, kurwa, przedmiot. Tak jak fotoradar – możesz go postawić w pizdu i on nie musi myśleć. On jest nastawiony na wąską specjalizację. Przekroczył – zrobić zdjęcie. Nie przekroczył – stać dalej, kurwa. Jeżdżę teraz po swojej dzielnicy i widzę codziennie dwa radiowozy ze straży miejskiej z fotoradarami. Siedzi ciągle po dwóch łbów w tych radiowozach i się opierdalają po osiem godzin, opłaconych przez społeczeństwo. Albo szamają kanapki, albo kopara otwarta i śpią, albo na dzięcioła drzemią, kurwa.

A wiesz – są różne style spania. Na dzięcioła, na popielniczkę, na mechanika. Ja kiedyś spałem na długopis – to był mój ulubiony sposób. Wiesz, jak się śpi na długopis? Siedzisz przy stole albo przy biurku, kładziesz jedno ramię na stole, na nim układasz wygodnie głowę, a drugie ramię swobodnie zwisa w kierunku leżącego na podłodze długopisu. Może być ołówek. Jak słyszysz, że ktoś wchodzi, to łapiesz za ten długopis i mówisz, że się właśnie schylałeś po niego. Tylko ważne, żebyś dyńki o stół nie opierał, bo na czole to potem widać. Nie zapomnę, jak kiedyś na niemieckim w szkole oficerskiej nasza nauczycielka, pani Ewa, miała po coś wyjść i mówi:

– Panowie, mam do was prośbę: posiedźcie tu parę minut, poczytajcie sobie jakąś czytankę, przetłumaczcie ją, a jak wrócę, to sprawdzimy sobie wspólnie, co żeście tam popełnili. Tylko błagam was: nie śpijcie. Dobra?

Dobra. No i chuj. Poszła, no to oczywiście geniusze poszli w kimę. Jeden gość przypierdolił na Małysza, a żeby nie było twardo, to sobie czapkę polówkę podstawił. Przychodzi pani Ewa, to się poderwaliśmy.

– No co, przetłumaczone? Nie? Spaliście?

A ten gość:

– Nieee, pani magister, nie spaliśmy.

– Pan, panie Marku, to na pewno nie spał, tylko niech pan mi powie, co ten orzełek od czapki robi na pana czole.

Bo jak on się położył na czapce, to akurat na orzełku. Taki idealny ślad miał odbity na czole. Więc go później Orzełek nazywaliśmy.

Z tą forsą jeszcze – zbóje próbowali cię przekupywać?

Mieliśmy kiedyś taką akcję na Dzika, samozwańczego watażkę, który zastraszał właścicieli lombardów spaleniem i żądał od nich okupów. Pojechałem do właściciela jednego z tych lombardów, żeby z nim ustalić szczegóły dotyczące zasadzki. Zajeżdżam do gościa, a przez radiostację mnie dyżurny woła. Mówi, żebym do niego zadzwonił, bo nie może mówić przez radio. No to pytam – bo przecież wtedy jeszcze komórek nie było – czy mają telefon tam w tym lombardzie. Facet mówi, że tak, proszę bardzo. Dzwonię z tego miejskiego telefonu, a on mówi, że jest u niego nasz wspólny kolega...

Pytam, jakiego my mamy wspólnego kolegę. A on mówi, że B.K. Robię szybką burzę mózgu i mówię:

– Nie przypominam sobie takiego kolegi.

– No, były oficer dyżurny.

– Teraz kojarzę, kto to, ale to nie jest mój kolega, raptem znajomy, i to słabo.

– Bo on tu się chciał z panem spotkać... Sprawa wygląda tak: właściciele beemki, którą chciał ukraść złodziej, zatrzymali faceta i przywieźli do komisariatu. Złodziej jest nieco sponiewierany, dostał, kiedy się stawiał. Ma najprawdopodobniej złamaną rękę i trzeba go będzie przewieźć do szpitala. I ten B.K. daje pięćset milionów, żeby gościa puścić.

– Słucham!?

– Mówi do tego, że tutaj są liczniejszą ekipą i że jak nie weźmiemy tych pięciuset milionów, to oni go odbiją w trakcie transportu do szpitala.

– Tak? To niech pan B.K. zaczeka na mnie.

Zadzwoniłem do komendanta rejonowego i wyjaśniłem, jaka jest sytuacja. Komendant ściągnął stosowną ekipę i zawinęli wszystkich. Potem ich do puchy wsadzili, ale tamci, co byli na zewnątrz, złożyli zażalenie na zatrzymanie, no i sędzia ich wypuścił – bo faktycznie nie mogli odpowiadać za słowa tego B.K. A on od razu dostał sankcję na trzy miesiące. Później pisał do mnie listy z więzienia, w których odgrażał się, że mnie załatwi, że jak ja śmiałem w ten sposób go potraktować. Jak już przestał mi grozić, to pisał z kolei, że to było bezprawne, że on nic takiego nie powiedział i tak dalej. Ale chuj tam. Jak ktoś przychodzi do komisariatu, kurwa, i daje pięćset milionów za wykupienie złodzieja, i mówi o tym otwartym tekstem, no to nie jest chyba do końca normalny.

A policjanci zawsze zachowywali się racjonalnie?

Kiedyś miałem przypadek ekipy takich nielatów, które kręciły się po dzielnicy. Co rusz ich łapałem i wiesz, już tak mnie polubili, że potem ze mną współpracowali. To znaczy robili swoje, ale jak byli złapani, to współpracowali. No i przyznali się między innymi do zdarzenia, w którym dwoma skradzionymi maluchami jeździli i opierdalali różne samochody – z radia i innych akcesoriów. A te maluchy służyły im za magazyn. Ale jak je zatrzymaliśmy, to nie było w nich fantów, o których mówili złodzieje. Wcześniej przyjechali kraść na ulicy B., w okolicach większej ulicy P. I tam namierzył ich radiowóz. Jak go zobaczyli, zaczęli uciekać. Wpieprzyli się w ogródki i nawiali, ale potem doszliśmy do tego, że to oni. Jak się już przyznali do kradzieży, to zaczęliśmy ustalać: kto, co, jak i tak dalej. No i na siedemdziesiąt jeden zgłoszonych czynów potwierdziło się siedemdziesiąt. Została ostatnia rzecz do wyjaśnienia: gdzie są fanty z maluchów?

Ściągnęliśmy więc policjantów z pościgu bezpośredniego i pytamy, jak to było. Faktycznie, jechali radiowozem, jakiś tam cieć z parkingu wskazał im, że grasują złodzieje, więc na nich najechali. Ci na ich widok porzucili samochody i uciekli. Gdzie? No przez ulicę P. i na działki.

Więc przesłuchujemy w końcu tego, który został przy zatrzymanych maluchach – zawodowy policjant, były funkcjonariusz ZOMO. Znaliśmy się z widzenia. Pytam go, gdzie są fanty.

– Jakie fanty? Żadnych fantów nie było.

– Słuchaj, złodzieje powiedzieli, że mieli tam radia skradzione z innych samochodów, około dziesięciu sztuk, i inne skradzione rzeczy, a ty mi mówisz, że tam nic nie było...

– To ty, kurwa, bardziej złodziejowi wierzysz niż policjantowi?

– Wiesz co? Powinienem was posadzić na jednej ławce i razem was skazać. Jesteście siebie warci. I jeszcze ty w pizdu taki durny jesteś? Tyle lat przepracowałeś. Kradniesz i nawet nie umiesz legendy do tego dopasować? Pójdziesz pierdzieć w pasiak za to, że jesteś, kurwa, idiotą. Jesteś głupi złodziej. Tamci to są chociaż cwani, bo ukradli i ci spierdolili.

– Ale ja tam nie byłem sam. Był drugi policjant jeszcze.

– Ten drugi powiedział nam, że pobiegł gonić złodziei, a ty zostałeś na miejscu.

– Ale tam jeszcze cieć chodził.

– Słuchaj, cieć zeznał, że wam wskazał tych złodziei. A ty co zrobiłeś? Ukradłeś skradzione rzeczy.

– Dlaczego tak mówisz?

– Słuchaj, człowieku, jeżeli złodzieje się przyznali do siedemdziesięciu jeden czynów, a tylko jeden się nie potwierdza, bo mówią, że były fanty, a ty potem mówisz mi, że niczego nie było, to po chuj by się przyznawali do tych fantów? Lepiej było im powiedzieć, że fantów nie mieli, że nic nie ukradli, i odpadłoby im kilkadziesiąt zarzutów.

No i zaczęła się dygawka. On tam coś jeszcze pierdolił, później zaczął coś kombinować. Nie wiem, czy mu postawili zarzuty, nie śledziłem tematu. Dla mnie to był złodziej. Do tego przy tej sprawie nauczyłem się, jak odpalić malucha na monetę. Ale nie będziemy o tym pisać chyba?

MŁOT THORA

Komisarz Oliwer Nowakowski, Wydział do Walki z Przestępczością Narkotykową: Nie da się być skutecznym w Wydziale Kryminalnym i pozostać nieskażonym. Kiedy byłem młody i wlazłem do tej roboty, miałem swoje wyobrażenia i ideały. Ale wystarczyło parę chwil, żebym je stracił. Dziś wypierdalam ludziom drzwi, jak trzeba, biję, zastraszam. Trudno zachować wiarę w człowieka, kiedy stykasz się z tym całym gównem.

Pamiętasz, od czego się zaczęło? Kojarzysz jakiś konkretny moment?

Sytuacje, które ci zmieniają widzenie świata? Jedna zaczęła się od tego, że przyszła kobieta i powiedziała, że jej mąż zaginął. Był taksówkarzem, wyjechał gdzieś w Polskę i dwa dni już go nie ma. No, ale dalej tłumaczy, że jeszcze nie będzie tego zgłaszała, bo jest z nim kontakt – w sensie, że wysyła je SMS-y, tylko nie odbiera telefonu. No i jak się wieczorem nie odezwie, to przyjdzie i to zgłosi.

Przyszła drugi raz i powiedziała, że mąż jeszcze nie wrócił do domu i nadal nie odbiera telefonu. Co prawda wysyła jej cały czas te SMS-y, ale dotąd było tak, że jak do niej pisał, to wszystko było bardzo poprawnie językowo – ze wszystkimi „ć", „ź", „ą", „ę" i tak dalej. A teraz w tych SMS-ach są straszne błędy i ją to niepokoi, czuje, że coś jest nie tak.

Posprawdzaliśmy, co się dało, ale nic nie wychodziło. To był piątek, a ja w weekend miałem dyżur. Byłem na zmianie tylko ja i naczelnik. Zaczęliśmy grzebać przy tym jeszcze bardziej i doszliśmy do tego, gdzie dokładnie ten gość pracuje. To była korporacja taksówkowa. Pojechaliśmy tam i ściągnęliśmy wszystkie nagrania z dyspozytorni. Okazało się, że jeden klient dzwonił w czwartek całe popołudnie i mówił, że chce tego Maćka, który jeździ nową audicą, a dokładnie: białym A6, i że chce w jakiś daleki kurs pojechać. No to babka w dyspozytorni mu mówi, że nie ma czegoś takiego, że on sobie życzy takiego i takiego kierowcę. Starała się mu wytłumaczyć, że jedzie pierwszy z postoju albo pierwszy, który jest aktualnie wolny. Maciek teraz ma gdzieś kurs i dziękujemy.

Facet się rozłączył, ale za jakiś czas znowu zadzwonił. Tych telefonów było łącznie kilkanaście. W końcu udało mu się trafić na tego Maćka i umówił się z nim na Gocławiu. Pojechaliśmy pod ten adres z kumplem, a tam się okazało, że od dwóch lat to mieszkanie wynajmują jakieś dwie dziewczyny. Zarzekały się, że na ten adres nikt nie zamawiał żadnej taksówki, no i nie znają gościa, który tam dzwonił. Jadąc pod adres, nie chciało nam się wierzyć, że tak łatwo pójdzie, że ktoś zamówił na swój adres taksówkę, ale musieliśmy to sprawdzić i była nadzieja, że posuniemy się o krok dalej. Niestety.

A komórka, z której dzwoniono, już była nieaktywna?

Tak, komórka, z której dzwonił klient, była nieaktywna, a komórka taksówkarza logowała nam się pod Poznaniem. Ale on zamawiał kurs na Poznań właśnie.

Z Warszawy do Poznania chciał taksówką jechać?

Tak, a kierowca oprócz telefonu miał jeszcze tablet, w którym była nawigacja. Od korporacji dostał.

I ten tablet nam się cały czas logował w Warszawie, na Pradze Południe. No i tu już nam coś bardzo nie pasowało.

Zaczęliśmy sprawdzać billingi – doszliśmy do tego, gdzie ten gość wcześniej dzwonił (ten, który wydzwaniał do dyspozytorni). Okazało się, że dzwonił do jakiejś firmy od chwilówek i brał tam pożyczkę. No to ściągnęliśmy na przesłuchanie gościa z tej firmy. Puściliśmy nagranie z korporacji i spytaliśmy, czy to ten sam człowiek. Powiedział, że tak, i zaczął nam opisywać, jak on wyglądał, potem podał nam też numer jego mieszkania, bo to właśnie w jego mieszkaniu udzielał mu pożyczki. To było to samo miejsce, w którym byliśmy wcześniej, tylko blok naprzeciwko. Mieszkanie należało do jakiejś kobiety.

Pojechaliśmy do tego mieszkania chyba we czterech, bo nastawieni byliśmy na gruby temat. Przyszła też właścicielka z kluczami i od razu przyniosła dokumenty – prawdziwe dane tego gościa. Sprawdziliśmy go i okazało się, że to facet z Grójca, poszukiwany już od pół roku za jakieś wyłudzenia, kredyty i tego typu sprawy.

Weszliśmy do bloku, a po otworzeniu drzwi od korytarza i zrobieniu kilku kroków od razu poczuliśmy z kumplem smród trupa. Babka, jak zobaczyła, że wyciągamy z kabury klamki, to nie wiedziała, gdzie się schować. Ale nam ten zapach mówił sam za siebie – że nie ma żartów. Kazaliśmy jej dać nam klucze i powiedzieliśmy, żeby się schowała za mur, bo nie wiadomo, co się będzie działo.

Otworzyliśmy drzwi do mieszkania – jak buchnął smród, to już byliśmy pewni, że tam jest trup. No ale patrzymy – podłoga ładnie umyta, czyściutko, posprzątane. Wchodzimy z kumplem powoli i widzimy, że jest krew na ścianie, przy drzwiach. Taka duża plama. Idziemy dalej. W środku nikogo. W ostatnim pokoju tylko dywan zwinięty. To już nawet nie podchodziliśmy, bo wiedzieliśmy, co jest grane. Od razu zadzwoniliśmy po techników. Potem się okazało, że tam był zawinięty ten taksówkarz – miał na głowie zaciśniętą reklamówkę. Ze trzy albo cztery dni już tak leżał.

Co było dalej?

Zaczęliśmy szukać tego klienta. Ustaliliśmy, że mieszkanie wynajmował on, jego laska i jeszcze ich kolega. Babka, do której należał ten kwadrat, powiedziała nam, że zawsze były problemy z płatnością. Podobno dzwonił do niej ten typ i mówił: „kochaniutka, kochaniutka, za tydzień zapłacę, bo nie mam pieniędzy". „Kochaniutka", „kochaniutki" to był w ogóle taki tekst, którym się zwracał do wszystkich. Jak już wszystko było podane na talerzu, sprawę przejął terror. Czarni zgarnęli ich z innego mieszkania, które też wynajmowali.

Okazało się, że było tak: poszukiwani zamówili taksówkę pod blok naprzeciwko. Przed budynek zeszła ta laska z jakąś ciężką walizą i zapytała, czy kierowca nie pomógłby jej znieść drugiej, bo jej chłopak wyszedł do sklepu. No i on wszedł z nią do mieszkania. Wziął jeszcze ze sobą tablet, który znaleźliśmy potem pod łóżkiem.

Po wejściu do mieszkania zaczęli się z nim szarpać, jeden z mężczyzn walnął go butelką w łeb, a drugi zarzucił mu na niego reklamówkę i zaczęli go dusić. Potem zabrali kluczyki, zawinęli ciało w dywan, posprzątali ładnie kwadrat i odjechali audicą.

Najpierw polecieli na Poznań – dlatego ten telefon się tam logował. Potem gdzieś pod Poznaniem sprzedali to A6 za jakieś osiemnaście–dwadzieścia tysięcy, a warte było grubo ponad sto.

Czyli kupujący wiedział, że samochód jest z przestępstwa?

Wiedział na bank. Nie jestem teraz w stanie dokładnie powiedzieć, ale podobno na Ukrainę lub do Rosji poszedł. A taksówkarz prawdopodobnie kredyt wziął na ten samochód. Tak że żona została bez męża, za to z długami.

Okazało się też, że zabójca jeździł dłuższy czas z tym taksówkarzem. Robili nawet takie kursy po pięćdziesiąt-sto kilometrów za Warszawę. Czasem na prywatnych telefonach się łączyli. Musieli mieć do siebie zaufanie.

To dlaczego wtedy dzwonił do korporacji, a nie do niego na komórkę?

Nie wiem - był pijany? Może nie mógł znaleźć jego numeru prywatnego?

Ale dlaczego go zabili?

Po prostu ciągle nie mieli pieniędzy. Nawet ta właścicielka mówiła, że bez przerwy nie mieli kasy na mieszkanie, a jeszcze potrafili do niej zadzwonić i marudzić, że ta laska na podpaski nie ma i żeby jej pożyczyła pięćdziesiąt złotych. Podejrzewam, że ich przycisnęło i liczyli, że... jakoś inaczej to zrobią, być może nie planowali zabójstwa, tylko chcieli faceta obić i zabrać A6, ale coś poszło nie po ich myśli i już nie było odwrotu.

A miałeś jakieś nietypowe sprawy?

Był sobie taki gość, który wyglądał jak Wiedźmin - długie blond włosy, kolczyk w uchu - facet w ogóle uważał, że jest elfem, i fascynował się tymi wszystkimi historiami, właśnie Wiedźmina, Thora, wikingów i tak dalej. Nadaliśmy mu ksywę Wiking.

Gość był z Marek, jego ojciec miał jakąś klinikę okulistyczną. W każdym razie miał pieniądze, i to całkiem dobre. Syn był trochę za głupi na studia, więc go wysłał do jakiegoś tam studium. W międzyczasie Wiking poznał na imprezie dziewczynę z Targówka, która też się bawiła w elfy i tego typu rzeczy. Kiedy miał urodziny, to ona kupiła mu młot Thora, taki kamień na trzonku, okręcony sznurami.

Ojciec tej laski był doktorem historii starożytnej i od początku mu nie przypasił przyszły zięć. Cały czas robił wszystko, żeby ich rozdzielić, ale to była miłość jak z bajki. Ale w końcu laska poznała innego gościa, jakiegoś studenta medycyny. Ten student miał ojca, który był ordynatorem w jednym ze szpitali, co potem okazało się istotne. W każdym razie – sytuacja była taka, że ona się spotykała z tym drugim gościem za plecami Wiedźmina.

Ten się w końcu dowiedział, ale był tak w niej zakochany, że powiedział: „Dobra – możesz mieć drugiego, ale ja chcę być twoim przyjacielem. Raz na jakiś czas będę do ciebie przychodził".

Jak zbliżała się ich trzecia niby rocznica, bo już nie do końca byli parą, to zadzwonił do niej, żeby się umówić na kawę czy coś takiego. Dziewczyna się zgodziła. Przyszedł wieczór, gość wsiadł na rower i pojechał do niej z Marek na Targówek. Do roweru przywiązał sobie taśmą klejącą ten młot Thora, a do plecaka wsadził różę, którą pomalował sprayem na czarno. Miał jej to dać na pożegnanie, bo chciał się z nią definitywnie rozstać.

No i przyjechał na miejsce, zadzwonił domofonem, ona zeszła i zaczęli rozmawiać. W końcu Wiking powiedział, że męczy go taki „związek" i w prezencie na rozstanie chce jej dać czarną różę. A ona na to, żeby w takim razie ją przytulił na koniec. Ale w tym samym momencie w oknie stanął ten jej drugi fagas.

Wiking, jak to zobaczył, dostał takiej nerwicy, że wyciągnął z kieszeni zwykłą kartę, jak do bankomatu, którą jak poskładasz, to wychodzi z niej nóż. No i kilka razy uderzył ją tym nożykiem w szyję. Tamten gość zbiegł i zaczął się z nim szarpać. I wtedy Wiking oderwał swój młot od roweru i jeb kolesia w łeb. Facet padł od razu.

Po jednym ciosie?

Po jednym ciosie. Taki dobry młot był. No i jeszcze jej tym młotem przywalił. Po wszystkim zawinął się na rower i poszedł w długą. Był pewien, że ją zabił. Na szczęście ktoś z sąsiadów wychodził z klatki schodowej i wezwał policję i pogotowie.

Ten gość, który dostał młotem, po chwili odzyskał przytomność, a że był studentem medycyny, wiedział, jak się zachować i jak udzielić pierwszej pomocy. Zdjął koszulkę, zaczął dziewczynie tamować krew i zadzwonił do swojego ojca. Ojciec od razu w samochód i do szpitala, szykować już dla niej blok operacyjny. Założyli jej ileś tam szwów, dziewczyna przeżyła.

Później zaczęła się nasza robota. Wiking był pewny, że zabił tę dziewczynę, i pojechał jeszcze do znajomego, żeby mu to opowiedzieć – trochę spanikował i nie wiedział, co ma robić.

W Warszawie?

Tak. Ten znajomy przyleciał od razu do nas, powiedział nam, że nie chce być później w to zamieszany i tak dalej. A my pilnowaliśmy dziewczyny tydzień albo dwa tygodnie w szpitalu non stop, dzień i noc.

Jawnie czy nie?

Jawnie – my i dzielnicowi. Bo ten Wiking uciekł z Warszawy i po kilkunastu dniach się dowiedział, że ona jednak żyje. Na początku zaczął płakać, że tego żałuje, ale jak się dowiedział, że dziewczyna żyje, to coś mu się odmieniło i powiedział, że ją zajebie. No i wtedy już na sztywno siedzieliśmy w szpitalu.

Szukaliśmy gościa wszędzie, gdzie się tylko dało. Pojechaliśmy do jego szkoły i jak tylko pokazaliśmy zdjęcie, to nawet sekretarki – takie młode laski – od razu powiedziały, że w końcu może go zamkniemy, bo nie mogą z nim wytrzymać. Podobno nachodził nawet jedną sekretarkę i chciał się z nią za wszelką cenę umówić.

Wiking, jak się dowiedział, że go szukamy, uciekł do Krakowa, ale potem jednak wrócił do Warszawy.

Próbowaliście go po telefonie złapać?

Tak. Co prawda karty zmieniał, wachlował telefonami, nie było łatwo go namierzyć. W końcu, po jakichś dwóch tygodniach, dostaliśmy cynk, że może być u siebie w domu. Ktoś zadzwonił, że żaluzje poopuszczane w dzień, ale widać, że światło się świeci, i tym podobne tematy. No to mówimy: dobra – bierzemy czarnych i lecimy do niego na chatę. A naczelnik do nas:

– Broń Boże, tylko nie czarnych, zróbcie to sami, bo nie wiadomo, czy tam na pewno jest.

Pojechaliśmy zatem na cztery samochody. A gość mieszkał na samym rogu, tak że jakby uciekał, miał możliwość wiać praktycznie w cztery strony. Obstawiliśmy pół tego osiedla. Przyjechała realizacja i zaczęliśmy teren odgradzać taśmami, żeby nam nikt nie podchodził. Bo wiesz, nagle się gapiów naszło, zaczęli jakieś telefony wyjmować, filmować, każdy sensacji szukał.

Dobra, w końcu wchodzimy, nie ma na co czekać. Realizacja wywaliła drzwi i cisza. Poszły petardy – cicho, nie ma nic. Przeszukali piwnicę, chatę – nie ma gościa. Nagle patrzę, a on wlazł na górę, na dach. To było takie piętro z poddaszem, nie jakiś duży dom. No a ten stoi na dachu, wiatr wieje, te kłaki mu tak latają... Mówię do chłopaków, żeby szli za nim na górę. Ale zanim do niego dobiegli, to on tym swoim nożykiem z karty łapy sobie pociął. W dodatku wzdłuż, a nie w poprzek – i to jeszcze po dwie, trzy krechy.

Nasi podchodzą, temu krew tryska i jeszcze mówi, żeby nie podchodzić, bo będzie skakał. A tam nie było nawet jak poduchy postawić. No to mówimy: dobra, i co teraz? Chłopaków na ten dach ze czterech weszło, my stoimy na dole, gapie coraz bardziej napierają... Nagle Wiking zaczął włosami wywijać jak na jakimś koncercie rockowym i wyć jak rockandrollowiec. To był taki ryk w stylu: „Kuuuuurwaaaaa! Whrooouuu!". Patrzymy na siebie, realizacja na nas. Myślimy: no, jebnięty po prostu, i to nieźle.

Jeden z chłopaków na dachu oddał wszystko – broń, sprzęt – został tylko w kominiarce i zaczął gadać z gościem. W końcu podszedł do niego, chcąc zrobić opatrunek, pociągnął Wikinga na siebie, dźwignię mu założył, no i go chłopaki spętali. Wrzuciliśmy go w karetkę i polecieliśmy do szpitala.

Jak mu zszyli ręce, przyszliśmy do niego – ja i jeden kumpel, który miał takie trochę dłuższe rude włosy. No i ten do nas zaczął taką poezją gadać, w stylu: „Wiesz, ty to wyglądasz jak prawdziwy wiking. Dobry z ciebie człowiek...", i dalej na tej zasadzie. A ten mój kumpel mówi: „wiesz, że oglądałem *Wikingów*?". No i zaczęliśmy z nim normalnie rozmawiać, żeby go trochę uspokoić.

O tym serialu *Wikingowie*?

Tak, on nam zaczął jakieś bajki opowiadać, że w Polsce byli wikingowie, że on tam jeździł na jakieś wycieczki, szukał ich śladów i tak dalej.

No ale lekarze powiedzieli, że go trzeba do wariatkowa przewieźć. Wsiedliśmy więc w karetkę i polecieliśmy z nim do psychiatryka. Tam już ciężko się z nim gadało. Jeszcze gapił się na ciebie cały czas z taką powagą i wzrok miał taki, że ciężko było na niego w ogóle patrzeć. Po prostu paraliżował tym wzrokiem. Widać było, że coś z deklem ma nie do końca.

Już mieliśmy się zwijać, lekarze go zabierają, a on nagle mówi do nas:

– Panowie, wy jesteście porządnymi ludźmi. Chodźcie ze mną do łazienki. – Tego kumpla mojego złapał za rękę. – Ty wyglądasz najbardziej porządnie z tego towarzystwa. Chodź ze mną.

– No co, potrzymać ci mam czy jak? Ręce cię tak bolą od tego podcinania żył, że sam nie dasz rady?

– Nie, chodź, coś ci powiem.

No to wchodzi z nim do kibla, a chłopak wyciąga plik banknotów – dwa tysiące złotych, które skitrał w gaciach. Kumpel pyta, skąd to ma. A ten:

– Miałem na wszelki wypadek, bo spałem pod mostem, w hotelach, po ludziach – musiałem mieć pieniądze. Wam ufam, tym lekarzom to nie i czuję, że te pieniądze się tu rozpłyną.

Więc zabezpieczyliśmy tę kasę. Później jakoś tak było, że kilka dni posiedział w szpitalu i dopiero jak przeszedł badania, dostał trzy miechy sanek, czyli aresztu tymczasowego.

Czyli stwierdzili, że jest stabilny?

Tak – że chyba jednak jest w miarę normalny, a przynajmniej na tyle, że był poczytalny podczas jego „miłosnego wyskoku".

A co cię jeszcze zaskoczyło w robocie?

Był jakiś dłuższy weekend, a w długie weekendy ludzie wyjeżdżają za miasto, jest więc mniej zdarzeń, nic się nie dzieje i na spokojnie można pogrzebać przy swoich tematach. Więc dogadaliśmy się w kilku chłopaków, że przyjdziemy w ten weekend do pracy, żeby na spokojnie porzeźbić przy kilku sprawach, dopracować szczegóły.

Zbliżał się już koniec pracy – cisza, spokój, już snujemy plany na wieczór, żeby skoczyć po pracy na browar i grilla. Nagle dostajemy zgłoszenie, że mają trupa. Jeden z kumpli przychodzi do nas i mówi:

– Słuchajcie, jakaś mumia jest w lodówce. Trzeba będzie jechać, ale poczekajcie, dam znać, jak będę coś więcej wiedział, bo tam już był jeden trup pół roku temu. Zaraz się wszystkiego dowiem.

W końcu pojechaliśmy na miejsce. Pod balkonem pełno gratów powywalanych, ciuchy, książki i tym podobne. Przyszła rodzina i zaczęła opowiadać historię, że jakieś pół roku wcześniej zmarł tam dziadek. W środku zostało dużo rzeczy po nim, do tego mieszkanie było zamknięte praktycznie przez sześć miesięcy, bo nikt z rodziny nie chciał w nim mieszkać. W końcu stwierdzili, że je sprzedadzą i podzielą się kasą. Był długi weekend, mieli chwilę i pomyśleli, że przyjadą wysprzątać tę chatę. No i zaczęli wszystko wynosić na balkon, zrzucać na dół, gdzie ktoś to odbierał i zanosił do śmietnika.

W pewnym momencie dokopali się na tym balkonie do lodówki – wiesz, takiej zwykłej, domowej. Otwierają ją, patrzą, a tam wystaje ręka – kość już w zasadzie. Kobieta mało nie spadła ze strachu z tego balkonu i uciekła. Wtedy zadzwonili po nas. Na miejscu zaczęliśmy robić swoje czynności i ustalenia. Zaglądamy do tej lodówki, a tam trup owinięty w zasłonkę i obwiązany kablem od telewizji. Do tego larwy... muchy już tam nawet zdechły po tym wszystkim, tylko były takie skorupki, z których one się wykluwają. Cała lodówka czarna.

Próbujemy go wyciągnąć – całe szczęście, że był ten kabel, bo trup już się zrobił taki rozpadający. Trzeba go przecież wyciągnąć, zobaczyć, co z nim jest. Ciągniemy we trzech. A strasznie wąsko tam było – nie mogliśmy go złapać. W końcu mówimy: „dobra, dawaj jakąś siekierę, rozdziabiemy tę lodówę albo go z lodówką wniesiemy". Ale nie szło go w żaden sposób wydostać.

Wysunęliśmy trochę lodówkę – patrzymy, a w dnie wycięta dziura i denatowi wystają stopy, widać się tam nie mieścił. Przez to nie mogliśmy go wyciągnąć. A już tak się rozkładał, że strach go było ruszyć, żeby nam się tam w kawałki nie rozsypał.

Po półgodzinie w końcu jakoś nam się go udało wytargać do pokoju. Położyliśmy go na dywanie i zaczęliśmy rozwijać. Bo gość zawinięty w kurtkę, pod kurtką bluza, druga bluza, koszulka – czyli widać, że on tam leżał nawet nie od lata, tylko co najmniej jakieś pół roku, od wcześniejszej zimy. Już nawet nie śmierdział, bo był tak wyschnięty, że na twarzy nie miał nawet skóry... Było lato, a lodówka nie była podłączona do prądu.

Umrzeć raczej sam nie umarł, bo nikt by go wtedy nie wiązał kablami i nie chował do lodówki. Tak że raczej został zabity. W końcu przyjechał lekarz od tych rzeczy. Zaczęliśmy się przyglądać, ale wstępne oględziny nie wskazywały na to, żeby dostał jakąś kosą czy łomem. Później poszedł na sekcję, ale tam też nic nie wykazali.

A tam mieszkał sam ten dziadek?

Później się okazało, że dziadek wynajmował to mieszkanie jakiejś młodej parze. Taka trochę patologia, co chwilę sprowadzali sobie towarzystwo na melinę, tak że przemiał ludzi na tym kwadracie nie był mały.

No i nie doszliśmy do tego, kto to był. Ani tych zwłok nie zidentyfikowaliśmy, ani nie dowiedzieliśmy się, kim była ta para. Nie było żadnych dokumentów ani niczego, po czym moglibyśmy to namierzyć. Doszliśmy do wniosku, że pewnie była jakaś pijacka impreza, tamtemu się może zmarło, a ci, nie wiedząc, co zrobić, związali go i wrzucili do lodówki. Potem może chcieli go gdzieś przetransportować, ale że właścicielowi się zmarło w międzyczasie, no to sprawa została w zawieszeniu – aż na tajemnicze ciało natknęliśmy się my.

A pierwsza ważna sprawa, którą pamiętasz?

To była jedna z moich pierwszych grubszych spraw kryminalnych, przynajmniej na tamtym etapie służby. Historię trzeba zacząć od tego, że była taka małolata. Miała jakieś trzynaście lat, mieszkała na Bemowie na zajebistym osiedlu, rodzice byli kasiaści, tylko rozwiedzeni. Ona mieszkała z matką. No i ta małolata łaziła po jakichś sekschatach, nawiązywała kontakt z różnymi gośćmi i umawiała się z nimi na dymanie. Miała trzynaście lat – ale wyglądała na siedemnastkę. Cycek niemały, wysoka dziewczyna, długie włosy, nawet niezła.

No i poznała faceta koło czterdziestki, z którym zaczęła się dymać – raz za pieniądze, raz za darmo, generalnie lubiła ten sport. A w bloku tej małolaty był taki kantorek, rowerownia – na tym samym piętrze co mieszkanie. Matka przyjechała, chciała wprowadzić rower, patrzy: córka rozebrana, a z nią w kantorku siedzi tamten gość. Matka zamknęła pomieszczenie na klucz i zadzwoniła na policję.

Przyjechała patrolówka, zatrzymali człowieka, później my go zaczęliśmy przesłuchiwać i okazało się, że gość już miał jakieś akcje pedofilskie na koncie. No i poszedł siedzieć na rok.

Rok później. Mijają jakieś dwa tygodnie od jego wyjścia i dostajemy zgłoszenie, że jest zabójstwo na Bemowie – właśnie ta małolata leży z gardłem poderżniętym od ucha do ucha i cała podźgana.

Pojechaliśmy tam, w mieszkaniu pełno krwi, ona leży zakrwawiona i chociaż widziałem przed tym zdarzeniem już parę trupów, to pierwszy raz mnie wzięło na wymioty. Przyjechała matka i powiedziała nam, że brakuje komputera, jakiegoś złota, alkoholi i ogólnie wyglądało, jakby to było na tle rabunkowym. Widać też było, że dziewczyna się broniła, bo ręce miała pocięte – tak jakby łapała za nóż podczas obrony.

Od razu przyszedł nam do głowy ten gość, którego tu rok wcześniej zatrzymaliśmy.

Patrzymy: faktycznie, facet wyszedł kilka tygodni wcześniej. No to jedziemy po niego. Okazało się, że go nie ma tam, gdzie mieszka, czyli wszystko się zgadza – pewnie się ukrywa. Wszczęliśmy poszukiwania, napisaliśmy papiery i zbieramy się do domu – godzina gdzieś koło pierwszej, drugiej w nocy. A wtedy dzwoni naczelnik.

– Słuchajcie – mówi – gościa zatrzymali w Otwocku i już tam na was czeka.

No to w domu wykąpałem się, zjadłem coś w biegu i z powrotem do roboty. Pojechaliśmy, zawijamy gościa, a on do nas:

- Broń Boże, to nie ja! Ja jej nie widziałem od tamtej pory. Nie chcę mieć z nią nic wspólnego!

A wiesz - my w ogóle nie powiedzieliśmy mu wcześniej, że ona nie żyje, tylko spytaliśmy, czy był u niej i czy ma z nią jakiś kontakt. Spytaliśmy też, czy ma jakieś alibi. No to się zaczął głupio tłumaczyć, że „poszedł na ulicę" na noc.

Ale następnego dnia zaczęliśmy bardziej drążyć - sprawdziliśmy monitoringi, billingi i tak dalej. Okazało się, że małolata miała jakiegoś innego chłopaka. Miała już wtedy czternaście lat, a on ze dwadzieścia dwa. Taki bezzębny ćpun, doliniarz typowy. Już parę razy za herę go zatrzymywano.

Za herę?

No. Tak że zęby już miał wyżarte - taki konkretny ćpun.

Ale w żyłę napierdalał czy palił?

W żyłę - już po kablach leciał. Wyższa szkoła jazdy.

W każdym razie tamtego zwolniliśmy, bo się okazało, że faktycznie nic na niego nie było. No, ale zaczęliśmy szukać tego drugiego – jego też nie było w domu. Za to przewinęło się na monitoringu, jak wychodzi z dwoma wielkimi siatami z bloku małolaty. A tak jak mówiłem – wtedy zginął komputer, alkohole, złoto i inne rzeczy.

W końcu gościa zawinęliśmy. Na chacie u niego nie było nic. Dowiedzieliśmy się, że ma drugą małolatę. Więc pojechaliśmy do tamtej laski. Na początku była bardzo wrogo do nas nastawiona. Zrobiliśmy kipisz i w pralce znalazła się pokrwawiona koszulka. Zaczęliśmy cisnąć tę dziewczynę.

Okazało się, że na podwórku był też schowany nóż. Tak że już mieliśmy elegancko na niego wszystko. Wzięliśmy tego gościa na pokoje na dwa dni. Miał tam ciężko. Bardzo. Na początku zmieniał co chwilę zeznania. W końcu się przyznał do wszystkiego i dostał dwadzieścia pięć lat – choć prokuratura wnioskowała o dożywocie.

Czemu się w końcu złamał? Przez wpierdol czy nie mógł już wytrzymać na narkotykowym głodzie?

To nie było do końca tak, że on się złamał, tylko bardziej złamaliśmy tę jego dziewczynę, która na początku bardzo go broniła. Bo się okazało, że on jej wcisnął kit, że był z kolegami na jakiejś dziesionie, no i koledzy jebnęli kogoś nożem, a te fanty pochodziły z tego zdarzenia. Dopiero jak pokazaliśmy jej zdjęcie tamtej dziewczyny i powiedzieliśmy, że to była jego kochanka i że ona też tak może skończyć, to się dziewczyna popłakała. Najbardziej ją ruszyło to, że była robiona w chuja – przez rok on dymał inną na boku, i w dodatku ją zabił.

I wtedy zaczęła nam podpowiadać parę tematów. Jak wyskoczyliśmy do niego z takimi konkretami i jeszcze trochę przycisnęliśmy, to już poszło.

Ale co, biliście go?

Jego nie trzeba było nawet bić, bo to był gość postury Tofika z Ani Mru-Mru – metr dziewięćdziesiąt wzrostu, a wagi z pięćdziesiąt kilo. Po prostu – siedział bez jedzenia, dostał parę liści i jeszcze zafundowaliśmy mu tortury typu klęczenie albo stanie opartym głową o ścianę. Poza tym to nawet nie chodziło o bicie, tylko o taką presję psychiczną.

W końcu się przyznał, ale na początku dostał tylko sanki. Po miesiącu zaczęto nas wszystkich wzywać, bo niby go tam strasznie laliśmy, a kolega mu wybił ząb i tak dalej. Przy czym on już wjechał do nas bez zębów, bo miał je wyżarte przez prochy. Myślę, że jakiś adwokat mu podpowiedział, żeby powiedział, że te wszystkie zeznania to wymuszone były... No, ale w końcu dostał dwadzieścia pięć lat, a ta jego dziewczyna dozór.

A czemu to zrobił? Dlaczego zabił tę małolatę?

Chodziło o pieniądze. Dziewczyna była dla niego sponsorką. Wiesz – ona z bogatej rodziny, a on taki żulik, ćpun.

To co ta dziewczyna w nim widziała?

Nie mam pojęcia. Może wydawał się jej macho? Chociaż – tak jak ci wspominałem – to był taki macho na liścia. Ale wracając jeszcze do samej przyczyny zabójstwa. Oni się o coś pokłócili, ta małolata dała mu z liścia, on się wkurwił i zaczął się z nią szarpać. Jeszcze jej powiedział, że jest komuś jakąś kasę winny za prochy, i chciał od niej pieniędzy, a że ona nie miała, to powiedział, że coś sprzeda i żeby mu komputer pożyczyła. Tak że zaczęło się od zwykłej sprzeczki – a że gość już był dobrze pojebany, to wyskoczył nagle z nożem i zaczęło się piekło. A powiem ci, że pracuję tyle lat i od tamtej pory nie widziałem tak porżniętej osoby i takiego widoku.

A jak ci się układały stosunki z naczelnikami? Chyba nie zawsze wyglądało to najlepiej.

Wiesz, naczelnikami od jakiegoś czasu robi się młodych gości, po kolesiostwie, którzy nawet nie są oficerami. W dodatku karierę robią tylko oni, a my zostajemy zawsze z tyłu, choć tak naprawdę to my pracujemy na ich medale i awanse, bo to właśnie my odwalamy całą robotę – może kiedyś to do nich dotrze. Zresztą to nie jedyne kuriozum. Na przykład taka sytuacja: poszliśmy z kumplem na studia w Warszawie, bo po takich studiach nie musisz iść na kurs oficerski, tylko od razu podchodzisz do egzaminu. Masz dobre pół roku w kieszeni. No i od kilku lat jesteśmy już magistrami, a naczelnik do tej pory się nie obronił. Kiedyś z chłopakami poszliśmy do niego i mówimy:

– Słuchaj, mamy już zrobionego magistra, wysłałbyś nas na Szczytno w jakimś najbliższym terminie, bo nie po to robiliśmy studia, żeby nadal być aspirantami.

– Najpierw ja, później wy. Nie może być tak, żeby pracownik był wyżej stopniem od naczelnika.

Koło się zamyka.

Ale to nie wszystko. Po akcji z Wikingiem mój kumpel napisał notatkę i poszedł do domu. Dzwoni do niego ten naczelnik:

– Słuchaj, jedno zdanie chciałem w twojej notatce przeprawić, taki jeden szczególik dodać. Podałbyś mi hasło do komputera?

Kumpel podał mu to hasło, a kilka tygodni później czytał akta z tej sprawy i trafił na tę notatkę. Patrzy, a w niej wszystko jest dokładnie tak, jak on napisał, tylko naczelnik podpisał się jako głównodowodzący akcją – że to niby on dawał wszystkim wskazówki i tym podobne. Podejrzewam, że parę złotych mu wpadło za to, że tak wzorowo akcja została przeprowadzona...

Śmieszne było też to, że on się uważał za takiego superbossa od Excela. Jak przychodzili do niego operacyjni na rozmowę, to nie pytał, czy zakładali druty albo czy robili już zasadzki. Dla niego było ważne, czy znasz Excela. Jedna zajebista dziewczyna z innej jednostki chciała przyjść do nas do wydziału – sami jej to poleciliśmy, bo chodziła z nami na treningi i dobrze się napierdalała ze zbójami. Wiadomo było, że z nią lepiej jechać na akcję niż z niejednym gościem. W każdym razie – przyszła na rozmowę, a naczelnik ją pyta, czy Excela zna. Jeszcze jej mówi:

– Bo tu, wiesz, trzeba czasem takie statystyki, tabelki napisać.

Ona na to, że nie zna, ale jak będzie trzeba, to się nauczy.

– To odezwę się do pani.

No i dziewczyna nie przyszła do nas, a teraz jest już w innej jednostce i tam już nawet awansowała nieźle. A naczelnik, jak się potem dowiedział, że to taka zajebista babka, to się nas spytał, czemu mu nic nie powiedzieliśmy. To ja:

– No, Excel był ważniejszy niż to, że to generalnie jest taka harda dziewczyna. Tak że sorry.

Z tego, co opowiadasz, to najwięcej roboty mieliście w ostatnim czasie na mniejszych dzielnicach, z dala od centrum.

Tak, i powiem ci, że małe dzielnice to jest największa wylęgarnia zła w Warszawie. Tam nawet CBŚ robiło większość grubszych spraw. Kilku świadków koronnych też stamtąd podobno pochodzi.

A z czego to wynika?

Przede wszystkim z naszej roboty, że tak powiem. Na mniejszych dzielnicach są komisariaty, na których brakuje ludzi, jak zresztą wszędzie, ale tam już wyjątkowo, i jest tylko trzech kryminalnych na krzyż, z czego jeden tylko na nockę, drugi na zasadzie „przywieź, zawieź", a trzeci aktualnie ma urlop. I tak naprawdę nie ma tam żadnego kryminalnego, który mógłby to ogarnąć.

Ostatnio nawet rozmawialiśmy o jednym gościu stamtąd, którego CBŚ zamknęło kilka lat temu. W tym momencie ten trzydziestoletni chłopak ma w samej Warszawie nieruchomości warte kilkanaście milionów złotych – tak się na prochach dorobił. Tak że odpierdział parę lat, ale teraz już nic nie musi robić. Z samych wynajmów żyje. A jak się chłopaki z CBŚ dowiedzieli, że mam trochę więcej wiedzy na takie tematy, to mnie prosili, żebym do nich przyszedł do roboty.

No to czemu nie poszedłeś?

Bo był ktoś z większymi plecami. Tam nawet jak masz dużą wiedzę, to ciężko się dostać bez żadnych pleców. Nawet bardzo chciałem tam przejść, ale kilka razy słyszałem: „dobra, dobra, weźmiemy cię, tylko poczekaj chwilę, bo zaraz będzie etat, już coś się zmienia" i tak dalej. Konkretów zero, ale jak mają jakąś potrzebę, to dzwonią i pytają, czy znam takiego i takiego, bo podobno handluje i trzeba z tym skończyć.

Ale jakie sprawy wy tam teraz robicie? BMK, amfę, plantacje marihuany?

Teraz to przede wszystkim hera.

Ale co konkretnie?

Do tej pory jeszcze nie doszliśmy, skąd ona do końca jest. Małymi kroczkami lecimy i w miarę wychodzą nam jacyś goście, ale boją się zeznawać.

Mówią: „sorry, chłopaki – za cienki jestem na dzielnicy, żeby wam coś powiedzieć na papier".

Ostatnio zatrzymaliśmy kilku ćpunów i centralnie nam powiedzieli, od kogo mają towar. Pojechaliśmy, zrobiliśmy przeszukanie i akurat przyszedł ten gość, od którego kupowali.

Jaki to typ człowieka?

Bardzo spokojny facet, po pięćdziesiątce. Na pierwszy rzut oka wygląda na takiego parkingowego, co to stoi pod szpitalem i ci pokazuje: o, proszę, tu jest miejsce. No i z tego żyje, ale oprócz tego dorabia na prochach, i to podobno całkiem nieźle. Nawet zaczął się kiedyś bawić w swoją wytwórnię amfy.

Więc pojechaliśmy z nim na fabrykę, już tam piszemy jakieś kwity i mamy go zatrzymywać. Idę do naczelnika, a on mi mówi:

– Ty, kurwa, sprawa jest umorzona.

– Jak to umorzona?

Dzwonimy do prokurator, a ona tłumaczy:

– A, wie pan co, nie przeczytałam tego ostatniego zdania i umorzyłam sprawę, bo myślałam, że tam było posiadanie jakiejś drobnej ilości amfetaminy, a nie handel.

No, zajebiście. Gość takim sposobem odszedł do domu bez niczego. My chodzimy po mieście, stoimy całymi dniami po klatkach, robimy zasadzki, obserwacje, a ona nie przeczytała jednego zdania, tego najważniejszego zdania, bo się spieszyła na urlop.

Żenada.

Z tym zwierzchnictwem to jeszcze inaczej bywa. Był u nas taki Mariusz. Robiliśmy razem w jednej ekipie. Chłopak ze wsi, spod Rzeszowa, straszny karierowicz. W domu to ich tam było chyba z sześcioro. Brat był oficerem w jednej ze służb, siostra w innej i tak dalej. Dlatego on za wszelką cenę też chciał zostać oficerem, żeby im pokazać, że nie jest gorszy.

No i jako że był ze wsi, to jak przychodziły święta, zawsze nam coś przywoził: jakiś bimber, kiełbaskę, swojską szyneczkę - wszystko wędzone, bez konserwantów. Sprowadzał też od czasu do czasu samochody z Niemiec, Holandii i jak tam jeździł, zawsze też jakieś proszki przywoził. No i chodził do naczelników i mówił:

– Za tydzień jadę do Niemiec po samochód, to może coś przywiozę, naczelniku?

– O, dobrze. To weź mi ze trzy ichnie proszki, bo te niemieckie lepsze.

Później się okazało, że chłopak mieszkał też niedaleko naczelnika. Kumpel jedzie kiedyś koło jego domu, patrzy, a tam Mariusz liście grabi ze starym.

No nic. Stwierdziliśmy, że gość ma zadatki na nowego naczelnika. Jak zatrzymywaliśmy nawet jakiegoś leszcza, to robił z tego taką aferę, jakby chodziło o nie wiadomo jak grubą rybę. I wiesz – to nie było tak, że „my zatrzymaliśmy", tylko: „ja zatrzymałem, panie naczelniku".

Później zdarzało się nawet tak, że jak były dzielone premie i siedziało dwóch naczelników, to on im przywoził kiełbaskę, ciął na części i wliczał sobie to już w premię. Naczelnik mówił:

– Mariusz, za to, że przywiozłeś te trzy kilo kiełbachy, masz tysiąc premii, z górnej półki.

No a powiedzmy, że ja miałem dostać trzysta. Mariusz na to:

– Nie, nie, tutaj razem jeździliśmy na realizację, to da mu naczelnik osiemset.

No i się okazało, że Mariusz już doszedł do takiego etapu, że z naczelnikiem ustalał, kto ile premii dostanie.

Czyli idealnie potrafi się poruszać w korporacji...

Tak, idealnie to potrafił robić. Teraz jest oficerem i ma sporo do powiedzenia. A była jeszcze taka sytuacja, że na którejś imprezie jeden z chłopaków mu wygarnął przy wszystkich:

– To, co zrobiłem, to wszystko sam sobie zawdzięczam, nikt mi nie pomagał, nie przywoziłem kiełbasek i innych rzeczy żadnemu naczelnikowi.

No i Mariusz się obraził. Mijają trzy dni, patrzymy, kumpel się pakuje. Okazało się, że został wywalony do innego wydziału. Tak że pozbył się gościa, który za dużo krzyczał.

A jak wam pieniądze ginęły? Wiem, że była taka sprawa.

Jak zaczynałem służbę, to mieliśmy takich dwóch starszych gliniarzy – jeden ze dwadzieścia pięć lat służby, drugi prawie trzydzieści. Jeden z nich był kierownikiem. I temu kierownikowi nagle zginęło sto złotych – to było zaraz po tym, jak przyszedłem. Minął miesiąc, przyszedł drugi chłopaczek, nowy, i nagle mu wpierdoliło pięćdziesiąt złociszy, i komuś coś jeszcze. Mijają dwa, trzy miesiące, przychodzi kolejny chłopak do wydziału i znowu, kurwa, jemu i jeszcze komuś wcięło pieniądze. Ale on mówi: „nie no, dobra, stówa w tę czy w tamtą, może faktycznie gdzieś zgubiłem". Ten drugi też: „chuj wie, może wydałem, może dzieciakowi dałem?".

Ale potem jednemu takiemu staremu gliniarzowi zginął portfel z plecaka – a miał tam legitymację, odznakę plus ze dwie stówy. Doszliśmy do wniosku, że to chyba sprzątaczka podpierdala tę kasę. No bo kto inny? My wyjeżdżamy w miasto, ona ma klucze do pokoi, przychodzi sprzątać i kradnie przy okazji.

Postanowiliśmy zrobić zasadzkę. Zostawiliśmy w pokoju portfel i jeszcze dwie dychy na biurku pod kubkiem. Ale mija dzień, dwa, trzy, sprzątaczka sprząta – widać, że kubek przestawiony, bo ścierała kurze, a kasa dalej leży. Kurwa, kto to może być? No to ustawiliśmy kamerkę w pokoju, a w międzyczasie pojechaliśmy pojmać jednego zbója w Wołominie. Wracamy za jakieś trzy godziny i oglądamy nagranie z tej kamerki. Co widzimy?

Kierownik chodzi po pokoju i kładzie każdemu sprawy na biurku. Nagle patrzy – leży plecak, a na wierzchu portfel. Aż nim szarpnęło – jakby go magnes do tego plecaka przyciągał. Zaczął w nim grzebać, wyjął kasę, włożył do kieszeni i wyszedł z pokoju. Czyli się okazało, że kradnie ta osoba, co zawsze najwięcej krzyczała.

No to zadzwoniliśmy po naczelnika i mu to pokazaliśmy. Ten zadzwonił od razu do dyżurnego i powiedział, żeby temu gościowi broni nie wydawać, bo nie wiadomo, czy mu coś nie odjebie. Naczelnik jeszcze mówi:

– Kurwa, mnie przez te ostatnie dwa lata ze cztery stówy zginęły, ale zawsze chodziłem z wami na imprezy, to myślałem, że pewnie przetańczyliśmy.

Poinformowaliśmy o tym komendanta, a ten wezwał kierownika.

– Masz dwie opcje: albo wypierdalasz na emeryturę i oddajesz chłopakom pieniądze, albo zakładamy ci kajdany i idziesz pod schody.

Wiesz, gość kupę lat pracował, więc chyba tylko dlatego łaskawie do niego podeszli, bo chłopaki to od razu chcieli kajdanki zakładać, protokół zatrzymania i dziękuję. Później się okazało, że ten człowiek jakieś psychotropy brał i na Nowowiejskiej u czubków w końcu wylądował na emeryturze.

A ile tych pieniędzy łącznie ukradł?

Ja wiem? Koło pięciu tysięcy mogło pójść. Tak że niestety – wśród nas są i tacy ludzie.

Nawet dzieci z dobrych domów kradną...

Rozpracowywaliśmy kiedyś taką, powiedzmy, mafię akademikową, która w akademikach marihuanę rozprowadzała na kilogramy. No i zatrzymaliśmy jednego gościa, który miał kilka gramów i mówi, że kupił w akademiku od jakiegoś, dajmy na to, Heńka. Przez następnych parę tygodni cały czas kogoś zatrzymywaliśmy – a to z jednego akademika, a to z innego, i tak dalej. I mniej więcej źródła zaczęły nam się pokrywać. W końcu zawęziło się nam to do takiego trzy-, czteroosobowego grona.

Wtedy jeszcze z chłopakami studiowaliśmy, więc chodziliśmy sobie normalnie na terenie akademików i po ich dyskotekach – bo wiesz: żeby działać na terenie akademika, musisz mieć zgodę rektora i takie tam inne rzeczy. No, ale wchodzimy do akademika jako normalni studenci, na legitymację, i mówimy, że idziemy do Heńka z ósmego piętra. W ten sposób robiliśmy rozpoznanie, nie zwracając na siebie uwagi. Wiedzieliśmy, z której strony są okna, jaki pokój, wszystko co i jak. Później, jak już mieliśmy działać, to dopiero informowaliśmy rektora. Chociaż czasem nawet tego nie robiliśmy. Wchodziliśmy szybko we czterech, bo wiedzieliśmy już, że będzie jakaś dostawa prochów, i wyprowadzaliśmy gościa w kajdankach.

No i któregoś dnia kumpel przesłuchuje w akademiku dziewczynę w sprawie kradzieży telefonu. A ona nagle mówi:

– Ja to mam takie pytanie: czy pan coś może wie, bo cały akademik jest wystraszony przez to, że przychodzi tu jakichś czterech byczków i ciągle kogoś zawijają? Nie wiemy, czy to są ludzie z miasta, czy policja. Na przykład chłopak dwa pokoje obok mnie, jak wyszedł trzy dni temu, tak go nie ma do dziś i nie ma z nim kontaktu. Drugi z piętra wyżej dwa miesiące temu też zniknął i dotąd go nie ma.

A wiesz, goście, którzy byli zatrzymani, to od razu dostawali sanki, sanki, sanki i nie było ich po kilka miesięcy. Wszyscy po kolei. No, a ona dalej:

– I wie pan, my się wszyscy boimy w tym akademiku, nie wiemy, co się dzieje. To jakaś tajna policja czy co to jest?

A kumpel na to:

– Pierwsze słyszę, to nikt od nas. Pewnie chłopaki z miasta jakieś rachunki wyrównują. Zawijają gości za nierozliczone pieniądze.

No i trochę się panika zrobiła w akademiku, więc musieliśmy przycichnąć.

Ale grono dilerów tak się zawężało, że doszliśmy do gościa na Pradze, który tym wszystkim handlował. Mieliśmy już nawet jego imię i nazwisko. Pojechaliśmy do niego do pracy pod pretekstem, że złapał go fotoradar, wyszło coś z samochodem i tak dalej. Wchodzimy do tej firmy, a oni pytają:

– Ale panowie, co się stało?

– Nic takiego, prosta sprawa z wozem, ale musimy zrobić przesłuchanie.

– Ale czy na pewno chodzi o naszego pracownika? Bo to jest taki grzeczny chłopak, a nie wiem, czy wiecie, ale jego ojciec jest bardzo wysoko postawionym oficerem policji.

No to ja pytam kumpla, czy mu mówi coś to nazwisko. Nie. Odpalamy internet, patrzymy, a jego ojciec faktycznie jest wysoko. Myślimy: no to, kurwa, pięknie – wsadziliśmy kij w mrowisko. Jak to teraz zrobić, żeby było dobrze?

Więc odzywam się tak:

– Dawaj, jedziemy do prokuratora, ogarniemy nakaz na niego, jak ktoś się przyjebie i będzie chciał go bronić, to powiemy, żeby gadał sobie z prokuratorem.

Bo wiedzieliśmy, że nasi przełożeni będą zaraz przestraszeni tym wszystkim.

Pojechaliśmy do prokuratora i przedstawiliśmy temat. A on, że nie ma problemu, nieważne, czyj to syn, ważne, że jest tyle zeznań na niego, że możemy go zawinąć. No to mieliśmy wszystko i wbiliśmy się do faceta na Pragę, zatrzymaliśmy go. Gadamy z nim, gadamy, czekamy, kiedy będzie chciał tatę powiadomić i się poskarżyć. W końcu doszło do momentu, że sami go pytamy:

– Czy kogoś chcesz powiadomić?

A on, że nie, nikogo.

– Na pewno? Ojca nie chcesz powiadomić?

A on:

– Nie, ja was błagam, tata jest oficerem, całe życie pracował w kryminalnym, przecież on mnie zajebie. To już wolę, żebyście wy mnie tu bili cały dzień niż on.

Ale w końcu powiadomiliśmy tego ojca. Okazało się, że to na szczęście nie ten oficer, o którym myśleliśmy, tylko taki niżej postawiony, ale też ważny gość. W każdym razie przyjechał do nas i mówi:

– Panowie, dajcie mi dwie minuty z nim sam na sam i będziecie wszystko wiedzieli.

A wiesz, chłopak trochę kozaka zgrywał i nie chciał nam nic powiedzieć. No to ten ojciec wszedł do niego, trochę mu przemówił do rozsądku, trochę wpierdol spuścił i dzieciak zaczął gadać. Ojciec nam jeszcze tylko powiedział, że jak coś mu się uda ustalić, to od razu nam powie, bo chce, żeby śledztwo się jak najszybciej skończyło i żeby syn wyszedł z aresztu.

W końcu ten ojciec po rozmowach z synem ustalił, że na obrzeżach miasta była taka stara, opuszczona posesja i tam rosła samosiejka. I synek to wyczaił, jeździł tam, podlewał, ścinał, suszył, a wszystko potem szło na kilogramy.

Myślałem, że to wymaga specyficznych, cieplarnianych warunków.

Wymaga, dlatego ta jego marycha nie była tak mocna jak ta hodowana w specjalnych warunkach. Ale większość akademików w nią zaopatrywał. Tak że chłopak chciał sobie dorobić, a narobił ojcu wstydu. Ojciec przez kupę lat robił to co my, ścigał bandytów, a tu mu syn taki numer wyciął…

Akademiki to pewnie miejsce, gdzie co chwilę działo się coś podobnego?

Zdarzały się różne przekręty. Taka trochę śmieszna sytuacja: pojechaliśmy zawinąć gościa podejrzanego o dilowanie, namierzyliśmy jego samochód, ale nie wiedzieliśmy, w którym pokoju w akademiku mieszka. Więc chłopaki pojechali we dwóch do rektora, żeby to ustalić. Patrzę, a tu podjeżdża straż miejska i zakłada mu blokadę na samochód, bo koleś nie miał biletu z parkometru. No to wbiegłem na recepcję – niby jako student – i mówię:

– Panie, takiemu i takiemu gościowi właśnie blokadę zakładają na koła. Pod którym numerem on mieszka, to mu powiem, żeby szybko zszedł.

Cieć mówi, że osiemset piętnaście. Dzwonię do kumpla i daję znać, że wbijamy pod ten adres i zawijamy pacjenta. A tam było takie skrzydło, że mogłeś wejść z dwóch stron. I chłopak wyszedł akurat drugim wyjściem razem z dziewczyną, i poszedł na tramwaj – nawet nie zauważył, wychodząc z budynku, że mu blokadę założyli.

No to my długa za nim. Ale gość doszedł na przystanek i zrobiło się trochę kiepsko – dużo ludzi, a my nie chcieliśmy robić widowiska. Czekamy więc, podjeżdża tramwaj, ludzi się pełno pakuje, ten przepuszcza swoją dziewczynę, a że miał na oba ramiona plecak zarzucony, to jak już chciał wejść do tramwaju, złapałem go za ten plecak i jeb z powrotem na ławkę. Tramwaj się zamknął i odjechał, a gość został.

On taki przestraszony, nie wie, o co chodzi. Pokazaliśmy mu legitymacje, że policja. No i idziemy z nim na przeszukanie. Dzwoni ta jego laska i pyta:

– Gdzie ty jesteś, coś się stało? Wchodziliśmy razem, a ciebie nie ma...

Gość był w szoku. Już jedną nogą znalazł się w tramwaju, a my wyciągnęliśmy go w ostatniej sekundzie. Później, jak go kiedyś spotkaliśmy, to sam się śmiał i mówił, że dobrze to zrobiliśmy.

Co jeszcze cię rozbawiło?

Mieliśmy w prewencji takiego Witka. Gość był dobrze po czterdziestce. Nikt się z nim nie witał, bo on był trochę brudas. Studiował fizjoterapię i okazało się, że nie mył rąk i ogólnie się nie domywał, bo twierdził, że flory bakteryjnej nie będzie zmywał. Tłumaczył, że trzeba mieć trochę tej flory, bo wtedy się nie choruje. Tak że zawsze było tylko: „cześć, Witek" – tak z daleka, żeby nie robić mu przykrości.

Jego historia zaczęła się od tego, że był klawiszem na Białołęce, ale pochodził z Lubelszczyzny. No i chciał się tam po kilku latach przenieść, bo jakąś babę miał na miejscu. Tylko że w Białołęce nie bardzo wiedzieli, jak się go pozbyć, więc przełożony podpowiedział mu taki patent:

– Napisz tutaj raport o zwolnienie, tam napiszesz raport o przyjęcie i się przeniesiesz.

I idiota napisał raport o zwolnienie, pojechał w swoje strony składać papiery, a oni mówią:

– Kurwa, gość, ty jesteś cywil, zwolniłeś się, to od nowa czeka cię szkoła, testy i wszystko.

Witek zatem stwierdził, że może łatwiej będzie dostać się do policji. Nie wiem, ile w tym prawdy było, ale chodziły takie pogłoski, że był dobrze umocowany – jeden z komendantów wojewódzkich miał takie samo nazwisko jak on.

Na szkole nie mógł sobie dać rady z WF-em. Za pierwszym razem oblał. Był taki jeden nauczyciel – młody oficer, który bardzo lubił wysportowanych gości, a nie znosił łajz. No i go oblał za pierwszym razem. Potem Witek oblał też poprawkę. Okazało się, że ma jeszcze trzecie podejście. Przyszedł wtedy jeden z dowódców, co nas utwierdziło w przekonaniu, że te nazwiska to nie pomyłka, i powiedział, że Witek ma zdać – chociaż na dwójkę. A ten wuefista mówi:

– No, Witek, musisz się pokazać. Przyszedł twój przełożony, prosi mnie bardzo, żebyś zdał, to pokaż, na co cię stać.

No i Witek pokazał, a ten ujebał go po raz kolejny.

Następny termin był już ostateczny – jakby nie zdał, toby wyleciał ze szkoły. No i jakoś tak się dziwnie stało, że ten wuefista poszedł na urlop, ktoś inny przeprowadzał testy i Witek zdał. Jeździł później z moim kumplem na załodze, ale strasznie go trzeba było pilnować, żeby nie zginął gdzieś tam po drodze.

Chłopaki kiedyś poszli na interwencję do jednego mieszkania. A Witek pyta właścicielki, czy może z łazienki skorzystać. Ona, że oczywiście tak. Ten drugi legitymuje babkę, bo tam jakaś duża impreza była. Spisał wszystkich, posprawdzał, a Witka dalej nie ma. Babka otwiera drzwi od łazienki, a Witek cały w piance, kurwa. Goli się. No i później przyszła skarga na niego, że się golił na interwencji.

Po tym został przeniesiony i zaczął pracować ze mną w prewencji. Pojechaliśmy w konwój przewieźć jakichś gości z aresztu do prokuratury. Ja poszedłem do jednego prokuratora, on do drugiego, a kumpel, który był dowódcą, do trzeciego. Mija godzina, wróciłem z jednym z przesłuchania, kumpel wraca z drugim, a Witka nie ma. Po jakimś czasie przychodzi i mówi:

– Dobra, jestem już po czynnościach, możemy jechać.

Pytamy go:

– Ale gdzie masz jeńca?

– Prokurator powiedział: „jest pan wolny", to go puściłem.

– Jak to, kurwa, puściłeś? Masz kwity jakieś?

– No nie, żadnych. Powiedział, że jest wolny, to chuj. Puściłem.

No i kumpel, ten dowódca, pobiegł od razu do prokuratora. Okazało się oczywiście, że powiedział: „jest pan wolny", w tym sensie, że czynności zostały zakończone, proszę odprowadzić. Mieliśmy o tyle szczęście, że ten aresztowany – będąc przekonanym, że jest wolny – poszedł sobie zajarać do palarni. Więc go zwinęliśmy stamtąd.

Mijają ze trzy, cztery dni od tego wydarzenia, dzwoni prokurator i pyta o Witka. Dajemy go do telefonu.

– Panie Witku, to pióro, co mi pan zabrał wtedy, jak się pan podpisywał, to jest bardzo cenne dla mnie. To było od żony na dziesięciolecie małżeństwa i kosztowało około półtora tysiąca. Tak że fajnie, jakbym je odzyskał.

Witek patrzy ze zdziwieniem.

– O, mam, faktycznie.

Co jeszcze odwalił?

Pojechaliśmy kiedyś za Warszawę, do sądu. No i podobna sytuacja – każdy miał swojego jeńca i każdy szedł na inną sprawę. Wracamy, a Witek stoi sam. A były tam cele – takie małe – i obok tego kible. Jeden dla policjantów – normalny, z klamkami z obu stron, a drugi dla więźniów, z klamką tylko od zewnątrz. No i Witek wpuścił jeńca do kibla dla policjantów, sam wszedł do tego drugiego, żeby tamten go nie podglądał, i zatrzasnął się. Zobaczył, że nie ma klamki i nie ma jak wyjść. A teraz ci powiem, skąd o tym wiemy – wróciliśmy ze sprawy, powrzucaliśmy jeńców do celi, a tam się śmieją, co chwila jeden z ławki spada, nie mogą wytrzymać ze śmiechu, patrzą się na Witka i śmiech. No to pytamy:

– Witek, co znowu odjebałeś?

– Ja? Nic. Nic się nie stało. Wszystko jest okej.

Podchodzimy do tych zatrzymanych.

– Co się stało?

– Nie no, nic, spoko.

– Ale co się stało? Podajcie temat, to i my się pośmiejemy. Tak wam wesoło strasznie.

No to gość nam opowiedział. Tak jak wspominałem – poszli do kibla, jeden wszedł do jednego, a drugi do drugiego. Ten aresztowany się odlał, wychodzi, patrzy – Witka nie ma. No to poszedł do celi, siedzi, czeka dwie, trzy minuty, nie ma go dalej. Nagle słyszy darcie japy:

– Otwieraj, chuju, bo cię zastrzelę!

A wiesz, kible tam były takie jak w szkole – czyli nie było sufitu, dało się stanąć na kiblu i wyjrzeć, zobaczyć, co tam się dzieje na korytarzu. No i ten aresztowany patrzy, a Witek wlazł na kibel i drze się:

– Zamknąłeś mnie, otwieraj, chuju, bo cię zastrzelę!

No to wyszedł, otworzył go, wlazł z powrotem do celi. Dostał jeszcze kopa w dupę od Witka za to, że go niby zamknął.

Innym policjantom się takie rzeczy przydarzały?

Pewnie. Stary glina, Leszek. Miał wtedy dwadzieścia dziewięć lat służby, spoko gość, ale trochę łajza. Obiecali mu, że jak dojdzie do trzydziestki, to przed emeryturą dadzą mu piątą grupę i awans na młodszego aspiranta. A wiadomo, że z tym wiąże się lepsza forsa. No to gość czekał, czekał. Kasiasty raczej nie był. Jedziemy kiedyś w konwoju zawieźć jakiegoś gościa na sprawę do Grójca – ja, Leszek, dowódca i zatrzymany. Jedziemy, jedziemy, jesteśmy gdzieś w połowie drogi, a Leszek nagle zaczyna:

– Chłopaki, srać mi się chce, musimy się zatrzymać, nie wytrzymam, nie dojadę do sądu, muszę się wysrać.

– Poczekaj – tłumaczymy. – Bo się spóźnimy na sprawę. Wytrzymasz.

Ale on ciśnie nas, ciśnie, żeby się zatrzymać. W końcu mówi:

– Ni chuja, zatrzymuj się na poboczu, lecę do lasu, bo narobię w gacie.

I poleciał Leszek do lasu, zajęło mu to jakieś pięć minut. Zrobił dwójkę i wraca do samochodu. Dobra, jedziemy dalej. Odjechaliśmy już kawałek za Magdalenkę, jesteśmy przy Tarczynie. Nagle on się maca po biodrze i w lament:

– O kurwa, zawracaj, pas zostawiłem na drzewie, jak srałem!

Wiesz, chodzi o taki pas zapinany na klamrę, ze sprzętem. No to nawrotka, bomby włączone, lecimy z powrotem do lasu. Wpadamy między drzewa, a on pyta:

– Tylko gdzie ja teraz srałem...? W którym to było miejscu? Kurwa, przecież jak to zgubię, to chuj z tej mojej piątej grupy.

Chodził, szukał z dziesięć minut. Poszedłem z nim, dowódca został w samochodzie, pilnował zatrzymanego. W końcu znaleźliśmy zgubę, na gałęzi faktycznie wisiała klamka z całym pasem. Tak że miał dużo szczęścia – w jego wypadku to więcej szczęścia niż rozumu.

Później była impreza, bo któryś z chłopaków odchodził na emeryturę. Wracaliśmy przez park i idziemy przez krzaki. Leszek się wywalił, przysnął w tych krzakach. Obudził się i wrócił do domu. Następnego dnia przychodzi i mówi:

– Kurwa, chłopaki... Legitymację zgubiłem. No ale nic, nie zgłaszam na razie, może znajdę albo ktoś przyśle.

Minęło parę dni, legitymacja jednak się nie znalazła – musiał w końcu zgłosić, że ją zgubił. No i tak faktycznie zamiast piątej grupy na odejście to o mało nie wyhaczył pajdy, znaczy wyroku. Dali mu warunek: albo będzie pajda, albo odchodzisz bez dodatkowych świadczeń, a my nie robimy z tego sprawy. Tak że tutaj mu trochę nie wyszło. Szkoda, bo w sumie porządny facet był, ale przełożeni wykorzystali sytuację. Jak zwykle zachowywali się tak, jakby z własnej kieszeni mieli mu dać.

Jakieś inne perypetie były?

Piliśmy kiedyś na mieście. Były czyjeś imieniny, a że jeden kumpel mieszkał w Wołominie, to zaproponował, żebyśmy tam pojechali do niego na grilla – że sobie rozpalimy u niego na balkonie i będziemy pili dalej. No i chłopaki pojechali po kiełbachy, a ja wsiadłem z tym znajomkiem w pociąg, żeby już rozpalać ogień. Jedziemy, a on do mnie mówi:

– Kurwa, jakiś frajer tak się krzywo patrzy na nas.

Jeden przystanek – nie wysiada, drugi, trzeci – też nie. Dojechaliśmy do Wołomina, wysiadamy, gość wychodzi, łapie za telefon i idzie za nami. A był już wieczór. My idziemy w jedną uliczkę, gość za nami, my w drugą, ten dalej za nami. Mówię do kumpla:

– Chuj nas śledzi, jakiś miastowy może. Dzwoń do chłopaków, bo się będziemy chyba zaraz napierdalać.

No i tak idziemy dalej, podchodzimy już do bloku. Ja wszedłem do klatki, kumpel wygląda zza winkla.

– Kurwa, idzie za nami, jak nic.

Weszliśmy do klatki. Schowaliśmy się na pierwszym piętrze i obserwujemy, co gość będzie robił dalej. A on podchodzi, spogląda w górę. Tam były pierwsze drzwi, domofon i dopiero drugie drzwi, żeby wejść na klatkę. Wlazł przez te pierwsze i do kogoś dzwoni. Patrzy w górę i znowu dzwoni.

– Ni chuja – mówię. – Dawaj, bierzemy go na gorąco, zanim przyjadą chłopaki.

No i wychodzimy, kumpel go za bety i do muru.

– Kto ty, kurwa, jesteś!? Skąd jesteś!? Wołomiński jakiś żołnierz czy kto, że za nami łazisz?

– Nie, nie, proszę pana. Nic z tych rzeczy...

– Jakie „nic z tych rzeczy"? Gdzie dzwonisz? Śledzisz nas?

– Nie, proszę pana, ja tu mieszkam... piętro pod panem.

Okazało się, że dzwonił do żony, żeby zeszła, bo chciał pójść z nią na zakupy. Gość od tamtej pory, jak już z daleka widział tego swojego sąsiada policjanta, to mu machał „siema", żeby nie było znów takiej sytuacji.

To trochę lżejszych tematów też mieliście.

Był taki znany gówniarz w naszym rejonie – kuśtykający na jedną nogę i sepleniący, z zajęczą wargą. Każdy go znał, bo od lat każdy go zatrzymywał – za prochy, drobne złodziejstwo i takie tam. On zawsze był taką osiedlową łajzą, ale kupił sobie kiedyś ścigacza, chciał przykozaczyć przy chłopakach i pojechać na tylnym kole. Tak mu to wyszło, że się wjebał w jakiś samochód i połamał nogę. Założyli mu szyny, ale coś się źle zrosło i przez to kuśtykał. Od tamtej pory wszyscy wołali na niego Kunta Kinte.

No i Kunta Kinte chciał być już trochę większym bandziorem i zaczął się bawić w dziesiony. W dodatku sytuacja wyglądała tak, że jak miał nogę na tych szynach, to dostał trochę sterydów od lekarza na receptę, bo miał jakieś zaniki mięśni, i trochę mu się przykoksowało przy okazji. Mimo to każdy i tak go tłukł na dzielnicy.

Wpadł więc na pomysł, że skoro boi się porywać na normalnych ludzi, to zacznie atakować babki. Jak gdzieś kobieta szła przez osiedle, to jej torebkę wyrwał, uderzył ze dwa liście i w długą.

No i minęły ze dwa tygodnie, przyjeżdża jakaś babka i mówi, że ją napadł taki kuśtykający, sepleniący, z zajęczą wargą. Chłopaki od razu pokapowali, co to za geniusz. Zanim zdążył dotrzeć do domu, oni czekali już na klatce. A Kunta Kinte przyszedł z tymi fantami wszystkimi... Zawinęli go, a ten się jeszcze wypierał cały czas. No ale dali mu sanki.

Za dziesionę sanki dostał?

Tak.

Czemu?

Bo nie chciał się przyznać. Jakby się przyznał, toby jakoś było jeszcze w miarę. No ale on cały czas, że to nie on...

Ale ile pieniędzy z tego wziął?

Grosze, bo ile tam babka mogła mieć w torebce? Pięćdziesiąt złotych? Stówkę maks.

Ale to jest chyba jeszcze niska szkodliwość czynu?

Nie, przy dyszce nie masz. Jak jest rozbój, to nieważne, czy jest złotówka, czy sto tysięcy, liczy się fakt użycia przemocy wobec ofiary lub groźba jej użycia. A wiesz, on tam tę kobiecinę szarpnął, popchnął i tym podobne. Jak już leżała i nie mógł jej torebki wyrwać, to jej kopa sprzedał. Tak że wychodziła z tego dziesiątka, a nie jakieś tam wymuszenie.

W każdym razie – on w sądzie mówi do sędziego, że to nie on, że policjanci się na niego uwzięli, ciągle go legitymują, zatrzymują. On ma niemieckie nazwisko i to pewnie dlatego się tak wszyscy na niego uwzięli. I dalej w tym tonie. No ale dostał trzy miechy aresztu.

Jedziemy z nim do tego aresztu, a on mówi:

– Panowie, jest taka sprawa. Bo ja mam wujka, który jest oficerem w ABW, i jak wjadę na celę, to chciałbym być grypsujący, bo z byle leszczami nie będę siedział. Jak powiem, że mam wujka w ABW, wysokiego oficera, to będę miał jakieś chody?

– A kogo wujek w ABW obchodzi? – pytam. – Powiedz, że masz wujka komendanta na którejś komendzie albo jakiegoś naczelnika, o, to będziesz gość. Powiesz, że jak wyjdziesz, to im ogarniesz jakieś tematy.

Jak wjechał na celę i powiedział, że ma wujka komendanta, to był tak dojeżdżany, że nie minęły chyba trzy tygodnie i sam zaczął z prokuratorem gadać, że się do wszystkiego przyznaje. Po miesiącu wyszedł i już był gość. Ale później poszła fama na miasto, że Kunta Kinte strzelił z dupy. Poszedł na współpracę. Już się koledzy skończyli.

A pamiętasz jakieś anegdoty o policjantach?

Znałem gościa, który był sędzią asesorem, a został policjantem.

Była taka sytuacja, że likwidowali rejonówki, a że on był tylko sędzią asesorem, musiał się zwolnić albo pójść na aplikację czy coś w tym stylu. Ale trochę mu z tą aplikacją średnio szło, no to pomyślał, że przyjdzie do policji, żeby z drugiej strony zobaczyć, jak to wszystko wygląda. Taki miły, grzeczny, zero przeklinania, picia wódki. My chodziliśmy po robocie się napić czy na jakiś mecz, a on zawsze od razu do żony wracał.

Facet najpierw był w szkółce, potem zjawił się u nas. Akurat byli na miejscu dwaj kierownicy. Reszta, wiadomo - szatnia, radiowóz i na miasto. Nie mieliśmy żadnych swoich pokoi, biurek i takich rzeczy. A on przylazł i naniósł jakiś gratów - laptop, książeczki, flamastry, zeszyty. No i się rozkłada na biurku naszego kierownika.

Przychodzi ten drugi kierownik i pyta:

- A co ty tutaj, kurwa, wyczyniasz?

- No... słyszałem, że tutaj będzie moje biurko.

Chłopaki, jak się dowiedzieli, że on był jakiś wielki sędzia, to go po prostu podpuścili. A ten drugi kierownik:

- Co ty, pojebało cię, młody? Przecież jak przyjdzie twój zwierzchnik, to cię zajebie. Gdzie ty mu się tu rozkładasz ze swoimi gratami?

– Nie no, chłopaki powiedzieli, że tu jest mój pokój i mogę siedzieć...

No i przyszedł za godzinę nasz kierownik i zwraca mu uwagę:

– A coś ty się tak tutaj ze swoim majdanem rozłożył?

– No bo, proszę kierownika, ja nie po to kończyłem prawo i byłem sędzią, żeby teraz zapierdalać na ulicy. Ja podobno tutaj z kierownikiem będę siedział. Będę pana prawą ręką.

A kierownik krótko:

– Dobra, dobra. Wypierdalaj na miasto. Do chłopaków, i już, na miasto! Kurwa, pracować z takimi gamoniami...

Następnego dnia się okazało, że sędzia był już w innej sekcji. Ale minął miesiąc, może półtora i przyszedł rozkaz, że sędzia idzie do pałacu Mostowskich. Już nie będzie jeździł na ulicy.

Awansował?

Jeszcze nie awansował, ale już w delegację go wzięli na pół roku do jakiejś papierkowej roboty – do spraw zbędnych i niepotrzebnych.

Później spotykam się z nim na WF-ie, a on mówi, że już jest w Komendzie Głównej. W ciągu roku od szkółki, kumasz? Może faktycznie był taki mądry?... Jak go spotkałem po jakimś roku na mieście, to okazało się, że gość został oficerem Komendy Głównej.

Ja wiem, że można awansować bardzo szybko. Nawet szybciej, niż ci się wydaje. No ale bez przesady.

Innym razem była zmiana komendantów – mieliśmy takiego zajebistego gościa, a przyszedł zjeb pierwszej klasy, taki, co w prewencji robił pół życia. Strasznie się chciał w kryminalne tematy ładować i wymyślał jakieś swoje rzeczy, chociaż pojęcia o tym nie miał absolutnie żadnego.

To akurat częsty przypadek.

Zwłaszcza u komendantów po prewencji... Zamiast robić swoje rzeczy, swoimi ludźmi się zająć, to u nas próbował jakieś wytyczne wymyślać, które nijak się miały do rzeczywistości. Chłopaki się zaczęli wkurwiać, bo ten poprzedni komendant to był naprawdę w porządku gość. Jak trzeba było, to jechał z nami na różne imprezy typu Święto Policji, normalnie siadał, pił wódkę. Nie było tak, że on jest wielkim, kurwa, komendantem i nie wiadomo co.

Jeden z kumpli miał telefon do niego. Była jakaś impreza, siedzimy, pijemy, on nagle mówi:

– Zobaczę, co słychać u komendanta.

I pisze do niego SMS-a: „Jak tam, komendancie, na nowej jednostce? Co słychać? Mam nadzieję, że nie jest gorzej, niż było u nas, bo tutaj się strasznie pojebało. Ten nowy nie dość, że pojebany, wódki nie pije, to do wszystkiego się przypierdala, a pojęcia zero". Wysłał tego SMS-a jakoś w piątek. W poniedziałek mamy odprawę, a naczelnik mówi:

– Andrzej, chodź do mnie na słowo

– Co się stało?

– Chodź, musimy do komendanta pójść, bo coś odjebałeś podobno, ale sam jeszcze nie wiem co.

Wchodzą do komendanta, ten wyjmuje telefon i pyta:

– Ty jesteś Andrzej?

– No tak.

A komendant mu zaczyna czytać tego SMS-a – a on się tam jeszcze na końcu podpisał, w sensie: „pozdrawiam, Andrzej z chłopakami". No i komendant mówi:

– Kurwa, gamoniu, nie wiedziałeś, że to był telefon służbowy i komendant zostawił mi go na przejściu?

I od tamtej pory Andrzej miał przejebane. Żadnych premii, żadnych awansów. Przez rok. Na szczęście tamten długo u nas nie zabawił. Poszedł dalej za Warszawę, na jedną z powiatówek.

Zwierzchnictwo tak dociskało?

To nie koniec potyczek z komendantami. Jeden z chłopaków, zanim przyszedł do nas, pracował gdzieś poza Warszawą jako dyżurny. Jako że było lato, okres urlopowy, to chłopaki, zamiast po nocy mieć dwa dni wolne, następnego dnia też przychodzili na noc, bo jak ktoś chciał iść na urlop, to jeden drugiemu szedł na rękę, żeby tamten miał trzy czy cztery dni wolnego zamiast dwóch. Jakoś tak sobie grafik ułożyli, że dało radę, tylko trochę nadgodzin im powychodziło. No i ten dyżurny po paru nockach przysnął przy biurku, a rano były jakieś działania.

Przychodzi komendant na szóstą zrobić odprawę, wchodzi do niego na dyżurkę i widzi, że ten śpi rozwalony na krześle. No to zgarnął mu wszystkie sprawy z biurka i zabrał do siebie. Zadzwonił do niego za jakąś godzinę, zjebał go na dzień dobry i powiedział:

– Natychmiast proszę do mnie przyjść, w dwie sekundy jest pan u mnie.

No to ten wstał, nawet nie zdążył zobaczyć, że nie ma na biurku papierów, i pobiegł do komendanta. A ten go pyta:

– Spałeś?

– Nie, no jak? Nie spałem.

– Nie spałeś? To gdzie masz, kurwa, sprawy? – I pokazuje mu te papiery. – Zajebałem ci wszystkie dokumenty, nawet nie zauważyłeś. Przyszedłby ktoś, zawinąłby ci te sprawy i co? Czy ty niepoważny jesteś? Piszesz z tego notatkę i pajda. Nie może, kurwa, tak być, żebyście spali w robocie.

No to dyżurny mówi, że dobra, zaraz. I schodzi do szatni, skąd zadzwonił na pogotowie i powiedział, że się strasznie źle czuje. Wzięła go karetka, że niby miał jakieś migotania serca. Zaczął udawać, że mu strasznie duszno. Pojechał na obserwację, położyli go w szpitalu. Oczywiście zwolnienie na tydzień.

Wrócił z tego zwolnienia i napisał notatkę, że miał dyżur w nocy, był przemęczony, bo robił kilka nocy z rzędu, ale myślał, że wysiedzi do rana, nagle zemdlał, a jak się obudził, to został wezwany do komendanta, dostał zjeby, że skradziono mu sprawy i ma pisać z tego raport, i że będzie miał pajdę. Tymczasem komendant nie udzielił mu pomocy medycznej, dobrze, że dyżurny sam się ocknął, bo nie wiadomo, jak by się to skończyło. I taki raport wysłał do komendanta oraz do wojewódzkiej. No i tak się stało, że komendant musiał zmienić sobie jednostkę... Tak że gość był na tyle kumaty, że nie dał siebie pobić, tylko pobił komendanta.

A wasze relacje ze zbójami?

Mieliśmy zatrzymanego gościa od prochów. Pojechaliśmy do niego na chatę na przeszukanie. Facet nam podał adres, a mój kumpel mówi:

– O, byłem w tym bloku z miesiąc temu na imprezie.

Wchodzimy do mieszkania, kumpel się rozgląda.

– Kurwa, takie samo mieszkanie. Identyczny rozkład i w ogóle. – No i pyta zbója: – Nie zostałeś kiedyś zatrzymany? Bo, kurwa, byłem tu chyba kiedyś u ciebie. Twarz kojarzę…

– Nie, pierwszy raz w życiu jestem zatrzymany. Ani z panem nie piłem, pan tu na pewno nigdy nie był na imprezie.

– A masz rodzeństwo?

– No mam. Siostrę…

Kumpel podrapał się po głowie.

– Nie mów mi jeszcze, że kota masz. Jak masz kota, to na bank tutaj kiedyś byłem u ciebie. Zatrzymywaliśmy cię.

Nagle otwieramy drzwi od pokoju, a tam kot zapierdala.

– No, kurwa, mówię, że tu byłem! Za co cię zatrzymano?

A zbój dalej, że nigdy nic takiego nie miało miejsca. To ten kumpel pyta:

– A gdzie twoja siostra pracuje?

– W banku, na kasie robi. Panowie, zróbmy szybko to przeszukanie, bo jak siostra zobaczy albo rodzice, że jestem zatrzymany, to będę miał przejebane.

Kumpel tak chodzi, rozgląda się. Już widzę, że jest coraz bardziej czerwony, przestraszony. W końcu mówi do mnie:

– Dobra, kończymy kipisz, już wszystko przeszukane, nic tu nie ma. Spadamy stąd jak najszybciej. Wszystko ci opowiem na fabryce.

Zawinęliśmy gościa, pojechaliśmy. A kumpel zaczyna opowiadać:

– Słuchaj, byłem kiedyś na imprezie z kolegą, który pracował w banku, no i były tam też dziewczyny z banku. Przenieśliśmy później imprezę do tego mieszkania. Impreza się skończyła, ja zostałem z tą dziewczyną, właścicielką mieszkania, i pół nocy tam ją kotłowałem. I dziewczyna się we mnie zakochała.

Tak że dobrze, że stamtąd wyszliśmy, bo jakby przyszła, to mogłoby być nieciekawie. A laska wypisywała do niego po tej imprezie jeszcze z miesiąc, męczyła go, żeby się spotkać. Ale on mówił, że jak ją zobaczył na trzeźwo, to nie była już taka ładna jak na tej imprezie. Dlatego nie chciał mieć z nią żadnego kontaktu.

Coś jeszcze?

Robiliśmy takiego dilera na Ursynowie. Wiedzieliśmy, że herą dobrze zapierdala, ale nie było jak do niego podejść. Strasznie gość był elektryczny. No i zmieniał mieszkania co chwilę.

Była taka sytuacja, że parę miesięcy go robiliśmy i wiedzieliśmy już, w którym bloku mieszka, ale nie znaliśmy numeru mieszkania. Więc zaczęliśmy robić obserwację. Minęło trochę czasu, wbiliśmy się do niego na adres i okazało się, że gość nie mieszka tam już od miesiąca. No to znowu kolejny miesiąc szukania, zdobywania telefonów, żeby go namierzyć.

Udało się, znowu wbiliśmy się na adres i znowu się okazało, że już tam nie mieszka. Ale wiedzieliśmy, że handluje też z matką. A matka zawsze chodziła z psem na spacer i nawet jak faceta nie było, to towar sprzedawała. No i w końcu doszliśmy swoimi źródłami, gdzie gość mieszka z tą matką. Ale mówimy tak: pukanie nic nie da, bo cały towar pójdzie w kibel i do Wisły. Jak gościa zrobić?

No i tak główkowaliśmy. To było chyba drugie piętro, więc przez okno też nie za bardzo. Nie ma jak wejść. Z tym psem też już nie spacerowali. Więc tak siedzimy jeden, drugi dzień. Zastanawiamy się: czy pies zdechł, czy w domu sra? Nie wychodzi. No i dowiedzieliśmy się, że gość już wie, że go szukamy.

W końcu mówię:

– Kurwa, przecież mamy tu w okolicy znajomego gazownika. Zrobimy tak, że gazownik przyjdzie, będzie jakieś instalacje sprawdzał na osiedlu, zapuka do niego, ten otworzy, a my się do niego władujemy.

Tak zrobiliśmy. Przyszedł gazownik, puka, a my schowaliśmy się piętro wyżej. Otwierają się drzwi i facet leci klasycznie:

– Dzień dobry, gazownia.

My wtedy biegiem na dół i do gazownika:

– Dobra, panie, przyjdź pan później, bo my tu musimy porozmawiać, świadka ważnego mamy.

Facet się wczuł:

– Ale jakie później, gaz muszę sprawdzić, może się ulatnia, blok wyjebie, co wy, panowie...

– Gościu, nie przeginaj, przyjdź za dwie godziny. My musimy tu pogadać z chłopakiem. Ważne rzeczy do niego mamy.

No i w końcu sobie poszedł, a my się wbiliśmy na chatę. Okazało się, że był tam ten nasz podejrzany, jego matka, jeszcze dwóch jego kumpli, aktualnie poszukiwanych. Pies rzeczywiście siedział w domu, a w kuchni nasrana kupa prawie po kolana. A ta matka mówi do nas:

– Kurwa, panowie, od tygodnia gazu nie mamy, bo nie płaciliśmy rachunków. Przyszedł gazownik, to się ucieszyłam, że w końcu nam gaz podłączy, a wy go wygoniliście...

Dzięki temu udało się nam wejść do mieszkania niespodziewanie i znaleźliśmy trochę heroiny.

Zawinęliśmy gościa, ale potem został zwolniony. Spotkaliśmy się z nim kilka dni później, żeby go o coś dopytać. A ten do nas:

– Dwa dni minęły, kurwa, a gazownika wciąż nie ma. Jak gazu nie miałem, tak nie mam. Zjebaliście mi temat. Nie dość, że mnie zamknęliście, to nie mam nawet na czym ugotować żarcia.

Tak że łyknęli temat pięknie, a nam dzięki temu udało się wbić do niego na chatę.

Sprytnie.

Mieliśmy też kiedyś sprawę gościa, który przychodził do jednego sklepu i się awanturował. Coś tam kupił, nie spodobało mu się i poszedł do kierowniczki, że on chce to oddać. Ona na to, żeby wrócił z paragonem, to przyjmą.

– Chuj mnie obchodzi paragon. Macie tu kamery, sprawdźcie, kupowałem to trzy dni temu.

Zaczął się szarpać, to wezwali ochronę. Ochroniarze go wyrzucili, a on zaczął się odgrażać, że wróci i zajebie wszystkich. A wiesz, kupił tam ciuchów za jakieś trzysta czy czterysta złotych.

Zjawił się następnego dnia i ta sama historia. Przyjechała patrolówka, zawinęła go, ale potem wypuściła. No to przylazł znowu po kilku dniach i mówi do kierowniczki:

– Jak jutro, kurwa, nie odzyskam pieniędzy, to wypierdolę wam ten sklep w powietrze.

Więc babka zgłosiła to do nas. Myślimy: ni chuja, trzeba gościa zawijać, nie wiadomo, co mu do łba strzeli, może faktycznie jakiś idiota. Ochroniarz podał nam blachy jego samochodu i faceta namierzyliśmy. Mówimy: zjeb pierwsza klasa, więc jedziemy we trzech, a poza tym wielki był, ze sto czterdzieści kilo. Wbijamy do niego do bloku około szóstej rano. Walimy do drzwi – cisza. Dzwonimy dzwonkiem – w końcu podchodzi i pyta:

– Kto tam?

– Policja.

– Spierdalajcie. Przyjdźcie później, idę spać.

No to my patrzymy na siebie zdziwieni i dalej tłuczemy w drzwi. A on znowu:

– Wypierdalać, niczego wam nie otworzę, za dwie godziny przyjdźcie, inaczej się nie zobaczymy.

No to chuj, wziąłem zapałkę, wsadziłem mu w dzwonek i czekamy.

– Wyłącz ten dzwonek, bo jak otworzę drzwi, to nożem zajebię jednego i drugiego.

No to kumpel szepcze:

– Już jest dobrze. Dawaj, dzwonimy dalej.

A gość wciąż:

– Zajebię was wszystkich, kurwa! Mam nóż, słyszycie, zajebię was!

Mówimy sobie: dobra, nie ma na co czekać, wpierdalamy się do niego na ostro. A mieliśmy nakaz z prokuratury na zatrzymanie gościa, tak że wszystko było elegancko. Wezwaliśmy sobie do pomocy patrolówkę, straż pożarną i sanitariuszy. Przyjechali strażacy, porozkładali cały sprzęt do wywalenia drzwi, a z drugiej strony ekipa dwóch policjantów i dwóch strażaków wjeżdżała dźwigiem – bo to było chyba siódme czy ósme piętro.

– Na trzy, cztery wypierdalamy drzwi, a wy wchodzicie przez okno.

Nagle otwierają się drzwi w mieszkaniu obok, wychodzi taki stary dziadzina.

– Panie, szybko właź pan do windy albo do mieszkania, bo tu zaraz różne rzeczy mogą się dziać.

– Dobra, dobra. – Dziadek kiwa głową, ale idzie dalej powoli o tej lasce.

Najśmieszniejsze było to, że jak wyjechaliśmy o szóstej, to myślałem, że będzie krótka piłka i dlatego się przed wyjazdem nie wysrałem. No i, kurwa, przez to, że już tam byliśmy tak długo, srać mi się strasznie chciało i pierdnąłem akurat w momencie, jak ten dziadek przechodził. A taki młody strażak siedział przy tych drzwiach.

– O kurwa, dziadek chyba się zesrał ze strachu, jak zobaczył całą sytuację.

– Nie... – tłumaczę. – Dziadek się nie zesrał, tylko mnie już tak ciśnie, bo kwitnę tu ze cztery godziny, a miało być raz-dwa i po temacie. Tak że dawaj, wywalaj te drzwi, bo nie wytrzymam zaraz.

No i już mieliśmy wchodzić, ale nagle dzwonią do nas dyżurni:

– Słuchajcie, chłopaki, nie wywalajcie jeszcze drzwi, bo ten gość dzwoni i mówi, że źle się czuje, potrzebuje pomocy i chyba zawału zaraz dostanie.

– Mamy medyka, niech mu otworzy.

Więc medyk tam się tłucze, a zjeb dalej swoje:

– Ni chuja, dopóki nie odejdzie policja i straż pożarna, to nikogo nie wpuszczę.

Później gamoń zadzwonił na straż pożarną i powiedział, że mu podpaliliśmy drzwi. No to ci z kolei dzwonią do nas i pytają:

– Co wy tam robicie? Ponoć drzwi się gościowi palą, dym mu leci z klatki do środka...

– Nic się nie dzieje, jest tu straż pożarna, wszystko jest okej.

Ten pojeb w końcu się zgodził otworzyć medykowi. Jak tylko lekko uchylił drzwi, to ja od razu w nie z kopa, żeby jak najszybciej wejść do środka, on się odbił i wpadliśmy na niego we dwóch.

Ja go od razu za nogi, jak w zapasach, i na ziemię, kumpel go pierdolnął od góry i wpadliśmy z nim na korytarz, na krzesło. Ale jak te jego sto czterdzieści kilo padło na krzesło, to rozwaliło je całkowicie. Tymczasem zaczęliśmy go tłuc, zakładać kajdanki.

Za chuja nie mogliśmy go przekręcić, jak padł na plecy, bo to wieloryb był pierwszej klasy.

Ja go napierdalam, siłuję się, w końcu mu wykręciłem rękę, założyłem dźwignię i zakułem. Patrzę, a tu jak w takim amoku do mieszkania wpadliśmy, to gnat mi wypadł z kabury na podłogę. To wszystko działo się strasznie szybko i dynamicznie. Jak pobiegłem do chłopaków otworzyć im drzwi od balkonu, zrobiłem to z taką siłą, że mi klamka w ręce została. Na takiej adrenalinie było to wszystko.

Podchodzimy w końcu do gościa, a ten zaczyna się zachowywać, jakby nie wiedział, o co chodzi.

– Dlaczego mnie zakuliście, nigdzie nie dzwoniłem, nic nie pamiętam...

Przychodzi jeden z tych lekarzy, patrzy na delikwenta i mówi:

– O kurwa. To Heniek, przecież on ma schizofrenię... Teraz jest on, a pół godziny temu był kto inny.

I faktycznie, okazało się, że medyczni nie pierwszy raz u niego byli. Gość był tak chory, że rzeczywiście nic nie pamiętał. Zaczął nas przepraszać, klękać i w ogóle.

Odwieźliśmy go do wariatkowa, wchodzimy do lekarza, a jemu znowu włączył się wariat. Mówi do tego lekarza:

– O, to ty, skurwysynu, pracujesz tu jeszcze? To ja cię nie zwolniłem? Ostatnio miałeś mnie zamknąć na dwa dni, a siedziałem miesiąc u czubków.

Obiecałem ci, że cię zwolnię. A ty, chuju, pracujesz tu nadal? – I z łapami do niego.

No to znowu go zakuliśmy. Pytamy, co z nim jest. A lekarz:

– Panowie, kierunek wariatkowo. Nie ma o czym dyskutować z tym czubem. Ja go pięć lat leczę. Dwa lata jest dobrze, zachowuje się jak mój kolega, dzwoni i SMS-y mi wysyła na święta, że dziękuje, że zajebiście. A dwa lata jest taki, że przychodzi mnie napierdalać. Jak mnie tylko widzi, reaguje jak byk na czerwoną płachtę.

Później bujaliśmy się po sądach chyba z rok czasu. Nie przychodził na żadną sprawę, tylko jakiegoś mecenasa przysyłał i sprawy się nie odbywały. Teraz w końcu zamknęli go w wariatkowie. I siedzi tam, gdzie jego miejsce.

A jak wygląda sprawa łapówkarstwa? Biorą policjanci w łapę?

Widać, że to cały czas funkcjonuje. Przytoczę ci taki przykład: potrzebowałem kiedyś stolarza, który mi deski ogarnie na parkiety. Pojechałem na wioskę za miasto, żeby było taniej, i znalazłem sobie parkieciarza. On mi zaczął to robić i trochę sobie gadaliśmy. I facet mnie pyta, gdzie pracuję, no to mu mówię, że jestem policjantem. A on:

– O, to obok mnie mieszka też taki młody policjant, w drogówce u nas robi, a kiedyś pracował w drogówce w Warszawie. Chatę sobie odwalił, furę zajebistą kupił, w łapę napierdala jak nic.

Pytam, jak on się nazywa. Ten mi mówi i okazuje się, że tak samo ma na nazwisko jak ja. W dodatku na imię miał jak mój ojciec. Niezły zbieg okoliczności. A było to na jesieni.

Jest wiosna, jadę sobie z żoną któregoś dnia i przekroczyłem ze dwadzieścia czy trzydzieści kilometrów prędkość. Lizak, napierdala mnie do boku jakaś dziewczyna. I od razu z mordą. A to było pod Warszawą. Mówię sobie: dobra, poczekam, zobaczę, jak się sytuacja rozwinie. Jeśli pojawi się temat mandatu, to powiem, kim jestem, jak się skończy na pouczeniu, to nie będę się ujawniał. Ale ona ostro: „panie kierowco, tu mandat taki i taki". Więc mówię:

– Dobra, nie wygłupiaj się, spieszę się do pracy, a pracuję w tej samej branży.

– Jak: się nie wygłupiaj, od kiedy my na „ty" jesteśmy?

– Z jednej firmy jesteśmy, tak że się nie wygłupiaj. Weź mnie poucz. Spieszy mi się, nockę jeszcze dzisiaj mam. Nawet jak przycisnąłem dwadzieścia kilometrów więcej, to wiesz, że nie są to jakieś straszne rzeczy.

– Poczekaj chwilę.

Przychodzi drugi policjant, ona daje mu moje papiery i pyta:

– Znasz tego pana?

Ten patrzy na mnie i mówi, że nie. Ja na to:

– A skąd my się mamy znać, jak nie pracowaliśmy razem nigdzie?

A ona na to, że mamy tak samo na nazwisko. Myślę sobie: to ten as, co mi stolarz o nim opowiadał. Mówię:

– Ty, kurwa, nie mów mi, że masz na imię Sebastian.

– Tak, a skąd wiesz?

– No wiem, świat jest mały. Tak samo masz na nazwisko, to parę rzeczy słyszałem o tobie. Podobno kiedyś robiłeś w drogówce w pałacu. A teraz już ze dwa lata robisz tutaj.

– Skąd ty to wszystko wiesz? Gdzie robisz?

– No, operacyjny jestem. Operacyjny wie wszystko, co się dzieje, a przynajmniej powinien wiedzieć. – I puściłem mu oko. – Myślę, żeby się też tutaj przenieść, bo nieźle się tu żyje. Słyszałem też, że furę kupiłeś nową, chatę masz wyjebaną, jakąś willę największą na wsi...

– Skąd ty to, kurwa, wiesz? Co za chuj. Nie robisz w operacyjnym.

Ja powtarzam, że robię.

– W Warszawie to ty może robisz, ale raczej w Biurze Spraw Wewnętrznych. Kurwa, na dupie mi siedzicie?

– Co ty – mówię.

I podkręcam go coraz bardziej, a ten coraz bardziej zesrany.

W końcu odzywa się do tej dziewczyny:

– Poucz pana i do widzenia. Wracaj do tej Warszawy. – I puścił mnie.

Tak że podejrzewam, że w tych mniejszych miejscowościach bardzo biorą w łapę. Jakbym powiedział mu: „jestem z BSW, wsiadaj, kurwa, jesteś zatrzymany", to podejrzewam, że by się zesrał pod siebie. Z jednej strony się dziwię takim ludziom, bo ja lubię spać spokojnie i się nie bać, że ktoś po mnie przyjdzie o szóstej rano, z drugiej strony, biorąc pod uwagę nasze płace, to się wcale nie dziwię.

A ile teraz zwykły ma?

Taki z patrolówki po pięciu latach, powiedzmy, że ma trzecią grupę, to dostaje trójkę.

Brutto?

Do ręki. Tylko trzecia grupa w patrolówce to już jest maks praktycznie. Bo gdzie indziej masz jeszcze piąte, szóste grupy oficerskie. U nich w patrolu jest trzecia, sierżant sztabowy i koniec. Dla wybranych znajdzie się grupa kierownika. Niektórzy mają po piętnaście–dwadzieścia lat służby, są na trzecich grupach i zarabiają trójkę. A taki na przykład naczelnik zarabia pięć i pół do sześciu i pół tysiąca na rękę, nawet nie będąc oficerem, plus premie okresowe i za nadzór, dlatego tak cisną policjantów. Tak że wiesz, nie dziwię się w sumie, że niektórzy policjanci sobie „dorabiają". Chociaż to jest krótka meta.

Na przykład w Łodzi czy w Legionowie jakiś czas temu było głośno – wymietli całą patrolówkę czy drogówkę, bo mieli pozakładane podsłuchy w samochodach. Tak że z tymi pieniędzmi to jest chujnia. Dlatego nie wierzę, że ktoś do policji przychodzi dla forsy. Zwykli operacyjni zarabiają po trzy i pół, cztery tysiące, i to po dziesięciu–piętnastu latach służby. To nie jest żaden majątek, nie oszukujmy się, zwłaszcza za robotę, którą robimy, za narażanie się.

Kumpel z rok temu odszedł na emeryturę, jeździ na tramwajach i też zarabia trzy i pół tysiaka. A odpowiedzialność już zupełnie inna, porównaj sobie, jaką odpowiedzialność i ryzyko mamy my, a jaką kierowca tramwaju czy autobusu. To nawet nie jest śmieszne. Dlatego jednak większość z nas, przynajmniej w moim gronie, po prostu lubi tę robotę, nawet za takie pieniądze.

Ale Szwajcaria to nie jest.

Była u nas taka sytuacja, że przychodził czas premii i były dwie półki – niższa trzysta złotych i wyższa sześćset. No i my z kumplami ostro zapierdalaliśmy, ale ciągle dostawaliśmy trzysta, a jakieś niedojdy i włazidupy sześćset. W końcu mój kumpel się zagotował, poszedł do naczelnika i mówi:

– Co jest, kurwa? Ja zapierdalam i dostaję trzysta, tamci siedzą za biurkiem, nawet nie wyłażą na miasto i dostają sześćset.

A ten na to:

– No, słuchaj, ja pisałem na was sześćset, później lista idzie do komendanta. Ten skreślił, napisał, że ma być trzysta, a tamtym przydzielił sześćset. No co ci, kurwa, zrobię?

No to kumpel stwierdził, że idzie do komendanta.

– Zobaczę, czym mu podpadłem.

Przychodzi do niego i od progu:

– Ja dostałem trzysta, ten dostał trzysta, a te, kurwa, nieroby: jeden, drugi, trzeci – wymienia po imionach – sześćset. To jak to jest, kurwa?

– Słuchaj, ja ci powiem prosto. Wiesz, czemu Marta dostała sześćset?

– No właśnie nie wiem, o to przyszedłem zapytać.

– No więc właśnie. Jak wejdziesz pod stół i opierdolisz mi tak gałę jak Marta, to dostaniesz sześćset, a nawet siedemset.

No i od tamtej pory było wiadomo, czemu jedni dostają tyle, a drudzy tyle. Fakt, to było jakieś tam dwa, trzy lata temu. Teraz pani Marta jest oficerem naczelnikiem. Na szczęście nie u nas, przeniosła się gdzieś w swoje strony.

I tak mniej więcej to wygląda. Jak pewnie już słyszałeś, jest takie powiedzenie: „nie matura, lecz chęć szczera zrobi z ciebie oficera". Nie ubliżając oczywiście oficerom, bo w moim gronie jest naprawdę kilku prawdziwych psów, którzy są oficerami i ciężko sobie na to zapracowali, i takich ludzi jest dużo. Ale niestety na dziesięciu oficerów może z czterech–pięciu jest takich, reszta to tak zwani ludzie skazani na sukces.

A zdarzają się inne przekręty?

Była sprawa z taką Olą, koleżanką komendanta. Była kierownikiem, później szybko wskoczyła na naczelnika. Nie w moim wydziale, tylko w wydziale obok. No ale mieliśmy jakąś styczność. Ogólnie była w porządku, taka baba z jajami, ale, kurwa, nie do ruszenia. Cokolwiek by odjebała, to nie było na nią bata.

A mieszkała poza miastem i doszły nas słuchy, że się buja z tamtejszymi miastowymi. Że wspólne imprezy i że chyba na drugą stronę zaczyna przechodzić. Zjawił się nawet kiedyś chłopak z CBŚ i zaczął na papier normalnie na nią nadawać. Opowiadał, że robili jakiś temat, wszystko na tacy podane, zostawili tutaj jakichś gości, a ci zamiast sanek dostali dozór.

No i później ktoś zaczął się przy niej kręcić. Okazało się, że rzeczywiście mieszka z jednym miastowym, i pojawiły się jakieś tematy, że niby razem ćpają. Któregoś dnia była impreza, za bardzo się najebała i wyrzuciła przez okno swojego kota. Ktoś to zobaczył z sąsiadów i zadzwonił na policję. Przyjechała patrolówka, patrzą, a tu pani naczelnik. No to przecież jej nie zamkną. Zrobili tak, żeby było dobrze, przyniosła kota do domu i sprawa przycichła. Ale potem znowu coś odpierdoliła – już nawet nie pamiętam co – i jak sprawa poszła do mediów, to zdjęli ją z naczelnika na kierownika. Później znowu jakąś manianę odwaliła i z kierownika zdjęli ją na specjalistę.

I zdarzyło się tak, że Ola miała mieć weekend – godzina ósma, dziewiąta, dziesiąta, a jej nie ma w pracy. Naczelnik wydzwania za nią, że trzeba kogoś przesłuchać. Ni chuja, telefon wyłączony. Nagle przylatuje dyżurny do naczelnika i mówi:

– Ty, kurwa... Faks przyszedł z jednostki, że nasza policjantka jest zatrzymana i siedzi u nich na dołku.

Okazało się, że gwiazda pobalowała w ten sposób, że poszła na imprezę z tymi swoimi chłopakami z miasta. Wyrwała jakiegoś innego gościa, no i pojechała z nim do lasu, żeby się chyba poruchać. Tam się o coś pokłócili i ona zaczęła go straszyć znajomościami na mieście. To dostała parę liści i odjechali.

Zatrzymali się na stacji i ten gość powiedział, żeby nie pierdoliła, tylko poszła i kupiła jakąś flaszkę.

Ta wpadła na stację, pokazała legitymację kasjerce i wyjaśnia:

– Jestem z policji, zostałam porwana, niech pani szybko kamery wszystkie skieruje na ten samochód, zapamiętajcie tablice. Gość mnie uprowadził. Każe mi kupić flaszkę i wypłacić wszystkie pieniądze, jakie mam na koncie.

Kasjerka zadzwoniła na policję, a nasza para odjechała na jakiś parking i pili tę flachę. Nagle, kurwa, niebiesko od błysków – przyjeżdżają kryminalni i AT i gościa wypierdalają z samochodu. Zglebowali go, okopali. A babka siedzi napierdolona, cieszy się i fajkę pali.

Później gość zaczął mówić wszystko, jak było. Okazało się, że nie została porwana ani nic takiego. Wzięli ją pierdolnęli na dołek na wytrzeźwienie. No i po tej sytuacji zrobiło się na tyle głośno, że niestety nie udało się jej emerytury doczekać. Odeszła, ale przynajmniej bez zarzutów. Słyszałem, że teraz stoczyła się jeszcze bardziej i buja się z miastowymi po jakichś meliniarskich imprezach.

A sprawy? Jak wygląda robota operacyjna?

Chłopaki pojechali robić oględziny, bo w windzie napadli na jakąś kobiecinę. Babka dostała łomot – miała pozrywane kolczyki z uszu, oko podbite i generalnie była taka przymasakrowana. Dobrze, że ją karetka zabrała do szpitala. Bo wiesz – babcia jakieś osiemdziesiąt lat miała, mniej więcej.

Minął miesiąc, znowu podobne wydarzenie. Znów staruszka dostała łomot i została okradziona z torebki i całego złota, które miała na szyi, w uszach i na palcach. Mijają ze dwa tygodnie – znowu podobnie. Tylko tym razem wszystko się nagrało na monitoringu. To było jakoś zimą. Kamera zarejestrowała postać gościa, który wchodzi do klatki, a potem za babcią wskakuje do windy. Facet w zimowej czapce, kurta normalna, ubrany jak na zimę. Wchodzi za tą babką i widać, że się z nią szarpie. Nagle wybiega ze wszystkim. Po chwili kobieta na czworaka wychodzi z tej windy i dzwoni po karetkę. Tak że już wiedzieliśmy, że jest jeden gość. To już był jakiś ślad.

Minęło znowu trochę czasu i zgłoszono kolejne takie zdarzenie, i znowu się wszystko nagrało na monitoringu. A wiesz – gość się nie pierdolił. Jak się babka rzucała, to potrafił ją złapać za łeb i pierdolnąć o kaloryfer. Kobieta mdlała, on brał, co chciał, i spierdalał. W końcu zaczęliśmy to wszystko analizować. Dowiedzieliśmy się, że na innych jednostkach też były takie zdarzenia, połączyliśmy to wszystko.

Powstała taka specgrupa z kilku jednostek – robiliśmy tylko te sprawy i nic innego. Pracowaliśmy po jedenaście–dwanaście godzin codziennie. Bardzo nam zależało, żeby złapać gościa i żeby nikomu więcej nie stała się krzywda. Bo wyobraź sobie, że to może być twoja babcia albo ciocia. Takie myśli napędzają cię do roboty jeszcze bardziej. Doszliśmy w końcu do tego, że wszystkie te babcie wychodziły z aptek, więc zaczęliśmy zgrywać tamtejszy monitoring. Wreszcie na którymś nagraniu zobaczyliśmy tego gościa.

Patrzymy: on chodzi sobie po aptece za starą babcią, a koło niego nagle pojawia się jakaś blondyna. On był w takim wieku czterdzieści pięć–pięćdziesiąt lat, a tamta kobieta miała koło czterdziestki. Pozgrywaliśmy sporo tych filmów i na którymś z nich zobaczyliśmy, że jakaś staruszka stoi w kolejce, a blondyna pokazuje palcem temu gościowi na tę babcię. Później było widać, że babcia wychodzi, a oni za nią.

Zobaczyliśmy też na monitoringu, że przy kolejnym zdarzeniu on wchodził do klatki, a blondyna stała przed klatką na czatach. No i tych zdarzeń było kilka – po jednym z nich, na innej dzielnicy, zaatakowana babcia zmarła w szpitalu.

W końcu zaczęliśmy robić zasadzki na te apteki. Puszczaliśmy tam dzielnicowych i sami też chodziliśmy robić zakupy. Ale nic się nie działo, nie było ich. W międzyczasie doszliśmy do tego, że oni przyjeżdżają tam tramwajem. Więc zaczęliśmy się kręcić na przystankach i obstawiać też te tramwaje. Dogadaliśmy się jak zwykle z prewencją, że robimy to na gorąco: jak już się pojawi temat, czekamy, aż pójdzie za babcią, a jak będzie wchodził do klatki, to go zdejmujemy. Sprawa była na tyle gruba, że nawet naczelnicy dzielnicowych poprzebierali się w cywilki i zapierdalali na mieście, głodni wyniku.

W końcu dzwonią do nas któregoś dnia i mówią: „Mamy, mamy go! Złapaliśmy". Zamiast poczekać, aż on pójdzie za jakąś babką... Wkurwiliśmy się, że zjebali nam robotę, bo miało być wszystko na gorąco. No ale zatrzymali tego gościa i jego żonę.

Gość był na tyle hardy, że wiesz – w ogóle zero gadki. W pierwszy dzień, jak go przetrzymaliśmy, było trochę straszenia, jakieś przysiady komandosa, klęczenia i tak dalej. On miał na sobie bluzę z kapturem, więc włożyliśmy mu ją odwrotnie, tak żeby nie wiedział, gdzie jest. Prowadzaliśmy go z parteru na trzecie, przez piwnice i otwieraliśmy okna, żeby totalnie stracił orientację. Gdzie wchodził do pokoju, to dostawał liścia albo dwa na ryj. Ale, pierdolony, nic przez ten pierwszy dzień nie powiedział.

No to dobra – gramy *va banque*, mówimy: tego dnia byłeś tu, tego tu i tam, dużo konkretów, żeby wiedział, że to nie zwykła gadka, tylko mamy na niego sporo. Dopiero wtedy zaczął z nami rozmawiać.

Później pojechaliśmy z nim po kolei do tych wszystkich miejsc i opisywał nam, co i jak się tam działo. Oprócz tego okazało się, że był poszukiwany za dziesionę i miał kilka lat do odwalenia. Na przeszukaniu w mieszkaniu znaleźliśmy od chuja jakiegoś złota i innych fantów.

Żona oczywiście mówiła, że nic nie wie. A to była taka pyskata, bezczelna baba i ciężko było z nią gadać. Ale mąż też cały czas ją krył. Że niby nie stała na czatach, tylko czekała na niego przed klatką, bo on jej mówił, że idzie do kolegi i zaraz wraca. Poszedł siedzieć, ale żona się wtedy chyba trochę od niego odcięła, widocznie przestała go odwiedzać i przesyłać paczki, więc po pół roku sam się otworzył i zaczął na nią nadawać. Tak że tę babę też w końcu zawinęliśmy.

Ogólnie był chojrak, szkoda tylko, że napadał na bezbronne staruszki, które nie mogły mu się postawić, bo być może inaczej by się skończyła ich historia.

Widzisz jakiś sens w takiej przemocy?

W żadnym wypadku. Innym razem wyszła sprawa trzech takich gnojów. To były ćpuny, pijusy po dwadzieścia–dwadzieścia trzy lata. Podłapali się z jakimiś takimi osiedlowymi dziadkami, wiesz, takimi trollami, i zrobili sobie u nich melinę, gdzie pili. I kiedyś przylatuje taki dziadek, kurwa, ucho naderwane, krew mu leci, włosy przypalone. Do tego brudny i śmierdzący. No i nieustannie nawija:

– Panowie oficerowie, wyjebali mnie z domu... z domu, wyjebali... – W końcu zaczął tłumaczyć: – Piliśmy z kumplami, ale w pewnym momencie skończyła się wódka. Nie mieliśmy na następną, to gnoje zaczęły nas napierdalać.

Wzięli tego dziadka i zaczęli go za ucho szarpać, drugi chuj wziął zapalniczkę i dezodorant i go, kurwa, przypalał. Potem tego drugiego dziadka wrzątkiem polewali. I cały czas do nich:

– Dawać, chuje, kasę, bo nie mamy za co pić. Przecież na pewno macie coś skitrane.

Wiesz, dopóki pili razem, to byli kumple, a teraz przyleciał do nas ten dziadek i mówi, że pomocy potrzebuje, bo jego kolega został w mieszkaniu. No to polecieliśmy tam, napierdalamy w drzwi – cisza, nic się nie dzieje. Ale dziadek powtarza, że na bank tam są.

A gość miał dwie pary drzwi – jedne otwierane na zewnątrz na klatkę, a dopiero drugie do środka. No to pytamy go, czy możemy mu te drugie drzwi wyważyć, bo inaczej nie damy rady wejść. On mówi, że spoko, ale że będzie problem, bo one się do środka otwierają. Ale mieliśmy takiego kumpla, zapaśnika – jak się tam, kurwa, zaparł dwoma nogami o ścianę, to wyrywał te drzwi z futryny. Patrzymy dalej – zostały drugie drzwi. A okazało się, że jeden z tych chujków schował się za szafę, drugi pod łóżko, a taka laska, co była też z nimi, podeszła pod te drzwi i patrzyła przez judasza. I w tym momencie, gdy wypierdoliliśmy drugą futrynę, to razem z nią. Potem namierzyliśmy też jej kolesi i spuściliśmy im łomot. Drugi dziadek też był zakrwawiony. Mówię: żul, nie żul, ale człowiek jednak. A ten dziadek, co do nas przyszedł, to w ogóle potem zmarł w szpitalu.

Później, jak wzięliśmy tych gnoi na pokoje, to mieli totalnie przejebane. Jeden z nich to tak spierdalał, że wyjebał nam w drzwiach dolny zawias i zmieścił się miedzy futryną a drzwiami – na czworaka nam uciekł z pokoju na korytarz.

Tak go napierdalaliście?

No nie – dostawał liście plus tam parę kopów, ale jeszcze miał żebra policzone. I jak mu kumpel zaczął te żebra liczyć, to gość wył jak wilk. Nie mógł tego wytrzymać.

A co to jest to liczenie żeber?

No, wbijał mu paluchy między żebra po prostu. Te dwa gnoje coś koło dychy dostały, za tego dziadka, któremu się zeszło. Tylko tej dziewczynie się w miarę upiekło - posiedziała chwilę na sankach i wyszła. Powiem ci, że najbardziej trzeba właśnie uważać na takich gnoi - bo wydaje się, że to jakieś szczury są, a we dwóch czy trzech to już bywają mocni.

WITAMY W WARIATKOWIE

Nadkomisarz Anna Muras, Wydział Kryminalny: Miałam kiedyś superzajebistego kierownika dochodzeniowego od spraw zabójstw, gwałtów i takich rzeczy. Spasiony facet, który na imprezach nawet jak miał już nos w sałatce, to i tak jeszcze pociągał z kieliszka. Chłopinę pożegnaliśmy pół roku temu – umarł. Kolejny naczelnik od spraw nielatów, też super gość. Poszedł na emeryturę, pochowaliśmy go niedawno.

Ale na co oni umierali?

Zawały, zawały, zawały. Bo wiesz, pracujesz po dwadzieścia pięć godzin na dobę, jesteś bezustannie na adrenalinie. Jak byli w mieście antyglobaliści, to przecież nas zamknęli w komendzie na Żytniej i kazali nam koczować w oczekiwaniu na przestępców, człowieku. Świetlicę na komisariacie zabili dechami.

Dlaczego?

Bo jak rok wcześniej przyjechali antyglobaliści, to rozpieprzyli całe Śródmieście. A w następnym roku miało ich przyjechać więcej. Tak że całe Śródmieście było zamknięte, a na każdej komendzie rejonowej policji wszystko zostało zabite dechami plus przygotowana świetlica – po to, że jakby się chamstwa nałapało, toby się ich potem do tej świetlicy na materace odholowało. A skończyło się tak, że żadnego zatrzymanego nie było i policjanci sobie tam leżeli, bo już nie mogli na siebie patrzeć. Bo myśmy tam siedzieli pięć dni i pizzeria już nam nawet nie chciała żarcia przywozić. Ja nie mogłam na swoją koleżankę patrzeć, bo stwierdziłam, że jest idiotką. Ona na mnie zresztą też.

Ale wiesz – antyglobaliści antyglobalistami, a przede wszystkim chodziło o to, żeby statystykę zrobić. Bo jak zatrzymani będą siedzieć, to będą się te sprawy mnożyć i może ktoś coś w końcu wykryje, coś zrobi, może sprawę umorzą.

Ale o co chodzi z tą statystyką w ogóle?

Już ci mówię. Chodzi o to, że porównujesz wykrywalność przestępstw z danej kategorii. Masz na przykład zabójstwa, włamania, kradzieże, uszkodzenie mienia, alimenty i tak dalej. Kategorii jest przynajmniej piętnaście. No i teraz porównujesz miesiąc do miesiąca, żeby ci się liczba umorzeń zgadzała z liczbami wykrytych. I porównują się jednostki, łącznie w całym powiecie. Na przykład w Wołominie było dwóch gwałcicieli i dwóch złapano. Czyli wykrywalność jest super. W Parzęczewie też jest zajebiście, bo przestępstwa zdarzają się takie, że Heniek urwał lusterko Frankowi, Franek poszedł na policję i powiedział, że to Heniek – a Heniek się przyznał i już mamy wykrytego sprawcę. Parodia.

Ty sobie wyobrażasz, że kiedyś brakowało nam kradzieży z włamaniem? To jest kategoria zagrożona karą do dziesięciu lat więzienia. Czym my to nadrabialiśmy? Nie uwierzysz. Włamaniami do wózka spożywczego, tego w hipermarkecie. A wiesz, na czym polegało włamanie? Na uszkodzeniu zamka i wyjęciu dwóch złotych, które w tym zamku się znajdują.

A kto w ogóle takie sprawy zgłaszał? Supermarket czy wy sami ich łapaliście?

Market zgłaszał na takiej zasadzie, że ktoś się poskarżył, że chodzą u nich jacyś bezdomni. No i wiesz, kradzież z włamaniem jest ścigana z urzędu. Więc nie musi pokrzywdzony – w tym wypadku klient marketu – nam tego zgłaszać. Bo wiadomo, że on by olał te dwa złote.

Tak więc co miesiąc robisz sobie podobną statystykę z każdej kategorii. A na koniec roku jest taka masakra, że nikt z domu nie wychodzi.

Czyli chodzi o to, że nikt się nie cieszy, że liczba przestępstw spada, tylko zakładają, że jest taka sama, i każą wykrywać taką samą liczbę przestępstw, bo inaczej uważają, że policja jest nieskuteczna, bo nie wykryła tyle samo przestępstw co miesiąc wcześniej?

Właśnie! Musi być mniej więcej to samo. Chodzą patrole, ludzie nic nie zgłaszają, jest spokój. No ale przecież niemożliwe, że tam się nic nie dzieje. To dowód na za małą skuteczność, tam musi się coś dziać! Przepraszam bardzo – pod Klifem na Okopowej wychodzi pani z pieskiem tudzież ludzie przychodzą do sklepu. Nic się tam nie dzieje. Ale tam stoi patrol przez dwanaście godzin. Dlaczego? Bo nam zaczęli płacić ponadnormatywy sto sześćdziesiąt złotych dodatkowo do pensji.

Co to te „ponadnormatywy"?

Ponadnormatywny są płacone dzielnicowemu, patrolówce bądź dochodzeniówce. Nie mogą to być kryminalni i operacyjni, ponieważ do tego musisz się ubrać w mundur i chodzić jak ten krawężnik, legitymować, sprawdzać na danym rejonie i tak dalej. No i chodzisz jak debil, ale pani Gronkiewicz płaci sto sześćdziesiąt złotych, więc się na dochodzeniowców zgłosiło milion osób. Ale do czego zmierzam – dzielnicowi to przynajmniej znali rejon. A dochodzeniowiec wylazł na ulicę po pięciu latach siedzenia w kwitach. No i było: „kurwa, to my mamy w mieście taką ulicę?".

Mieliśmy takiego gościa, zakręconego, jakby tańczył w balecie, i to jeszcze radzieckim. No i on właśnie wyszedł po tylu latach na ulicę, i idzie sobie z jakimś drugim gościem – bo oni zawsze chodzą we dwóch. Przechodzą przez światła, a tam były tory tramwajowe i akurat na tych torach koleś chciał zakręcić samochodzikiem pod zakaz. A ten nasz kolega zapierdziela przez tory, nie patrzy, że tramwaje jeżdżą, i krzyczy:

– Policja! Milicja! – Bo jemu to się jeszcze z dawnymi czasami myliło.

Ten chłopina się zatrzymał w jakimś dziwnym miejscu i mówi:

– Ale proszę pana, mnie się dziecko rodzi!

– Chwila! – Stwierdził, że będzie tym złym policjantem i mu mandat wystawi.

Tylko skąd taki dochodzeniowiec ma mieć wiedzę na temat ruchu drogowego? Miał taką książeczkę i zaczął szukać, który zakaz złamał kierowca.

Drugi policjant stoi, korek się zrobił straszny, wszystko zablokowane. W końcu kierowca mówi:

– Panie, daj mi pan ten mandat, nie wiem ile tam, pięć stów czy tysiąc, ale ja muszę jechać, bo mi żona rodzi!

A ten dalej:

– Moment!

Wyjął bloczek mandatowy, przy czym wdział go pierwszy raz na oczy po trzydziestu latach pracy. Nagle jęczy:

– O kuźwa, pomyliłem się…

Tak że sytuacje były po prostu masakryczne. A powiem ci, że ludzie chodzili na te służby ponadnormatywne tylko dlatego, że wcześniej nie mieli premii i nikt im nie oddawał pieniędzy za nadgodziny. Mnie na przykład nie zapłacili za sześćset nadgodzin.

Za ile!?

Tak – a wiesz, dlaczego mi nie zapłacili? Jak się przenosiłam z jednostki do jednostki, to sekretariat powinien wypisać mi nadgodziny. Ale dziewczyny w sekretariacie były tak zajebane robotą, że ciągle mówiły tylko: „później, później, później". W międzyczasie na tamtej jednostce zmieniali się naczelnicy, te kwity poszły gdzieś do archiwum, i takie srututu. Ale jak naprawdę bym się uparła, to byłabym w stanie to wyjąć. A wiesz dlaczego? Bo kiedyś ktoś napisał donos. Uprzejmie donoszę, aczkolwiek z obrzydzeniem, że tutaj się wykorzystuje pracowników i tak dalej. No i wysłał to do Komendy Stołecznej do inspektoratu. Potem przynajmniej dziesięć osób z dochodzeniówki, w tym ja, pojechało do Stołecznej tłumaczyć się, dlaczego mamy nadgodziny i ich nie odbieramy. To było akurat proste do wytłumaczenia. Nadgodzin było tyle, bo tyle jest roboty. Tylko nie miałam kiedy ogarnąć papierów. Mam w szafie sto spraw, terminy mnie gonią, prokuratorzy się dobijają. Do tego dochodzą dyżury z zatrzymanymi - jestem wtedy do dyspozycji dyżurnego i nie robię swoich spraw. Bo jak są zatrzymani i się jeden wydział nie wyrabia, to ja muszę to obrabiać.

Czyli co konkretnie?

Na przykład przesłuchiwać, zrobić oględziny, konwojować - generalnie wszystko, co jest związane z zatrzymanymi. Jeden to mi w ogóle kiedyś w sądzie zszedł. Nażarł się czegoś, potem się tak bujał, bujał i padł. No i zeszło następnych dwanaście godzin na oględzinach.

Serce nie wytrzymało?

Tak. Przećpał się. A wcześniej wyszedł, kurna, z tego ćpuniarstwa. Jeszcze się z tego cieszyłam, bo to był mój taki stały bywalec. Mówię do niego:

– To co, przestałeś już ćpać?

– No, już tak... Chodzę do ośrodka, tam się napiję troszeczkę takiego płynu, dają mi leki uspokajające.

Tylko że przesadził z tymi lekami, trochę mu jebnęło na łeb i włamał się do apteki. Tak sobie przy tym rozwalił łapę, że pies po tej krwi do jego domu od razu doszedł. Tak że go wzięli, zszyli mu rękę, pobrali krew i rano pojechali do sądu. A on tam po prostu zszedł. No i miałam potem wyrzuty sumienia – powiedziałam, że nie przychodzę do pracy, że mam to w dupie. Bo tak jak mówiłam: miałam pięć dni normalnych na robienie swoich spraw, pięć dni z zatrzymanymi, do tego dochodziły weekendy pracujące i tak zwane grupy, co najmniej trzy czy cztery w miesiącu. To jest dwanaście godzin do dyspozycji oficera dyżurnego. Jesteś na telefon, więc nie robisz swoich spraw, nie możesz świadka wezwać ani nic. Tak że na załatwienie stu spraw wychodziło mi pięć dni. Reszta to były nadgodziny. W zabójstwach, jak się na przykład jakieś chamy położyły na torach, to spędzałam po piętnaście–osiemnaście godzin.

Jak ich pociąg przejechał?

Tak. Na przykład bawiło się trzech chłopaków na takiej zasadzie, że kładli się na torach, lufka, lufka i zakład, kto dłużej wytrzyma przed nadjeżdżającym pociągiem. W końcu dwóch nie wstało. A wiesz, co jest najlepsze? Jak ich ten pociąg przejechał, to była miazga przez co najmniej pięćset metrów i nie wiadomo było, który jest który. W dodatku pociąg stoi, a chamy krzyczą: „Panie, bo ja do Koluszek! Kurwa, o której jedziemy, bo mi pociąg do przesiadki odjedzie! Kto tu zarządza!?". I wyskakują. Jak jest jeszcze blisko stacji, to pół biedy, bo sobie mogą podejść. Ale jak jest daleko, to drą ryje...

Inna sytuacja. Jadę do domu na weekend, ale miałam nadzór, bo byłam już w funkcji kierowniczej. Myślę: super, piwunio, cieplunio, lato i dwa dni wolnego. Nagle telefon:

– Naczelnikowo! – Myślę sobie: naucz się, wieśniaku, mówić! A on do mnie: – Bo, kurwa, tutaj coś się komuś podziało, ktoś komuś jakiś kawał gwoździa wbił w łeb, na torach coś się stało, chyba go przejechali...

Nawet mi nie wyjaśnił, o co konkretnie chodzi, rozumiesz? Taki był dyżurny nieogarnięty. No ale miałam tam blisko, więc pojechałam. Okazało się, że na torach doszło po prostu do wypadku. Jakiś chłop wyszedł z krzaczorów i chciał przejść przez tory. Akurat jechał pociąg i go zahaczył – facet uderzył w schodki od lokomotywy i mu rękę urwało.

No i już go zbierają, krew się leje, a chamy się oczywiście drą z pociągu: „Kiedy jedziemy? Kto tu zarządza!?". A wiesz – tam jest osiem torów, ludzie ze sklepu z zakupami łażą, tu policja, pociąg stoi. Mówię do dzielnicowego:

– Weź się rusz, niech ci ludzie tu nie przechodzą, bo ich zaraz kolejny pociąg z drugiej strony dopierdoli!

A ten tylko:

– Proszę państwa! Proszę państwa! – I dalej kręci się jak gówno w przerębli. Masakra.

W końcu mówię:

– Dobra, pociąg jedzie.

Jakiś cham się jeszcze z okna wydziera:

– No, na całe szczęście, że ktoś tu, kurwa, zarządza, bo już cztery godziny stoimy!

W końcu zatrzymany pociąg odjechał. My tam jeszcze stoimy, a tu z krzaczorów wypełza kobiecina! Staje i mówi:

– Gdzie jest, kurwa, Marian? Cztery godziny temu po flaszkę poszedł...

Oż kurwa...

Okazało się, że babka leżała dwa metry dalej w krzakach i spała. A jej chłopa pociąg potrącił...

Nie wytrzymałam.

– Nie, to jest jakiś czeski film! Ja sama po prostu zacznę chlać, ćpać, nie wiem co jeszcze. Dawaj tę flaszkę, chyba ją z tobą wypiję...

– Ale gdzie Marian? Ja czekam!

Cholera.

Następnego dnia telefon – znowu tory. To mówię, bo przecież mam weekend:

– Pierdolta się. Dzwońcie do komendanta.

No ale w końcu pytam:

– Co się stało?

A dyżurny:

– Nie wiem, jakieś dwa zgony są.

Ja pierdolę.

Ale dopytuję, czy na torach, czy obok torów. Bo wiesz, różnica jest taka, że jak pociąg przejedzie kogoś czołowo, to jest miazga, ale jeśli uderzy i gość się odbije, to nie będzie miał pół głowy, ale będzie leżał w miarę w całości.

Masakra.

Ostatni raz, jak byłam na trupie z torów, to wiesz, po czym poznałam, że to facet? Po szczęce. A prokurator, alkoholik, mówił obok:

– Rusz, panie, ten pociąg, bo ręki nie mogę tutaj wydłubać!

A wiesz, żeby pociąg ruszył, to nie może być pomiędzy kołami dużych kawałków ciała. Jezus, po prostu masakra.

I maszynista ruszył?

Oczywiście! Ruszył kołem, a prokurator:

– Dobra, spadła, jedź pan!

No ale słuchaj, jadę w końcu na te dwa zgony. Dziwne. Goście leżą przy torach – dwa takie nury. Jednego karetka reanimuje już ze czterdzieści minut, a z drugim okazało się, że żyje, tylko jest najebany. Żadnej krwi, za to pełno butelek dookoła, to myślimy, że może czymś się zatruli.

Ten pierwszy w końcu umarł – przyjeżdża karawan i goście mówią:

– Wy jesteście pierdolnięci czy wszyscy dziś umierają? Już nie mamy gdzie ich ładować.

Bo wiesz, oni sobie zrobili taką trasę – tu trzy trupy, tam trzy, tu dwa trupy i tak dalej. No a tego drugiego żulika wzięliśmy na izbę, żeby go odtruć. Pytamy:

– Co żeście, chamy, pili? Co tamtego zabiło?

A on:

– Ale ja z nikim nie piłem! Ja tylko z Waldkiem piłem!

Ale ten, co nie żył, to nie był Waldek, tylko Bogdan. Wiesz, co się okazało? Pił sobie ten nur z Waldkiem i w pewnym momencie Waldek stwierdził, że ma dość i idzie do domu. Nur został i pił dalej. No i szedł sobie ten umarlak, potknął się o jego nogi, upadł i umarł. Wyobrażasz sobie taką sytuację? My tu butelki pozabezpieczaliśmy, kurwa, analizy porobiliśmy, cuda na kiju, a wyszło gówno.

A poważniejsze sprawy?

Było dużo różnych ciężkich sytuacji. Pamiętam, że jak pojechałam do Gamy, restauracji, po tej słynnej strzelaninie, to po prostu zabił mnie smród krwi podgrzanej gorącym kaloryferem. Ale to jeszcze nic. Sprawa poćwiartowanej prostytutki to było coś, czego wcześniej w życiu nie widziałam. Jonasz ją wtedy zatłukł.

Jaki Jonasz?

Chłopak, dwadzieścia jeden lat. Zaprosił sobie prostytutkę do domu – babkę po czterdziestce, strasznie szczupłą, z gadżetami. A ona miała alfonsa. I to jemu przekazywała adres, a alfons przychodził i umawiał się na konkretną godzinę. A jak miało być coś dłuższego, wtedy alfons czekał na nią pod blokiem.

Tym razem mija godzina, nie ma jej. Mija kolejna. Wreszcie alfons stwierdził, że coś jest nie halo, i zaczął do niej dzwonić – ta nie odbiera. No to zaczął się tam dobijać domofonem, ale też nikt nie odpowiadał. W końcu gość poszedł na policję. Przyjechali na miejsce, pukają do drzwi – cisza. Więc zamówili jeszcze straż pożarną, żeby wjechać na piętro dźwigiem i zobaczyć, co się dzieje. Tam był w ogóle taki młody policjant i pamiętam, że potem wylądował u psychiatry...

Po tym, co zobaczył?

Tak. To było małe mieszkanie, ten chłopak wynajmował je razem z matką. Kobieta była redaktorem w jakiejś gazecie, a już samo imię jej syna – Jonasz – mówiło, że mamy do czynienia z kimś, kto ma nierówno pod deklem... W każdym razie – tam były dwa wejścia do bloku i policjanci kursowali między jednym a drugim. Potem się okazało, że Jonasz zdążył wyjść i wrócić niepostrzeżenie do tego mieszkania. Cała akcja trwała kilka godzin.

Strażacy w końcu podjeżdżają dźwigiem na górę i widzą przez okno tego chłopka. Zapukali do niego, a w tym samym czasie policjanci wbili do chaty.

Razem z drzwiami?

Nie, bo on ich nie zamknął, jak wrócił. I stoi sobie Jonasz, taki lekko ochlapany krwią, i pyta, o co chodzi. A w łazience świece pozapalane i w wannie stoi taka biała miska. W misce zaś ta prostytutka, w takiej pozycji jak kurczak...

Jak to?

Ciężko to wytłumaczyć... Miała obcięte obie nogi, rozumiesz? I on ją zmieścił do tej miski... W zasadzie to nie była nawet taka typowa miska, tylko bardziej plastikowa skrzynka. Kobieta nie miała też jednej ręki ani organów wewnętrznych, bo on ją otworzył i wszystko wyjął. Podciął jej też gardło i próbował wyciąć udo, ale to mu się już nie udało. No i ten młody policjant, jak tam wszedł i to wszystko zobaczył, po prostu zemdlał.

My ją później wyciągaliśmy z tej miski i nie wiedzieliśmy, że ona ma ten środek wycięty... no po prostu masakra. W życiu czegoś takiego nie widziałem. A Jonasz nam później opowiadał:

– No, wyjmowałem to, siekałem i do kibla. Dwa razy mnie tylko rzuciło.

Stwierdził też, że pięt, kości i tak dalej nie uda mu się w kiblu spuścić, więc wziął to zapakował do reklamówki i poszedł wyrzucić do Wisły. Dlatego się z nim na początku minęliśmy.

A dlaczego ją zabił?

Umówił się z nią na pięćdziesiąt złotych, a ona chciała sto. No i się pokłócili, a on ją w pewnym momencie chwycił za łeb i pieprznął centralnie o framugę. Miał w domu taki łańcuch jak od krowy, to wziął ją na ten łańcuch i zawlókł do łazienki. Tam jej poderżnął gardło – bo ona jeszcze żyła. Potem zapalił sobie świece i zaczął ją tak nienerwowo kroić. Gość był totalnie pierdolnięty. My go przesłuchujemy, a ten pyta o swoje rybki i żółwia – czy będą żyły, bo nikogo nie ma, kto by się nimi zajął.

Wiesz, ile mu sąd dał? Jedynie piętnaście lat, ponieważ nie był wcześniej karany. Nie miało znaczenia, że ze szczególnym okrucieństwem. My potem wychodzimy z nim z sądu, a tam stoi syn tej prostytutki.

– Ty skurwysynu – mówi – ja na ciebie poczekam. Ja na ciebie poczekam i zrobię ci to samo, co ty zrobiłeś mojej matce.

Tu już na pewno by było, że ze szczególnym okrucieństwem...

A ten Jonasz to był jak takie wyrośnięte dziecko. Kujonek taki. Wiesz, on nam potem wszystko opowiadał ze szczegółami. Na początku się czułam, jakbym siedziała na zajęciach z anatomii. Gość mówił tak:

– No, zdjąłem skórę, oddzieliłem ścięgna, odskrobałem od kości wszystko, co było miękkie, potem wyjąłem serce i raz mnie tylko wyrzuciło na bełta, jak otworzyłem klatkę piersiową i chyba dotknąłem żołądka.

Rozumiesz? Czułam się jak na sekcji. Tyle że na sekcji to walę zawsze pół litra. A on po prostu siedział i tak to opowiadał. Nienerwowo.

Zdumiewające.

To dla odmiany inna historia – humorystyczna. Przywożą do nas takiego miśka – strasznego oszusta, co w większej grupie latał. Robili ludzi na wszystko – na lewe pieniądze, jakieś złota, srebra i inne pierdoły. No i pamiętam, że moja koleżanka miała go przesłuchać. Ale miała wtedy też i innych świadków, więc poprosiła o to mnie.

Ważyłam wtedy jakieś czterdzieści kilo z butami, a tu mi wprowadzają takiego micha wielkiego w kajdanach. No ale rozmawiało się bardzo miło, sympatycznie, w końcu mu powiedziałam, żeby podszedł i podpisał zeznania. Ten wstaje, podpisuje – ja patrzę, a on nie ma kajdanek.

Zdjął sobie kajdanki?

Tak.

Jak to zrobił?

Powiedział, że to jest jego sztuczka i mi tego nie zdradzi. A ja spocona, bo stoi mi tu taki tur na dwa metry wielki. Przecież on mnie mógł pieprznąć czymkolwiek, wyjść sobie stamtąd, i do widzenia. Ale podpisał mi to zeznanie i jeszcze powiedział:

– Bo wie pani, w kajdankach by mi się chujowo podpisywało! – Po czym założył sobie te kajdanki.

Fakt, z reguły mieliśmy pouchylane drzwi, a naprzeciwko moja koleżanka też kogoś przesłuchiwała, więc niby byłam kryta, ale mimo wszystko się zestresowałam. Jeszcze gość do mnie mówi:

– Oddam coś pani.

I wyciąga z tego swojego pomarańczowego kombinezonu budzik. Z biurka, przy którym siedziałam. Przecież on i tak wiedział, że go przeszukają, ale chciał nam udowodnić, że nie ma takiej rzeczy, której by nie zapierdolił. A ja czułam, jak mi pot po czole spływa. Przecież jakby się coś wydarzyło... To znaczy wiem, że nic by mi nie zrobił, ale już widziałam, jak na mnie lecą kwity!

Takich sytuacji było zresztą mnóstwo. Pamiętam na przykład sprawę takiej jednej narkomanki, która nawiała nam po rynnie.

Jak to?

Zatrzymaliśmy kiedyś narkomankę z małym dzieckiem. Babka była naćpana i miała przy sobie towar. Jak ją przywieźli, to powiedziała, że chce przewinąć i nakarmić dziecko. A nie było akurat żadnej dziewczyny z patrolu, żeby z nią zostać, tylko sami faceci. No to zaprowadzili ją na świetlicę, zostawili drzwi uchylone, a ona tam karmiła to dziecko. Nagle patrzą: okno otwarte, dziecko na stole, a baby nie ma. A że ona ważyła z piętnaście kilogramów, bo to jakaś heroiniara była, to zeszła sobie po rynnie.

Oczywiście złapali ją w końcu, bo wiedzieli, gdzie może przebywać. Poszła siedzieć, a dziecko jej oczywiście odebrali.

Przełożonych też miałam świetnych. Siedzi naczelnik. Mówię:

– Panie naczelniku! Zabójstwo jest.

– Mooooment, muszę se zupę odgrzać.

Bo on zawsze sobie zupkę w słoiku przynosił. Potem mówi:

– Dooobra, jak nie żyje, to już nie wstanie. Nienerwowo.

A tu cała komenda biega, bo zabójstwo. Tymczasem on nie pojedzie, bo zupę musi zjeść.

Ja do niego:

– Chciałam szefowi powiedzieć, że ja wczoraj byłam dwanaście godzin na zabójstwie i też nic nie jadłam, i nie poszłam nawet do sklepu.

– To trzeba było sobie w słoiku coś wziąć... A poza tym to nie wkurwiajcie mnie, bo ja mam chore serce. Wypierdalać!

Byłam tak pochłonięta pracą, że do mnie ze szkoły dzwonili i mówili:

– Pani Aniu, może by w końcu pani przyszła, bo już jest siódme zebranie bez pani...

A ja stałam na zabójstwie na torach, siedmiu zatrzymanych i musiałam to ogarnąć.

To był okres, kiedy byłam matką samotnie wychowującą dziecko – mój syn miał cztery lata, kiedy się rozwiodłam. I wiesz, nikt się mnie nie pytał, jak ja załatwię opiekę. A kombinowałam strasznie. Jak byłam w ciąży, to do ósmego miesiąca chodziłam do pracy i pewnie chodziłabym dłużej, ale mój syn się wcześniej urodził. W dodatku za chwilę wróciłam do roboty. A teraz mi przychodzi policjantka i kładzie na biurko zwolnienie, bo ona jest od dwóch tygodni w ciąży.

A opowiedz o tej słynnej imprezie na komendzie...

To był piątek i andrzejki. Robiłam wtedy tak zwane pożegnanie z pracownika cywilnego na pracownika policyjnego. Tymczasem na trzecim piętrze siedział komendant, który miał na drugie Andrzej, i też robił taką delikatną imprezkę. Wiesz, poprzychodzili jacyś burmistrzowie, więc wszystko kulturalnie, szampan i te sprawy. Piętro niżej z kolei celebrował zastępca naczelnika Wydziału Dochodzeniowego. U niego była już lekka popijaweczka z wineczkiem i tam gdzieniegdzie alkoholizm się szerzył. Ktoś nawet szampana mu po ścianach polał, to później sprzątaczka przez cztery dni wszystkich od kurew wyzywała. Po czym piętro niżej, czyli już na parterze, ja robiłam imprezę z powodu przejścia z etatu cywilnego na etat policyjny. No i u mnie jest po prostu masakra.

Z jednego pokoju wyniesiono wszystko, żeby poustawiać stoły i krzesła. I w pewnym momencie schodzą ci wszyscy ą-ę z trzeciego piętra, żeby złożyć życzenia temu zastępcy piętro niżej. Tam mieli polane winka, więc sobie chlapnęli. Ale zobaczyli, że jest jeszcze jedna impreza, bo u mnie ktoś biegał po korytarzu. A jak już do mnie schodzili, to mieli polewaną wódę w kubki! Komenda najebana cała.

Moja koleżanka zaczęła tańczyć na stole, rzucać się z niego, jakieś szpagaty robić i tak dalej. Impreza na całego. W pewnym momencie przybiega pomocnik dyżurnego:

– Kurwaaaaa! Ciszeeeeej! Bo naprzeciwko lokatorzy drą się, że na komendzie impreza!

– To mów, kurwa, że to w szkole… – Bo my graniczyliśmy ze szkołą.

– No przecież tak mówię, ale tu już u mnie piętnasta osoba była!

Najlepszy był mój przełożony, który generalnie pozwalał spożywać alkohol po godzinach pracy, ale sam raczej nie łykał. W związku z tym jak się najpierw udał do komendanta i tam mu polali szampana, potem u naczelnika wina, a na końcu u nas wódy, to był w stanie agonii. Moja druga koleżanka, pracująca już wtedy piętnaście lat w zgonach, też się świetnie bawiła – bez rajstop tańczyła na stole i w ogóle. W pewnym momencie odzywa się do tego przełożonego:

– Szefu! Co masz tak ten krawat ściśnięty? Dawaj go rozluźnimy! – No i mu ten krawat najpierw nożyczkami ucięła, a potem zawiązała na czole.

Gość zaczął latać po komendzie i mówić, że jest Bruce Lee. A w pewnym momencie przychodzi do mnie i pyta:

– Czyja to jest, kurwa, impreza?

Bo on w ogóle nie wiedział nawet, gdzie przyszedł. A ja:

– No moja, naczelniku.

– Kurwa, na górę!

Za bety mnie złapał i prowadzi jak zatrzymanego. Można powiedzieć, że w zasadzie wlókł mnie na trzecie piętro. Myślę: o co, kurwa, chodzi? W końcu wpadł do techników i mówi:

– Siadaj na krzesło!

A tam jakiś biedny technik siedzi i nie wie, co jest grane. Może mnie zatrzymali? Cała komenda pijana, co się dzieje? A ten mój przełożony kazał mi zrobić zdjęcia analityczne z numerem, że niby zatrzymana jestem. Kurwa, taki miał odpał, jak się nachlał.

W pewnym momencie przyszedł taki młody policjant, który był trzeźwy. I mówimy mu:

– Błagamy cię, odwieź tego naczelnika do domu.

A ten w tym czasie latał po całej komendzie z krawatem na czole. Młody się zgodził i mówi do niego:

– Szefie, tutaj, do samochodu.

Wpakowaliśmy go i sobie myślę: dobra, dzięki Bogu! Wychodzę za pół godziny, patrzę – siedzi, kurwa, naczelnik z krawatem na tym czole. No więc pytam:

– Co jest grane?

A ten:

– Ye, yeeeee, yeeeeeee... – I coś tam dalej do siebie bełkocze.

Pytam tego chłopaka, o co chodzi, a on:

– Wiecie, co on mi zrobił? Dojechałem do świateł, a on drzwiami wyszedł! No to go złapałem, wrzuciłem do samochodu, a on mi drugimi wychodzi! Ganialiśmy się pół godziny na światłach i już nie dałem rady.

Biedny się bał, że coś złego z tego wyjdzie. A na drugi dzień szefa nie było w pracy.

Z takich ciekawych akcji pamiętam też, że kiedyś u was jakiś policjant zaczął strzelać na komendzie...

Tak, to było na trzecim piętrze w Wydziale Kryminalnym. Jeden z policjantów pokłócił się kiedyś ze swoją babą, bo dowiedziała się, że on ją zdradza z inną. No i wziął się nachlał czy tam naćpał – trudno to teraz stwierdzić, bo nikt w to nie wnikał – i wyszedł na korytarz, powiedział, że on to wszystko pierdoli, i zaczął strzelać.

Na początku każdy myślał, że to jaja jakieś, bo często się wkładało zatrzymanego do szafy i waliło się w nią pałką, żeby mu stereo zrobić. A tu nagle patrzymy – kolega strzela. W górę, w dół, tam, sram. To wszyscy w krzyk.

A o co chodzi z tym stereo?

Wejdź do metalowej szafy i ja walnę pałą w tę szafę. Zobaczysz, jakie jest wrażenie. Zresztą miałeś to w swoim filmie – jak Goebbels wsadził do szafy matkę Michałka i ją tam popukał.

No tak.

Chłopaki mieli na górze w kryminalnym takie szafy, że wchodził tam delikwent i bam, bam, bam.

Często też na głowę miał ktoś zakładany metalowy kosz i bam, bam. Gość potem był tak oszołomiony, że nie wiedział, co się dzieje. Ale takie rzeczy to już się działy w drastycznych sytuacjach i przy poważnych sprawach. Bo jak była jakaś normalna sprawa, to nie zdarzały się aż takie przesłuchania.

A co z tym policjantem, który strzelał?

Chłopaki wszyscy leżeli na glebie, ale on się w końcu uspokoił. Dostał potem parę dni wolnego, żeby się ogarnąć. Widzisz – kiedyś były takie czasy. Miałeś zajebistego policjanta, który wiele lat służył, ale był chlejus. No i była na przykład taka sytuacja, że nie przyszedł do pracy i nie odbierał telefonów. Po dwóch dniach potrafił naczelnik czy komendant jechać do niego domu i przez okno wchodzić, żeby go na odwyk wyciągnąć. Potem gość wracał normalnie do pracy, bo był zajebistym policjantem. A teraz jest tak, że nikt za tobą nie stanie i wszyscy cię mają w dupie.

A z czego to wynika twoim zdaniem?

Z naborów ludzi. Słuchaj, były kiedyś takie akcje, że robili nabory po sto osób i potem połowa Polski pracowała w policji. No i przychodził taki, co sadził pietruszkę z marchewką na wsi, i mówił, że un chce wolne, że un do ojców jedzie, bo un ma żniwa. Taki funkcjonariusz. Jeszcze mówił, że un pracuje tylko od puniedziałku do piontku.

A ja na to:

– Słuchaj, grzywko, ja pracuję od poniedziałku do piątku plus w weekend dwanaście godzin, potem dalej od poniedziałku i dopiero kolejny weekend, jak mnie przy dobrej okazji nie wezwą przez telefon, to mam wolne. Więc jeżeli tak bardzo chcesz być u ojców na tych żniwach, to trzeba było zieleniak otworzyć, a nie przychodzić tutaj do tej służby.

Poza tym popatrz, jaką my mamy młodzież w tej chwili. Jak przyjmujesz roczniki dziewięćdziesiąte do pracy, to im się nie chce pracować. Taki chłopaczek przyjdzie na osiem godzin, odwali swoje i już musi jechać, bo ma dziewczynę i się z nią do kina umówił. Drugiego brzuch boli, bo się napił w sobotę i w niedzielę już nie może przyjść. Biorą L4 notoryczne i po prostu nie ma ładu i składu.

Wyobraź sobie, że jak ja miałam na przykład sto akt w sprawie i poszłam na urlop na dwa tygodnie, to przez pierwszy tydzień myślałam, czy ja te wszystkie akta powysyłałam, a w drugim tygodniu mówiłam: „o kurwa, muszę już wrócić do roboty, kto inny ogarnie te akta?". Tak więc nie odpoczywałam psychicznie nawet na urlopie.

Czyli dawniej było poczucie, że jak się siedzi od ósmej do zwycięstwa, to dzięki temu zrobi się

karierę. Dzisiaj ludzie mają na to wywalone i chcą jak najszybciej wyjść z pracy do domu.

Tak.

Ale być może takie podejście jest dla nich mniej destrukcyjne.

To prawda, ale jednocześnie trzeba mieć świadomość, że to nie jest praca na kasie w Biedronce, gdzie sobie Biedronkę zmienisz, jak ci coś nie podpasuje, i dalej na tej kasie pojedziesz. Chociaż u nas w pewnym momencie też wchodzisz w rutynę. Jak się przyjmowałam, to były takie starsze kobitki z dużym stażem, co nigdy broni nie miały w ręku, nie były na trupie ani nic. Dopiero w 2005 czy 2006 roku wyszedł przepis, że wszyscy policjanci mają mieć broń! To jak pojechaliśmy z nimi pierwszy raz na strzelanie, to wszyscy stali dwa kilometry dalej. Teraz jest tak, że strzelanie musisz mieć co pół roku zaliczone, ale w większości to się sprowadza do tego, że masz podpis na karcie, bo nie ma naboi!

Żartujesz?

Nie, mówię poważnie. Śmiesznie też było, jak jeździliśmy strzelać na Legię. Stoi pięć osób koło siebie, wszyscy mają okulary na oczach, słuchawki na uszach i mają iść przed siebie i strzelać. Jeden, dwa, trzy strzały. I jednemu się nagle broń zacięła, drugi magazynek źle włożył, a ty idziesz i nie widzisz, czy te osoby są z tobą w rzędzie, czy nie. No i potem zdarzyło się tak, że mi ktoś strzelał prawie przy uchu. Dobrze, że dowódca tego całego zamieszania był trzeźwy i powiedział: „Kurwa, co wy robita!? Ta pani zalicza, bo chociaż doszła do końca...".

Masakra.

Inna sytuacja. Przychodzi do komisariatu baba nawalona jak świnia i mówi, że ją zgwałcono. No to wiadomo – jak jest gwałt, to nieważne, czy ona jest pijana, czy trzeźwa – trzeba ją przyjąć. Miałam wtedy dyżur i byłam chyba jedyną babą na komisariacie, więc poszłam z nią porozmawiać. Jak ona mi zaczęła opowiadać o swoich ekscesach, to po prostu nie wiedziałam, czy mam się śmiać, czy jej współczuć.

Bo ona poszła do jakiegoś Staśka czy Heńka, żeby napić się browara. A u niego był kolega. Wiesz, takie dwa nury, a ona podobnież. No i chlali. Ale później jeden do niej wyskoczył i krzyczał: „No ssij! No ssij!". Nie wiedziałam, jak to mam napisać w raporcie... Ale ona strasznie to przeżywała.

Tych dwóch chamów oczywiście zatrzymaliśmy, bo oni nawet z domu nie wyszli. No i siedzieli u nas w takiej przejściówce, a ja akurat tamtędy przechodziłam i słyszałam, jak gadali:

– Co ona pierdoli?

– Jaki tam gwałt? Włożenie fiuta do pyska to jest gwałt?

– To nie jest żaden gwałt, nic z tego nie będzie!

Takie rozmowy.

Wychodzi na to, że stres dwadzieścia cztery na dobę.

Często od rana. Wychodzę zadowolona na siódmą do pracy – piękny dzień, świeci słońce i w ogóle. Przychodzę, a tam od razu woła mnie oficer dyżurny – akurat taka Zosia, wyjątkowo trupy przyciągała. No i mówi:

– Aniu, zgon jest. Baba jakaś w krzakach leży, ty to pewnie szybko ogarniesz.

– Zosia, ale jaki zgon? Poczekaj, może jakiś chłopak to ogarnie...

– Ale Ania, szybko to załatwisz, bo przecież ty w moment to rozkminisz!

No dobra, jadę. Leży jakaś kobieta w krzaczorach, sandałki wystają, obok torebka rozwalona. A to były jeszcze takie czasy, kiedy trzeba było wezwać biegłego sądowego. Więc stargali skądś panią biegłą sądową, która akurat była na joggingu i przyjechała w dresach. Podchodzi i mówi: „o kurwa, nie mam termometru”. Bo trzeba było termometrem sprawdzić, od kiedy ona nie żyje.

Ale dobra, na oko coś tam określiła. Tylko gdzie jest prokurator? Bo czekaliśmy jeszcze na niego, żeby zwłoki wyciągnąć z tych krzaczorów. W końcu jedzie prokurator na rowerze – najebany, bo akurat wracał z imienin.

Która to była godzina?

Jakaś ósma, dziewiąta. Mówię do niego:

– Panie prokuratorze, myśmy myśleli, że to jest zgon normalny, a to zabójstwo.

– O kurwa!

Wyciągamy ciało, a tam widok dość masakryczny. Bo ta dziewczyna została tyle razy uderzona płytą chodnikową, że miała normalnie uszy obcięte. Na początku myśleliśmy, że to jakaś nurzyca, ale okazało się, że to dwudziestokilkuletnia dziewczyna. Tak że się to wszystko zaczęło przeciągać. W dodatku nie było gdzie usiąść – musieliśmy stać cały czas.

Pani biegła działała nienerwowo, bo jej się nie spieszyło, oczywiście ja musiałam jej ustalenia spisać, potem trzeba było denatkę rozebrać, zabezpieczyć ciuchy i tak dalej. No i się zrobiła godzina dziewiętnasta, a ja myślałam, że mi nogi w dupę wejdą. W dodatku bez jedzenia, bez niczego.

Nagle przyjeżdża komendant – a nowy był wtedy. I do mnie z tekstem:

– Zrobi pani oględziny ciała? A wyznaczy pani jeszcze punkty OSP?

Gdybym miała odbezpieczoną broń, tobym go chyba zastrzeliła.

A co to są punkty OSP?

To są tak zwane punkty odniesienia – czyli wyznacza się, powiedzmy, od ciała dwa kąty, które są stałe, i można opisać, że na przykład to ciało leży tyle i tyle metrów od jakiegoś konkretnego punktu, na przykład budynku czy słupa. Tylko to właśnie muszą być punkty stałe – czyli przykładowo drzewo nie, bo drzewo można ściąć. Generalnie to są nauki z kursów – czyli przerabiałam to jakieś dziesięć lat przed tym zdarzeniem. Tam się jeszcze robi taki szkic i tak dalej. Ale, kurwa, jesteśmy w cywilizacji i można po prostu zrobić zdjęcia. A ten idiota kazał mi wyznaczać punkty OSP. Chyba chciał się po prostu wykazać.

Nie wytrzymałam już i mówię:

– Panie komendancie, fajnie, że pan wpadł po dwunastu godzinach, ale pan powie: od czego mam wyznaczyć te punkty OSP? Od tej siatki tutaj i od krawężnika? A jak tu będą metro budować, to tego krawężnika nie będzie. A jak się ta instytucja zamknie, to siatkę prawdopodobnie też zlikwidują.

On tak tylko na mnie popatrzył i mówi:

– Dobra, to niech pani robi po swojemu. – I pojechał. Tyle było z niego pożytku.

Okej, zrobiliśmy wszystkie czynności, wracam na komendę – jest godzina dwudziesta. Przychodzi kolejna zmiana i mówi do mnie:

– Słuchaj, jak już zrobiłaś oględziny ciała i miejsca, to zrób jeszcze oględziny torebki i zobacz, co tam jest.

Tak że wróciłam do domu o dwudziestej trzeciej.

A wiadomo, kto zabił tę dziewczynę?

Tak, złapaliśmy go. Sytuacja wyglądała tak, że były tam porozrzucane pieniądze, torebka też leżała luzem, więc wykluczyliśmy od razu motyw rabunkowy. W końcu doszliśmy do tego, że zabił ją taki Turek, który się w niej zakochał, a ona go rzuciła tego dnia. No i szedł za nią, prosił ją i prosił, w końcu mu nerwy puściły i zatłukł ją płytą chodnikową.

Na ulicy?

Tak. Dawno czegoś takiego nie widziałam. Kurwa, facet, rozumiem, wkurzyłeś się, ale to raz byś ją walnął... A ona miała czternaście dziur we łbie, w tym prawie obcięte uszy.

I wiesz, tak sobie po tej sytuacji pomyślałam: Boże święty! Cały dzień nikt mnie nie spytał, czy ja, kurwa, jadłam, czy mam dziecko w domu, a może kogoś umierającego. Nikt mnie też nie pytał, czy mi się na przykład siku chce – a tam były tylko krzaczory, pusta przestrzeń i nic więcej. Człowiek siedział na miejscu i pracował. Trudno. I jeszcze komendant mógł powiedzieć: „no, pani Aniu, jak pani cały dzień tam była, to niech pani jutro przyjedzie na dziesiątą, dobrze?". Bo teraz, jakby mi siedział policjant na miejscu przestępstwa tyle czasu, to na drugi dzień miałby odgórnie dzień wolny. A jeszcze bym mu musiała ze cztery razy obiad dowieźć. I jeszcze przychodzą i mówią:

– Kurwaaa, żeby mi się tak chciało, jak mi się nie chce... Co ja w tej sprawie mogę zrobić? No po co ten człowiek w ogóle zgłasza, że mu radio ukradli! No kto mu, kurwa, to radio znajdzie?

Ja na to:

– Ale to do policji się przyjąłeś czy do biura rzeczy znalezionych? Bo tam też można się zatrudnić...

Macie kogoś, kto by pomagał wam radzić sobie z takim sytuacjami?

Jak się zastrzelił kiedyś jeden z moich kolegów policjantów, to powiedzieli nam, że mamy psychologa i jakby ktoś potrzebował jego pomocy, to możemy się z nim spotkać i pogadać. Wtedy nie był mi potrzebny, ale kiedyś rzeczywiście przechodziłam załamanie nerwowe. No to dzwonię i mówię, że chciałabym porozmawiać z psychologiem. I słyszę w słuchawce:

– Wie pani co? Bo on jest dzisiaj na spotkaniu, niech pani telefonik zostawi, on oddzwoni.

Następnego dnia nie oddzwania, więc ja znowu dzwonię i tym razem słyszę:

– Psycholog jest dziś na innej jednostce i nie rady.

No i tak sobie dzwoniłam przez pięć dni. A generalnie, jak miałam problem w poniedziałek, to do piątku mogłam już wisieć albo sobie podciąć żyły. Więc pytam: po chuja on jest? Tym bardziej że jest sam na cztery jednostki. Czyli – on jest na szkoleniu na jednej jednostce, a ja sobie w tym czasie podcinam żyły i mówię, że chciałam psychologa, bo, kurwa, byłam na zabójstwie i tam babkę poćwiartowali. Ale muszę poczekać, bo nie pasuję do grafiku. No to chuj.

Takich kuriozalnych sytuacji było mnóstwo. Miałam w swojej karierze kilka sekcji zwłok zwierząt – psa, kota i konia. I pytam raz komendanta, kto mi psa w chłodni przechowa, bo mam psa otrutego i morderstwo zostało zgłoszone. A komendant: „nie wiem, poszukaj sama". No to znalazłam!

Szkoła Główna Gospodarstwa Wiejskiego ma dwa wydziały: zwierząt dużych i zwierząt małych. Z koniem to trzeba iść do dużych, ale z kotem czy z psem do małych. Ale chłodnia? Przecież to sanepid powinien kontrolować! I całe szczęście, że byliśmy dogadani z panią ze schroniska na Paluchu, bo oni mają chłodnię. Przyjechał ekopatrol - znowu, ze względu na sanepid, radiowóz nie może - i psa załadował do chłodni. Ale okazało się, że sekcja zwłok psa kosztuje pięćset złotych - no i kto za to zapłaci, skoro my nie możemy zapłacić powyżej stu złotych za opinię biegłych? Masakra.

Miałam też kiedyś parę zdechłych kotów w pudełkach, zawiniętych w worki foliowe, bo policjanci debile, zamiast włożyć zdechłego kota do tekturowego pudełka i znieść do chłodnego pomieszczenia czy do piwnicy, to zapakowali go w wór i zakręcili. Potem ktoś otwiera i patrzy: „Co jest w tym pudełku? Kurwa... kot?". No i zarzygał cały korytarz. Ale trup na torach już ich tak nie brzydził.

Chociaż i tak największym mistrzostwem świata są mecze. Nieważne, że gra liga siedemdziesiąta ósma, Parzęczew kontra, kurwa, Tworki, i jest siedem osób na trybunach. Muszą być cztery radiowozy, pięciu tajniaków i kamera. No i nagrywasz, kurwa, wszystkich kibiców: jeden ułomny, czterech alkoholików, a pięciu kolejnych znasz. Mecz jest o siedemnastej, ty pracujesz do szesnastej, ale to jest nieważne, ktoś zresztą musi być tam wcześniej i obgadać ze związkowcami, czy jakieś drużyny nie przyjadą inne.

Oni ci mówią, że jest spoko – ty tych tajniaków z kamerą wpuszczasz na mecz, a w tym czasie kogoś gwałcą, rozumiesz? A jak gra Legia, to nieważne, że taki mecz nie podlega pod połowę komend w Warszawie, bo co na przykład ma Praga do stadionu Legii, który jest w Śródmieściu? I tak we wszystkich komendach jest podwyższona gotowość. Czyli muszą być dodatkowe osoby i z dochodzeniówki, i z kryminalnego, i z prewencji, bo, kurwa, na Legii jest mecz i jakby przyszło co do czego i było trzystu zatrzymanych, to wszystkie komendy muszą być w gotowości, żeby ich przyjąć na przesłuchania. Przecież jak było Euro, to ja wracałam do domu o trzeciej nad ranem i szłam do roboty z powrotem na siódmą po to, żeby na jednym telebimie oglądać jeden mecz, na drugim drugi. W tym czasie odbierałam jednocześnie czternaście telefonów z pytaniami, czy coś się dzieje. Ciągle dyżury, wzmocnienia, wszyscy w gotowości, nikt nie spał. Sajgon.

A twoje życie prywatne mocno przeplatało się z zawodowym?

Jak się przyjęłam do tej pracy, to byłam mężatką. Mąż policjant – mało tego, na jednej jednostce pracowaliśmy. Ale w końcu stwierdziłam, że nie ma sensu tego związku ciągnąć…

A nie podrywali cię inni goście?

Podrywali mnie, podrywali. Tylko większość ludzi już potem wiedziała, że jestem żoną tego policjanta. Mój mąż był dosyć przystojnym facetem, zresztą nawet jest dalej, więc wszystkie młode laski za nim piszczały. No ale od razu były strofowane:

– Słuchajcie, to jest mąż Ani.

– Cooooo? Tej wariatki, co się drze ciągle w sekretariacie?

Wszyscy tak mnie widzieli mniej więcej...

A on co robił?

Pracował w kryminalnym. Oni tam wtedy tworzyli taką grupę bardzo ścisłą i rzeczywiście pracującą ze sobą. Część z nich poodchodziła potem do terroru, do zabójstw – bo rzeczywiście chłopaki robili wyniki. Wiesz, ja, pracując w tym środowisku, wiedziałam, że trzeba zapierdzielać. Mogłam jeszcze zrozumieć, że on do domu nie wracał, bo mieli zasadzkę, akcję i tak dalej. Ale generalnie było tak: dziwki, wódka i kumple.

On?

No tak. Zresztą tam prawie wszyscy podobnie. Później większość z nich się porozwodziła. Także ci, którzy mnie nie wiadomo jak podrywali i mówili do męża: „jak ona cię zostawi, to ja się z nią ożenię". Padały takie hasła, bo ja wiedziałam, co oni robią i jak się zachowują. Z wieloma znałam się prywatnie – z ich żonami zresztą też. Potem może jeden na dwudziestu się nie rozwiódł. Śmiać mi się chciało.

Czym to tłumaczysz?

To jest tak – jak jesteś żoną policjanta na przykład z dochodzeniówki, to prowadzisz w miarę ustabilizowane życie, bo oni raczej pracują w stałych godzinach, od ósmej do szesnastej i do domu. A w momencie kiedy masz męża z Wydziału Kryminalnego, czyli operacyjniaka, musisz być przygotowana, że jak on ma na przykład jakąś zasadzkę, to może go nie być w domu przez kilka dni.

Czasami, jak chcieli jakiegoś zabójcę złapać, to jechali na trzy dni. Później oczywiście trzeba było ze trzy dni pić, żeby tę akcję jakoś odreagować i sobie ten sukces do końca przybić. No i jeżeli jesteś żoną takiego policjanta, masz małe dziecko, a tego faceta nigdy nie ma w domu, a jak jest, to jest pijany albo zmęczony, to w pewnym momencie tego nie wytrzymujesz. W korytarzu, w którym ja pracowałam, byli albo kawalerowie i panny, albo rozwodnicy. No i ja też się rozwiodłam, bo nie jestem osobą, która będzie siedziała i patrzyła na to, jak mąż mnie robi w chuja. Tym bardziej że on potrafił zadzwonić i powiedzieć:

– Działania mamy!

A ja dzwoniłam do naczelnika albo na dyżurkę i pytałam:

– Słuchaj, kryminalny ma dziś działania?

– Ja nic nie wiem.

Po czym przychodziłam rano do pracy, a dyżurny mówił:

– Kochana, weź zabierz starego, bo chyba w polonezie służbowym od wczoraj leży najebany. – No i siara normalnie na całą wieś.

Był tylko taki problem, że miałam z mężem mieszkanie. Więc myśmy je po prostu sprzedali i podzielili się jak cywilizowani ludzie. W sumie to nasz rozwód trwał z miesiąc.

Wiesz, jak wzięliśmy ślub, to byliśmy bardzo młodzi – ja miałam dwadzieścia jeden lat, on dwadzieścia dwa. Więc to był taki kaprys. Ale mieliśmy fajnie, bo oboje rodziców na miejscu, pracę, rodzice nam kupili pierwsze mieszkanie, my potem sobie kupiliśmy większe i było nam chyba po prostu za dobrze. Potem ja siedziałam z dzieckiem – pranie, gotowanie, skarpety, obiady, a stary ciągle miał akcje! Kiedyś wchodzi do domu, a właściwie wpada. Jeszcze nawet nie zdążyłam zadać pytania, a on: „eeeee, wypiłem dwa piwa". Więc od razu zadzwoniłam do jego kolegi, który fafluniąc się, powiedział, że w ogóle nie wie, o co chodzi.

– Aha, to żeście się zabawili – mówię. – Fajnie, dzisiaj śpisz w holu, tam gdzie się przewróciłeś.

No i on potem zawsze był po dwóch piwach – nawet jak się przewracał. W końcu miałam tego dosyć.

Jak się z nim rozwiodłam i sprzedaliśmy mieszkanie, to zaczęłam się zastanawiać, gdzie tu zamieszkać. Początkowo wynajmowałam mieszkanie. No i było tak, że do pracy zachrzaniałam, miałam małe dziecko, jeszcze kombinowałam z bankami i tak dalej. W końcu mi przyznali kredyt – bo chciałam kupić jakieś małe mieszkanko, ale żeby były dwa pokoje, żeby to moje dziecko miało taki komfort, jak miało wcześniej. Tylko nie mogłam wtedy na nic znaleźć czasu, bo w pracy siedziałam po dwanaście godzin. Dobrze, że jeszcze moja mamusia świętej pamięci mi pomagała i na przykład odbierała dzieciaka z przedszkola. Przede wszystkim powiedziałam sobie wtedy jedną rzecz: żadnych policjantów!

Zresztą jak jeździłam na te wszystkie kursy, to większość chłopaków traktowała mnie jak faceta. To znaczy niby baba, ale jak idziemy na wódkę albo jak trzeba komuś przywalić, to Ania idzie z nami.

Jak to możliwe, skoro jesteś taką atrakcyjną kobietą?

Wiesz, bo ja do wszystkiego podchodziłam na luzie. Na przykład na kursach mieliśmy taką integracyjną łazienkę – nie było w niej w ogóle drzwi do kabin, rury odpadały, grzyb wszystko wyżerał, minus dwadzieścia pięć stopni, a w oknie koc, bo nie było szyby, i tak dalej. Pierwsze, co się robiło, jak się tam wpadało, to się wszystkie kurki na full odkręcało, żeby ukrop leciał i zrobiła się para. No i zawsze jak było słychać, że woda leci, to się krzyczało:

– Kto się kąpie?

I kiedy to byłam ja, odkrzykiwałam:

– Ja!

A ten, co przyszedł, najczęściej oczywiście facet:

– To wchodzę.

– Dajesz! I tak nic nie widać.

Tak że ze wszystkim na luzaku. A jak któryś za bardzo do mnie podbijał, a ja nie miałam na to ochoty, to od razu mówiłam:

– Gościu! Nie masz o czym marzyć!

Kiedyś miałam takiego kumpla, który się wiele lat we mnie kochał. No i siedzimy raz po jakiejś imprezie, znaliśmy się już z osiem lat, a on do mnie mówi:

– Słuchaj, co byś powiedziała na temat ja i ty?

A ja:

– Ja pierdolę, przecież bym cię musiała w końcu zabić...

Bo on był taką ostoją spokoju, a ja wiadomo – latający samolot. No i odpowiedział:

– W sumie masz rację.

Ale wiesz, poznałam kiedyś kolesia na kursie, takiego wesołka. Z wszystkiego sobie jaja robił. Na przykład stoi baba z konwaliami pod Pałacem Kultury. On mnie pyta:

– Tyyyyy, co to za kwiatki? One śmierdzą czy pachną?

– Weź nie rób siary, przecież to konwalie, pięknie pachną!

– A podobają ci się?

– No ładne są.

– No to pani daje! Ale co mi tu pani daje? Ja wiadro chciałem! – Bo ona w wiadrze miała te konwalie. Taki gość.

I co się później okazało? Trafił na tę samą jednostkę, na której pracowałam! Tylko do zupełnie innego wydziału. No i raz się spotkaliśmy, drugi, trochę o pracy pogadaliśmy – on o swoim wydziale, ja o swoim i tak dalej. W międzyczasie wynajęłyśmy z koleżanką mieszkanie. No i misio tak do mnie przychodził, przychodził, aż w końcu został. Jeszcze się chłopaki z niego nabijali:

– Ty, żebyś chociaż imion nie pomylił, jak ci się wyra pomylą.

Buahaha. Generalnie spędziłam z nim prawie osiem lat, ale pojęcia zielonego nie mam, jak to się mogło stać, ponieważ to był alkoholik z nerwicą natręctw.

Jakiego typu?

To była dziwna nerwica. Jemu przeszkadzały takie pierdoły, typu, że coś tam włożyłam, co mu nie odpowiadało. On pewnych rzeczy po prostu nie tolerował i robił taką minę, jakby miał cię zabić. Ale i tak najlepsze było picie wódki. Bo on nigdy niczym nie zakąszał.

Walił czystą? Bez popitki?

Nie no, z popitką. Ale jak na stole było jedzenie, to on i tak nie jadł, bo stwierdzał, że mu się za mało wódki zmieści, rozumiesz? Trzeba było pić na umór. Mało tego, on mi też zabraniał jeść! W ogóle nie mogłam jeść sama, bo musiałam jeść wtedy, kiedy on je.

Czemu?

Bo dostawał szału, jak jadłam sama. Rozumiesz? I to już był w pewnym sensie gwóźdź do trumny. Co więcej, okazało się, że jego własna mama nie je sama, jak on jest w pobliżu. Wyobrażasz to sobie? Ja nie mogłam tego zrozumieć. Bo w tej chorobie jest też coś takiego, że na początku człowiek niby to toleruje, ale później sam jakby w to wchodzi i zaczyna to być dla niego męczące. Ja na przykład zaczęłam ludzi obserwować, jak jedzą, rozumiesz? Albo na przykład, będąc na jakichś imieninach, bałam się wziąć ciastko, bo on potrafił wyjść!

Niebywałe...

Słuchaj, jemu przeszkadzało na przykład chodzenie w klapkach. Do tego cały czas strasznie chlał. W końcu powiedziałam sobie: koniec! Co ja, do jasnej cholery, z deszczu pod rynnę będę wpadała? I od tamtej pory odpuściłam sobie jakiekolwiek związki.

Oczywiście zdarzały mi się jakieś krótkie epizody, ale nie pozwalałam zbliżyć się na tyle, żeby ktoś w moim życiu został na dłużej. Nie mogę do związku zaliczyć spotykania się przez jakieś cztery miesiące z facetem, który miłość mi wyznał po dwóch tygodniach i oświadczył, że będzie się ze mną chajtał. Miałam też na przykład takiego wielbiciela, który przez siedem lat do mnie non stop pisał i kwiaty po klatce rozrzucał. Jak już ochronie powiedziałam, że ten cham ma zakaz wchodzenia, to u ochrony zostawiał bukiety.

Mam po prostu dar przyciągania psychopatów, alkoholików i nie wiem kogo jeszcze...

A powiedz, jak było z tą słynną imprezą, po której mieliście tak przesrane.

Była taka sytuacja, że mieliśmy zorganizować imprezę na Święto Policji. Z reguły chodziliśmy się bawić do knajpy, do takiego znajomego Włocha. Ale przyszedł wtedy do mnie jeden z moich wyższych przełożonych, aczkolwiek młodszy ode mnie rocznikowo. Na potrzeby tej rozmowy nazwę go po prostu konfidentem. No i powiedział, że ma znajomego biznesmena, który w zasadzie jest rolnikiem, i on mu powiedział tak:

– Słuchaj, mam taką ogrodzoną działeczkę, na niej nic nie rośnie, ale stoi tam namiot i możecie zrobić w nim tę swoją imprezkę.

Okej. Ale żeby nie było, że ktoś nam funduje imprezę, to ogłosiliśmy zrzutkę po pięćdziesiąt złotych na grilla. No i ludzie zaczęli się zapisywać.

Dwa dni przed imprezą przyszedł faks, że będą tam sztuczne ognie. No i ludzie zaczęli się srać.

– Kurwa, jak to? Jeszcze ktoś się dowie, że dla policji sztuczne ognie zafundowali!

No ale wszyscy już się pozapisywali, dali kasę i tak dalej.

Czemu w sumie się tych ogni przestraszyli?

Pomyśleli, że będzie od razu jakieś sranie, że policja sobie na imprezę sztuczne ognie zamówiła i takie tematy. Choć dziesięć lat wcześniej, nawet jakbyś sobie ściągnął tam całą orkiestrę dętą, nie byłoby żadnej afery. No ale nic, teraz zrobiła się panika i imprezę odwołali.

Ja w ten dzień miałam do pracy na popołudnie. Koło osiemnastej dostaję telefon od jednego z policjantów:

– Pani naczelnik, jednak jest ta impreza. Jak pani będzie chciała, to niech pani przyjeżdża.

– Dobra, dobra.

Byłam świeżo po pogrzebie mojej mamy, więc tak bardzo mi nie zależało, a i wieczorem umówiłam się już ze znajomymi. Tymczasem o godzinie dwudziestej pierwszej przychodzi dwóch moich policjantów i mówi tak:

– Naczelnikowooo, jakbyśmy tak godzinę wcześniej wyszli, to byśmy jeszcze na tę imprezę pojechaliii...

– Okej, zwalniam was. Przecież i tak byliście wcześniej i macie sto nadgodzin, tak że macie moją zgodę. Albo wiecie co, chłopaki? Ja mam dyżur do dwudziestej drugiej, ale pojadę z wami, bo będą te fajerwerki i w ramach nadzoru popilnuję, żeby niczego nie spalili!

Poszłam jeszcze do dyżurnego i mu powiedziałam:

– Słuchaj, będę w rejonie, jakby coś, jestem pod telefonem. – Bo ta działka była właśnie w moim rejonie.

Przyjeżdżam tam, patrzę – a impreza już na całego, gra zespół brata tego biznesmena, ale nic złego się nie dzieje. Sztuczne ognie były takie, że poleciało pięć fajerwerków i tyle. O dwudziestej drugiej zakończyłam oficjalnie dyżur i zadzwoniłam po koleżankę, żeby mnie odebrała. Jak przyjechała, okazało się, że jeszcze parę osób chciało się z nami zabrać, bo był trzeźwy kierowca z dużym samochodem. Jak już wyjechaliśmy, chłopaki stwierdzili, że jadą się bawić do Dekady. No i zaczęli nas namawiać:

– No, chodźcie na chwilę, chodźcie, no...

– O Boże! No dobra.

Wchodzimy do Dekady, patrzymy, a tam połowa ludzi jest z naszego jakby równoległego komisariatu, podlegającego pod tę samą komendę. Chwilę tam posiedziałam, ale się szybko zmyłam.

No i słuchaj dalej – jest sobota, mam rozładowany telefon. Godzina dwudziesta trzecia, wracam zadowolona do domu po jakimś piwkowaniu ze znajomymi. Włączam telefon, a tam pięć tysięcy nieodebranych SMS-ów, siedem tysięcy nieodebranych połączeń i ktoś mi zaczyna napierdalać domofonem!

Nieźle.

O co tu, kurwa, chodzi? Patrzę, a to ów konfident.

– A czego ty o tej porze ode mnie chcesz?

A on mi mówi, że mam natychmiast jechać do Komendy Stołecznej.

– Ale o czym ty do mnie, kurwa, rozmawiasz, człowieku? Bo ja nie rozumiem.

On na to, że nie odbierałam telefonów. No to wyjaśniam, że miałam, kurwa, wolne! A po drugie, to nie jestem na każdy wasz telefon! No ale pytam go, co się stało. A on:

– Bo, kurwa, mówiłem, żeby nie iść na tę imprezę!

– Kochany! Sam żeś zorganizował u tego pana bibę! A teraz się srasz? Co z tą imprezą?

No i sobie wyobraź, że grill zaczynał się, powiedzmy, o siedemnastej. Dwie załogi podwiozły jakąś część ludzi pod tę działkę. A obok są bloki. I jakaś kurwa sfotografowała te radiowozy i wypuściła faksami wszędzie te zdjęcia: do Biura Spraw Wewnętrznych, Agencji Bezpieczeństwa Wewnętrznego, Komendy Stołecznej Policji, Komendy Głównej. No i zrobiła się afera, że policjanci balangują, „Blue Taxi" i tak dalej.

Tymczasem stoimy pod moim blokiem, a konfident bierze telefon i mówi, że daje mi komendanta. Ten zaczyna do mnie drzeć mordę:

– Gdzie, kurwa, byłaś!?

A wiesz, on był taką ostoją spokoju i pierwszy raz słyszałam, żeby takich wyrazów używał. Jechał po mnie strasznie, ale powiedziałam, że ja to pierdolę i że jeżeli chcą, to do nich rano pojadę, ale nie będę o tej godzinie rozmawiała na ten temat, i to jeszcze będąc po paru piwkach.

Okazało się, że do Stołecznej ściągali wszystkich, którzy byli na tej imprezie. Wyglądało to tak, że wchodzi chłopak, który ma jeszcze pewnie ze trzy promile we krwi, z kubełkiem KFC, a ci go pytają na gorąco:

– Co pan wie na temat tej imprezy?

A gość:

– Której? Bo byłem na trzech.

No i dalej wyjaśnia, że nic nie wie, bo nic nie pamięta. Tak zrobiła większość. Oczywiście ja – po takim potraktowaniu mnie jak jakiejś kretynki – stwierdziłam, że jestem psychicznie załamana, że ja to pierdolę, i w poniedziałek stawiłam się u lekarza. A we wtorek dostałam telefon, że został złożony na mnie raport i zostaję zdjęta ze stanowiska służbowego z uwagi na „stracenie do mnie zaufania". Mało tego, wszczęto postępowanie dyscyplinarne na prawie wszystkich policjantów, którzy pojawili się na tej imprezie. Oczywiście na pierwszy rzut poszli ci z radiowozów, no bo były numery boczne, więc wiadomo, która załoga tam pojechała.

Wiesz – sprawa poszła do gazet, internet huczał, wszyscy byli zesrani. A ja nie stawiłam się do Stołecznej, żeby powiedzieć, że faktycznie byłam czterdzieści minut na tej imprezie i nic się tam nie działo. No to z innej dupy mnie ugryźli. Nie dość, że pracowałam na swoją karierę tyle lat, za sześćset godzin mi nie zapłacili, bo się nikomu nie chciało tego wyliczać, to jeszcze mi napisali, że stracili do mnie zaufanie. A żeby mnie jeszcze dobić, no bo przecież poszłam na L4, to jeszcze w międzyczasie wszczęli postępowanie przeciw wszystkim moim kolegom ze zmiany po kolei. Do tego stwierdzili, że opuściłam miejsce pracy. Chuj, że nie muszę siedzieć na dupie w budynku, i zresztą powiedziałam dyżurnemu przed wyjściem o jakiejś dwudziestej pierwszej trzydzieści, że jestem w rejonie i pod telefonem. Przy czym przypominam, że dyżur kończyłam o dwudziestej drugiej. Poza tym pojechałam zobaczyć te sztuczne ognie, które mogły, kurwa, spowodować szkody, więc byłam w nadzorze. Problem w tym, że ten dyżurny powiedział, że mu nic nie mówiłam o telefonie.

Kurwa, ludzie są straszni...

No, powiem ci, że czytałam potem akta z tej sprawy, zeznania tych wszystkich policjantów, i na tej podstawie wyrobiłam sobie piękną opinię o tym, kto jest pierdolnięty i kto jest takim lizodupem, że jak widzi rów, to mu z kilometra ślina cieknie. Potem nie omieszkałam oczywiście powiedzieć tego niektórym. Najlepsze było to, że konfident, który sam zorganizował tę imprezę, później się z niej wycofał, bo się zesrał, i jeszcze notatki na każdego policjanta napisał!

Sprawa w pewnym momencie miała już sześćdziesiąt tomów, inspektorat jeździł tam i z powrotem. A ludzie dostawali absurdalne zarzuty. Na przykład załoga, która została podwieziona przez chłopaków, po tym jak skończyła już służbę, dostała zarzut o... nieetyczne zachowanie. Że wykorzystali swoich kolegów do podwiezienia. No absurd! W życiu takich zarzutów nie słyszałam, a byłam też rzecznikiem dyscyplinarnym i prowadziłam przeciwko policjantom postępowania. Natomiast moje wyjaśnienia nie obchodziły nikogo.

Generalnie wzięłam na ryj wszystko, tylko powiedziałam tym swoim przełożonym, którzy mnie wcześniej awansowali:

– Słuchajcie, ja się, kurwa, z koniem kopać nie będę. Ani przed nikim płaszczyć. Bo ja nie będę lizać tyłków jak ten konfident, pierdolec.

Tak że nagle, po piętnastu latach pracy, „straciłam zaufanie" – przez to, że przez jeden dzień nie odbierałam telefonu. Tak mnie wtedy stłamsili, że wyobraź sobie... zaczęłam chlać. Po prostu zamknęłam się w domu i powiedziałam, że pierdolę to wszystko. Miałam tylu znajomych i nagle się okazało, że nie mam nikogo. To właśnie wtedy próbowałam się umówić z tym psychologiem policyjnym.

Ale wiesz, jedna z moich wcześniejszych koleżanek wiedziała, że coś jest ze mną nie halo, bo nie odbierałam telefonów. W pewnym momencie próbował się do mnie dobić też komendant z konfidentem. Wyobraź sobie, że moją siostrę w to wplątali, choć ona nie miała pojęcia, o co chodzi. No ale przyszli do mnie we trójkę, a ja sobie leżę w domu napierdolona i pytam:

– Czego ode mnie chcecie? No zwolnieniu jestem, proszę mnie nie nękać.

A ten komendant mówi, żebym poszła na jakąś terapię. Ja mu na to:

– No tak, na odwyk do Otwocka mnie zawieźcie, zamknijcie mnie w Otwocku!

W pewnym momencie pomyślałam sobie jednak, że jestem rzeczywiście psychicznie zmęczona. Ta wóda, zamiast pomagać, dalej mi mózg ryła, tak że nieustannie myślałam: kurwa, jak oni ze mną postąpili!? Jak z jakimś gnojem! To ja za skurwysynów tyle razy coś robiłam, a oni... Wreszcie zdecydowałam, że pójdę na terapię.

Antyalkoholową?

Tak, antyalkoholową, taką ogólną. Miałam tam też narkomanów i hazardzistów. Powiem ci, że pomogło mi to bardzo. Oczywiście w międzyczasie ta sprawa się dalej toczyła, a ja co chwilę dostawałam jakieś rozkazy. Tu chcieli mnie upierdolić, bo konfident napisał kolejną notatkę, że gdzieś jakiejś pieczątki nie postawiłam, tam przyczepiali się za coś innego.

A po co on to robił?

Pierdolnięty był taki. Bał się o własną dupę, bo większość ludzi zeznała, że tak naprawdę to on tę imprezę zorganizował. A on szedł w zaparte: „Przecież mnie nie było! Przecież mnie nie było!". Wszystko od siebie odsuwał.

W każdym razie – trafiłam w tym ośrodku na zajebistego terapeutę. Miałam dobrze, bo dostawałam zwolnienie lekarskie od psychiatry. Przychodziłam rano na terapię, ale o czternastej czy piętnastej kończyłam, wracałam do domu i mogłam się zająć swoimi sprawami.

Płacili ci hajs w tym czasie?

Tak, normalnie dostawałam pensję.

A co było dalej z tym konfidentem?

Napisał znów notatkę, że się na czymś nie podpisałam, więc znowu dostałam wezwanie z inspektoratu. A ja mówię:

– Moment, jestem na zwolnieniu od psychiatry!

Potem zostałam wezwana do BSW. Bo jak szłam na zwolnienie, miałam u siebie w szafie służbowej broń plus część zajętego mienia od jakichś tam nurów – w tym trochę kasy. No i zrobiłam tak, że zdałam broń u dyżurnego, a to mienie zabrałam do siebie do domu. Bo nie wiedziałam, czy mi tam po szafach nie będą grzebać i tak dalej. Na kopercie napisałam, ile czego jest i w ogóle. Nagle konfident do mnie dzwoni i pyta, czy ja mam te pieniądze.

– Leży u mnie, kurwa, to mienie od pięciu miesięcy, a ty nagle będziesz je wpłacał? O co ci, kurwa, chodzi?

A on był tak zesrany tym wszystkim, że szukał czegokolwiek, żeby tylko odsunąć podejrzenia od siebie!

A kim on wtedy był dla ciebie?

Zastępcą komendanta – czyli był wyżej ode mnie. No ale w końcu przyszedł do mnie i dałam mu te pieniądze.

Pokwitował?

Nie. Wziął i pyta:

– Czemu to wzięłaś?

To tłumaczę, że dlatego, że chodzą i mi grzebią, kurwa, po szafach. No i poszło następne pismo na mnie, że ja, kurwa, w nieodpowiedni sposób przechowywałam mienie i jeszcze nie powpłacałam oficjalnie tej kasy! No chuj mnie strzelił.

Mówię potem do niego:

– Od kiedy ty się tym zająłeś? Depozyty się walały bez numerów, bez niczego, po całym komisariacie, a ty nagle jesteś taki znawca?

Jak już przyszło do mnie drugie pismo, że przechowywałam mienie w nieodpowiedni sposób, to się go pytam:

– Po co napisałeś taką notatkę, chuju? Przecież mogłeś pojechać, wpłacić i nie robić cyrku. Normalny człowiek by tak zrobił.

W końcu mówię do swojego komendanta:

– Słuchaj, rozwiązanie jest jedno: albo mnie wypierdolicie z hukiem, albo sama odejdę.

Strasznie się tego słucha.

Oni oczywiście mi w międzyczasie obniżyli stanowisko, choć powiedzieli, że mogę wrócić na rejon i tak dalej. Ale wiesz, ja pracowałam jako przełożona przez jakieś pięć lat i nagle wróciłam na rejon jako asystent. Część policjantów nie wiedziała, jak się zachować, bo jeszcze kilka miesięcy wcześniej mówili do mnie „pani naczelnik".

Jako asystent?

Tak. Bo u nas grupami się to liczy. Czyli ja z dziewiątej spadłam na szóstą z zachowaniem jakiegoś tam dodatku.

A chodziłaś wtedy jeszcze na terapię?

Nie, to już było po terapii. Wróciłam na rejon, do komendy ze swojej wcześniejszej pracy, bo wiedziałam, że na komisariat i tak już nie mogę wrócić.

Ale jeszcze jednej rzeczy ci nie powiedziałam. Żeby mnie dodatkowo dobić, jakaś menda z Wydziału do spraw Nieletnich napisała, że mój syn zaniechał obowiązku szkolnego.

Jakiś horror po prostu...

Ja się bałam w pewnym momencie telefony odbierać i listy czytać. Myślałam sobie: kurwa, znowu jakieś wezwanie do sądu. Mało tego, o absencji dziecka ma obowiązek poinformować szkoła, a nie jakaś menda pracująca w Wydziale do spraw Nieletnich. No ale sąd niestety musiał się tym zająć.

Sęk w tym, że mój syn skończył wtedy gimnazjum i dostał się do technikum. A tu przyszło pismo do sądu, że zaniechał obowiązku szkolnego.

W międzyczasie dostałam orzeczeniem o niezdolności do służby. Pojechałam z tym do komendanta, a on mnie pyta, czy będę walczyć. To mu mówię:

– Posłuchaj, człowieku: przez pół roku zniszczyliście mnie w taki sposób, po tylu latach służby i tylu wyrzeczeniach, że uważam, że pracowałam w największym gównie, jakie jest na świecie możliwe. I nikomu tego nie życzę. Parę osób z mojej rodziny chciało iść do policji i jeszcze pół roku temu byłam skłonna powiedzieć: ludzie, idźcie. Ale teraz mówię, że jesteście jedną wielką mendą, świnią i chamstwem.

Wiesz, ta cała sytuacja to była jedna wielka hipokryzja. Komendanci jeździli najebani, bzykali gówniary po kursach, bo te myślały, że awanse dostaną. Wiele małżeństw się przez to rozpadło, bo się później te dzieweczki zakochiwały. Każdy z przełożonych wiedział, kto jest alkoholikiem, hazardzistą i tak dalej. I myślałam sobie: co ja wam, kurwa, zrobiłam, że takiego debila ze mnie zrobiliście? Ja mam walczyć? Żeby tu potem wrócić i się zrzygać? O co ja mam walczyć?

Byłam tak zryta, że jak przychodzili jacyś policjanci i mówili: „sorry, szefowo, musimy zadać dwa pytania", to odpowiadałam: „Spierdalajcie! Nie będę teraz odpowiadała! W chuju was mam". A oni robili oczy, bo też im głupio było. Chłopaki polecenie dostali, to musieli przyjechać.

No ale mówię sobie tak: skoro jestem nieprzydatna, to muszę złożyć raport o zwolnienie. Ale był jeszcze taki artykuł, że w związku z orzeczeniem komisyjnym o nieprzydatności do pracy przysługuje mi pensja przez rok. Oczywiście bez tych wszystkich dodatków. A potem przechodzę jakby na ZUS. No i tak się stało. Dostałam zaświadczenie z ZUS-u o przyznaniu mi renty inwalidzkiej III grupy. Tak że w ten sposób się to wszystko skończyło – mam teraz legitymację emeryta-rencisty.

A jak wyglądała twoja terapia?

Przyszłam na nią z przekonaniem, że nie mam nic wspólnego z alkoholizmem. Alkoholizm kojarzył mi się z fioletowym nosem i panem leżącym w rowie.

No więc przyszłam tam sobie nienerwowo i każdy standardowo się przedstawiał: „Kazik, alkoholik", następny tak samo. No i dochodzi do mnie, a ja mówię: „jestem Ania i yyy... eeeee...". Chyba mi to przeszło przez gardło dopiero po trzecim spotkaniu.

Wśród ludzi, którzy tam przychodzili – także lekomanów czy hazardzistów – był na przykład pilot boeinga chlejący na umór. Facet latał pijany, aż się gdzieś w Japonii skapnęli, że ma trzy wolty we krwi, i mu nie pozwolili wracać. Co prawda powiedzieli mu, że w sumie to jest dobrym pilotem, ale on nawet nie pamiętał, czy kiedyś na trzeźwo latał. No i miał prosty wybór: albo pójdzie na terapię, albo go wypieprzą. Później się okazało, że na terapii był też mechanik samolotowy, więc mieli wspólne tematy.

Kolejny osobnik, mający ze dwadzieścia lat, był hazardzistą, narkomanem i wisiał komuś dwieście tysięcy peelenów, ale nie wiedział komu. Generalnie ćpał i grał na maszynach, aż któregoś razu został w samych gaciach w kasynie, bo już nawet pasek oddał. Chłopak potrafił samochód za dwadzieścia tysięcy zastawić za cztery tysiące, żeby po prostu dalej napierdzielać.

Była też pani pielęgniarka, notabene z Tworek, która pracowała na nocki i stwierdziła, że nie może już słuchać tych wszystkich jęków, i stawiała sobie pół litra na dyżur. Później miałam również panią arystokratkę – damę lat osiemdziesiąt, która twierdziła, że jest alkoholiczką, choć przez całe swoje życie wypiła może ze trzy setki wódki. No ale ona akurat lubiła tam przychodzić, bo ktoś ją słuchał i rozumiał.

Na tej terapii było coś takiego, że musieliśmy napisać prace, w których opowiadałeś o swoim problemie. I ta arystokratka ciągle pisała to samo – wszyscy doskonale znali jej życiorys, bo zaczynała od roku czterdziestego szóstego, a jak już była na pięćdziesiątym siódmym, to wszyscy się śmiali. W dodatku ciągle tę terapię powtarzała, bo cały czas twierdziła, że ma problem z uzależnieniem.

Miałam też strażaka, który co jakiś czas wracał na terapię, ponieważ go wkurwiał brat, z którym się kłócili o jakiś dom. Więc jak się ten strażak wkurwił, to się lał z bratem, a potem pił. Przychodził na terapię też taki totalny nur – połamana szczęka, nos w drugą stronę, chudy jak patyk i łysy. Co ciekawe, to był gość, który znał ileś języków. Ale pochodził z jakiejś wsi i ze starszymi zaczął się szlajać, potem stał pod gieesem, zaczął od wina, a na koniec już ćpał. Pewnego razu wyskoczył z jadącego pociągu – znaleźli go przy torach, poskładali, szczęki pozwiercali, no i po tym wydarzeniu stwierdził, że nie pije. Wytrzymał może z tydzień, bo później jakiś inny problem życiowy sobie wymyślił i znowu zaczął chlać. W pewnym momencie wylądował w izbie wytrzeźwień na Kolskiej i jak stamtąd wyszedł i przechodził przez ulicę, to pieprznął go samochód. Znowu go poskładali i stwierdził wtedy, że jednak dobra, już kończy z tankowaniem. Nie miał nic, był bezdomny, mieszkał w noclegowni. Ale cały czas uczył się tych języków.

Miałam też takiego pana bezdomnego, który się okazał blogerem, fotografem i malarzem. Jak wyszedł z terapii, to bloga założył i nam zdjęcia robił. Pamiętam, że był takim strasznym detalistą. Powiedzmy, że jednej z dziewczyn powiedział:

– Muszę ci zrobić zdjęcia!

To ona mówi:

– Spadaj, gościu, co ty wymyślasz?

A on na przykład chciał uchwycić tylko kosmyk włosów i kolczyki. Też się załapałam na taką sesję. W ogóle to ja tam byłam główną panią od zdjęć. Gość w bardzo specyficzny sposób pisał też te swoje prace terapeutyczne. Na przykład zamiast napisać normalnie: „napiłem się, potem kochałem się z Zośką", to on: „i zobaczyłem ją, jak tę poranną rosę, która biegła przez łąkę...". Taki poemat. My ryczeliśmy ze śmiechu, ale to był taki facet, który w życiu osiągnął sukces, potem wszystko wypieprzył i został bezdomnym.

Przez wódę?

Przez wódę. Po prostu chlał dniami i nocami.

Potem miałam pana celnika spod granicy, który za swoich dobrych czasów ciągle brał łapówy. Problem w tym, że dawali mu często alkohol – to co, miało się zmarnować? Więc tak przez dwadzieścia lat walił. I to była już któraś jego terapia.

Czyli tam się pojawiała cała siatka takich różnych autorytetów. A jak już byłam tak w połowie terapii, to trafił mi się bandzior. Wiesz – kropka, kropka, dziary, kreska. Przysłali go z ośrodka dla bezdomnych, bo tam warunkiem było niepicie i poddanie się terapii. I on już na dzień dobry stwierdził, że tych to on nie lubi, tamtych też nie lubi i tak dalej. W dodatku grypsował, więc wszyscy ryczeli ze śmiechu, bo każdy z nas wiedział, czym się zajmował na co dzień. Ale na terapii nie jest ważne, jak zarabiasz na życie. Jesteś uzależniony, więc to, jaki zawód wykonujesz, nikogo nie interesuje po prostu. No ale ktoś mu na przerwie powiedział: „ty, ta to jest psiara". Więc jak wrócił, to się przesiadł cztery miejsca dalej od mnie i jeszcze się na mnie tak lampił...

Mało tego, niedaleko miejsca, w którym odbywała się terapia, swoją siedzibę miała straż miejska i jak przejeżdżały radiowozy, to strasznie jęczał. Obok znajdował się też taki kompleks, w którym były tanie obiady, i często policjanci przyjeżdżali tam coś zjeść. Jak wychodziliśmy na fajkę i on ich widział, to zawsze rzucał tekst w stylu: „kurwa, psy, chuje". Ale najlepsze jest to, że my się potem bardzo polubiliśmy!

Okazało się, że ja jestem normalna i muszę być z innej parafii niż z tej okropnej policji, a i on się okazał nie taki straszny, na jakiego pozował. Historia tego gościa też była ciekawa.

Kiedyś był bardzo bogaty i miał kilka restauracji odziedziczonych po rodzicach. Ale wiesz, jak to jest, kiedy się ma knajpy w wieku dwudziestu paru lat. Zamiast prowadzić dyskotekę, to się dyskotekę zamykało, brało się kumpli i się chlało.

Tak że ciągle imprezował. Dopóki jego matka żyła, miało to wszystko jeszcze ręce i nogi. Później facet zaczął się zadłużać, wyprzedawać wszystko, aż w końcu został z jednym lokalem. A potrafił się obudzić w Zakopanem, nie wiedząc zupełnie, dlaczego tam jest. Albo chodził po Centralnym w samych majtkach i też nie wiedział dlaczego. Później się wdał w jakieś interesy z mafią i w końcu wylądował w pierdlu.

I opowiadał nam historie typu: „no, bejsbolem mu trochę mordę otłukłem, szczękę mu złamałem, chyba oko mu nawet wypłynęło". Wiesz, dla niego to było takie normalne. W każdym razie później się okazało, że myśmy się normalnie polubili. Nasz terapeuta cały czas powtarzał:

– Ludzie, nieważne, kto co robi. My tu jesteśmy zespołem. I zobaczcie, jaki wy tu, kurwa, macie zespół! Proszę bardzo – leci samolot i się rozbija. Ale jakimś trafem żyjeta. I teraz co się okazuje? Samolot prowadził pijany pilot, tak? Ale wcześniej pijany mechanik ten samolot sprawdzał. Na miejsce dociera karetka – wychodzi z niej pijana pielęgniarka. Na miejsce dociera też policja i wychodzi pijany policjant. Potem straż pożarna przyjeżdża i okazuje się, że jest, kurwa, pijany strażak! Do tego wszystkiego okazało się, że na pokładzie są hazardziści i narkomani. No i zamiast wszyscy się ratować, to poszliście pić. A samolot spłonął.

I słuchaj, co działo się dalej. Ci ludzie, którzy byli z sobą na terapiach, mają do siebie telefony – jak coś się dzieje, mogą do siebie dzwonić. Tylko oczywiście nie po to, żeby się umówić na walenie wódy, ale żeby pogadać o swoich problemach i wspierać się nawzajem. Minęło pół roku od terapii i zadzwonił do mnie kolega bandyta. Mówi:

– Co robisz? Bo mam trzy browary i się zastanawiam, czy byśmy się nie spotkali.

– Co ty, Bartuś, jedziesz z koksem?

– A daj spokój, już trzy dni przed końcem terapii mnie wyjebali, bo się napierdoliłem.

– Matko Boska, to gdzie ty teraz mieszkasz, bo pewnie cię z ośrodka wywalili?

– No oczywiście, że mnie wywalili. Ale mam dobrego kumpla, z którym żeśmy się zadekowali w domku jednorodzinnym.

To ja pytam:

– Bartuś, a z czego ty żyjesz?

Okazało się, że chłop powrócił do szemranych interesów. W końcu się umówiliśmy w jakiejś knajpie, wypiliśmy po trzy seteczki, a on mi normalnie walnął na blat! Myślę: o co chodzi? Później rozkminiłam, że wypił pewnie ze dwadzieścia browarów wcześniej, bo zawsze powtarzał, że on tylko piwo pije, wódka go zabija. No to dobra, blat zaliczony, wezmę taksówkę, bo inaczej go przecież nie wyniosę.

– Weź pan wejdź do środka, bo musimy jeszcze kolegę stąd wytargać.

Nie wiedziałam do końca, jaki adres mam podać, ale coś mi tam Bartuś wybełkotał, więc pojechaliśmy. Nagle budzi się w tej taksówce i jeb faceta w łeb! Taksówkarz chciał nas wywalić, a on jakąś wizję alkoholową miał!

W końcu dojechaliśmy, wchodzę do środka, patrzę i myślę: kurde, tu musi być wieczna impreza! Generalnie to była melina – puszki, porozwalane pudełka po pizzach, wszystko fuj. Oczywiście chcieli mnie namówić na picie, ale ewakuowałam się stamtąd. Potem dzwonił do mnie jeszcze parę razy, ale zawsze mówiłam, że nie mam czasu.

Był na terapii też taki bardzo fajny trzydziestoletni przystojny chłopak. W życiu byś nie powiedział, że alkoholik. A jak on zaczynał gadać o swoim piciu i o tym, jakie siary robił po pijaku, wszyscy kładli się ze śmiechu. Na przykład raz opowiadał, jak umówił się z dziewczyną na randkę i przyszedł tak napierdolony, że przez żywopłot wpadł w stoliki... Jeszcze się parasol na niego wywalił. Więcej tej dziewczyny nie widział. A wiesz, mechanizm był taki, że on sobie myślał: „No dobra, walnę setkę przed randką, żeby nie być taką pizdą. Ale, kurwa, setka mnie za mało trzepie, więc jeszcze drugie sto gram". I generalnie kończyło się na tym, że wypijał zero siedem.

Tak że takie to były historie. Każdy z nich, kuźwa, miał jakieś swoje pasje, pracę, a jednak wszyscy poszli w nałóg. Nasz terapeuta był od dwudziestu lat niepijący, ale wcześniej chlał ze trzydzieści. Gość też ma licencję pilota, jest po rozwodzie, ma drugą żonę i drugie dziecko. Życie przemieliło go w każdej kategorii i mówił, że w pewnym momencie został dosłownie z chujem w dupie. Przez chlanie nie miał nic. Pewnego dnia obudził się i nie widział, czy miał gacie, czy był obszczany, czy obsrany. Nagle okazało się, że nie ma żony, dziecka, roboty i jest, kurwa, bezdomny. Ale ocknął się i wyszedł z tego.

A tobie ta terapia pomogła?

Na pewno pomogła mi zrozumieć problem. Bo tak naprawdę to moje uzależnienie zaczęło się dwadzieścia lat temu, jak się przyjęłam do tej służby. Nawet na kursie podstawowym, siedmiomiesięcznym, piło się dzień w dzień. Ja może nie chlałam w takich ilościach jak faceci, ale też piłam. Nawet moi wykładowcy chodzili nawaleni. Tak że pite było ciągle. Pamiętam na przykład, jak kiedyś wywalił się w Piasecznie tir z wódą. Jak przyjechało zabezpieczenie, to oczywiście wszyscy flaszki za pazuchy pochowali i później był tydzień picia. Zawsze była okazja i potrzeba, żeby się napić.

Razu pewnego pojechałam na działkę ze znajomymi, na imprezę, i jak się obudziłam po trzech dniach picia, to nawet nie wiedziałam, że trzy dni minęły! Wyobraź sobie teraz taką sytuację: pytam znajomej, dlaczego na tej działce leży tyle talerzy porozbijanych. A ona:

– Bo wpadłaś, kurwa, w amok! To ty rzucałaś talerzami. Nie mogliśmy cię opanować. Stała flaszka, a ty z gwinta wyjebałaś połowę!

Ja normalnie jestem w szoku i mówię:

– Jak to, kuźwa? To jest w ogóle niemożliwe!

Mówili mi potem, że do pewnego momentu jeszcze jedzenie przynosiłam na grilla, wszystko było elegancko, a później zaczął się już szał. I okazało się, że po wypiciu większej ilości alkoholu wpadam w agresję, której generalnie nie przejawiam. Więc to tak na mnie działało.

Kiedyś poszłyśmy na jakąś imprezę z koleżanką, a mnie później ochrona wyniosła, bo się zaczęłam awanturować. Potem nie wiedziałam w ogóle, dlaczego tak się stało. Tak że zaczęłam mieć po prostu zaniki świadomości. Po tej terapii w końcu zrozumiałam te wszystkie filmy, które są o uzależnieniach. Bo jak sobie obejrzałam wcześniej *Wszyscy jesteśmy Chrystusami*, to nie wiedziałam, o co, kurwa, w tym filmie chodzi! Mówię: co to, jakiś paranoik nakręcił? A jak byłam już po terapii, zobaczyłam oczami alkoholika to, co sama robiłam.

A jak jest z tym teraz?

Teraz po prostu boję się pić. To znaczy jak jest jakiś grill, to sobie wypiję piwo z sokiem, ale nie wódę. Wódka to jest po prostu dla mnie śmierć. Dlatego że w tym momencie nie potrafię tego kontrolować. To znaczy może nawet bym i potrafiła, ale nie chcę już się z tym bawić, nie chcę z tym walczyć, bo mogę albo sobie zrobić krzywdę, albo komuś. Poza tym bardzo mi to wyniszczyło organizm.

Ale problem generalnie w policji jest dalej, bo tam naprawdę wszyscy chleją – od komendanta po ciecia.

TARCZE DO PRZODU

Komisarz Dariusz Wołkowski, Wydział Kryminalny: Kiedy pierwszy raz przeszedłem na ciemną stronę mocy? Podczas pewnej demonstracji górników, która zakończyła się tragicznie. Ja wstępowałem do policji niedługo po tych wszystkich zmianach politycznych w naszym kraju, więc miałem przeświadczenie, że ten poprzedni ustrój był zły. Była komuna, milicja pałowała ludzi za darmo, mordowała studentów. No i nagle, kurde, żyjemy w wolnym kraju. Była milicja, a ja wstąpiłem już do policji. To się przede wszystkim wzięło od tego, że nie chciałem iść do wojska. A była możliwość odsłużenia wojska w policji.

A czemu nie chciałeś iść do wojska?

No bo czego bym się tam nauczył? W tamtych czasach w wojsku mogłeś się nauczyć tylko pić, kraść, jakichś, kurde, bzdurnych wierszyków, idiotycznych zwyczajów odnośnie do fali, i tyle. Policja po tych przemianach mocno się zmieniła – zarówno pod względem przepisów, jak i kadrowo. Natomiast wojsko, wbrew pozorom, zmieniało się bardzo, bardzo długo i wtedy jeszcze zmienione nie było. Więc poszedłem do tej policji i zacząłem od oddziału prewencji w Warszawie.

To była taka służba kandydacka, skoszarowana. No i w pewnym momencie miało dojść do jakichś demonstracji. Wiadomo – wszystko jedno, czy władza jest dobra, czy zła, zawsze ktoś chce coś tam ugrać. Przyjeżdżają różne grupy zawodowe i po prostu kręcą awantury – na takiej zasadzie działają zresztą związki.

W każdym razie – były planowane demonstracje i ściągnięto duże siły do Warszawy. My, jako warszawska policja, oczywiście też jechaliśmy na zabezpieczenie. No i rozmawialiśmy z kolegami, że liczymy się z tym, że mogą być jakieś zadymy, ale z drugiej strony jesteśmy po stronie społeczeństwa i właśnie wstąpiliśmy do policji, żeby pomagać społeczeństwu. Czyli znaleźliśmy się w takiej sytuacji – niedługo po okresie komunizmu, kiedy milicja krwawo tłumiła wszelkie demonstracje – że nagle sami stanęliśmy na ulicy w żółwiach, w kaskach, z tarczami i pałami. No i powstawał dylemat moralny. Bo pamiętaliśmy jeszcze czasy ZOMO,

i ZOMO zawsze było wszystkim tym, co najgorsze. Pomimo że my byliśmy już policją i oddziałem prewencji, to i tak kojarzono nas nadal z ZOMO właśnie. Dlatego w tym momencie wszystko zależało od naszego zachowania. Czy zachowamy się jak tamci zomole i tak samo będziemy prać ludzi, którzy przyjeżdżają tu po chleb dla swoich dzieci, czy nie.

Więc nasze postanowienie było zasadniczo takie, że nawet jeśli dowódcy będą nam kazali atakować, to my, kurwa, nie będziemy z tymi ludźmi walczyć. Tym bardziej że we wszystkich relacjach medialnych mówili, że ci ludzie przyjeżdżają demonstrować pokojowo, bo chcą im fabryki zamykać i oni wtedy nie będą mieli pieniędzy na chleb i tak dalej. Wiesz, trudno w takim momencie stawać po stronie polityków i pałować niewinnych ludzi – tym bardziej że przyszliśmy do służby po to, żeby służyć społeczeństwu.

Tak że z góry mieliśmy takie założenie: nie będziemy pałowali. My tam jedziemy po to, żeby zabezpieczać. Aczkolwiek mieliśmy trochę mętlik w głowie – bo byłoby to ewidentne niewykonanie rozkazu, za co oczywiście moglibyśmy ponieść bardzo poważne konsekwencje. Ale jak gadaliśmy w dużej grupie, to stwierdziliśmy, że skoro wszyscy podejmiemy taką decyzję, to przecież całego oddziału prewencji nie wypieprzą. Zresztą liczyliśmy na to, że podobne zdanie będą mieli inni policjanci i ogólnie nie będzie to wszystko wyglądało tak jak za komuny.

Pojechaliśmy na tę demonstrację. Na początku siedzieliśmy w samochodach. Później, jak się zjechało towarzystwo, to nas tam poustawiali na ulicach. Różne obiekty państwowe otoczyliśmy kordonem, żeby demonstrujący do nich nie wtargnęli. Ci ludzie przyjechali z różnych stron Polski i najpierw poszli do knajpy się trochę napierdolić. Niektórzy wrócili już mocno zawiani. No ale nic – stwierdziliśmy, że pewnie sobie pokrzyczą, podpalą jakąś oponkę, potrąbią i pójdą do domu. Będzie dobrze.

A tu oni wracają do autokarów i oprócz flag wyciągają, kurwa, takie sztyle od kilofów i łopat. No to już nas trochę zastanowiło. Czy oni na pewno przyjechali pokojowo demonstrować?

Ustawiono nas pod różnymi urzędami wzdłuż ulic, w potrójnych kordonach. W końcu idzie towarzystwo – wielki tłum, wszyscy nabuzowani. Stanęli pod tym urzędem, pod którym akurat myśmy stali, i zaczęło się. Działacze związkowi oczywiście chwycili za megafony i zaczęli podburzać demonstrantów. Wiesz, w tym momencie już zaczyna działać psychologia tłumu. Najpierw narasta agresja w stosunku do rządzących. Powoli zaczynają latać jakieś kondomy wypełnione farbą. Potem fruwają inne przedmioty. Sytuacja robi się coraz bardziej napięta. W pewnej chwili tłum zaczyna tak napierać, że agresja nie kieruje się już tylko w stronę rządzących, ale także policjantów. Ale przez stację cały czas padają komunikaty: „Nie wyjmować pałek, żeby nie prowokować. Stać po prostu w kordonie i nie prowokować".

Nagle sznur z metalowych płotków, który jest ustawiony między nami a tłumem, po prostu pęka. Ludzie zaczynają go rwać jak sznurówki. Część tych płotków zaczyna lecieć w naszą stronę. W końcu tłum rusza na nas. Przy czym cały czas słyszymy komunikaty: „kurwa, nie cofać się", „tarcze do przodu", „nie cofać się, ale nie wyjmować pałek, żeby nie prowokować". Tylko że ci demonstranci wyjmują, kurwa, te sztyle od kilofów i zaczynają nas napierdalać. Do tego zaczynają w nas rzucać śrubami. Jak dostałem taką w tarczę, to mi z rąk wypadła. Bo wiesz – takie śruby o średnicy gdzieś dziesięciu centymetrów, wykorzystywane chyba w produkcji jakichś wielkich maszyn.

Mieliśmy wtedy na głowach przyłbice jeszcze z czasów komuny, z zamalowanym tylko napisem MO i przybitym metalowym orzełkiem z koroną. Tak naprawdę skorupa takiej przyłbicy była zrobiona z jakiegoś włókna szklanego czy węglowego i oblana żywicą. Mówiąc wprost – nie dawało ci to żadnego bezpieczeństwa. Taką skorupę byłeś w stanie stłuc gumową pałką, a co dopiero taką wielką śrubą. Tarcze też nie były lepsze. Po różnych zadymach wyglądały tak, jakby je ktoś włożył w sieczkarnię. Podchodziłeś do tłumu, było łubu-dubu, trochę trzasku, cofałeś się, patrzyłeś, a tu masz sam uchwyt na ręku.

Wracając do demonstracji pod urzędem – myśmy się tam zasłaniali, starali nie cofać, ale zaczęła się regularna napierdzielanka. Do tego pluli na nas, obrażali, krzyczeli, że jesteśmy Gestapo i tym podobne. To już nie byli, kurwa, ludzie, którym my chcieliśmy pomóc. To już byli nasi wrogowie, którzy mieli po prostu niesamowitą wściekłość w oczach. Nie mogłem tego zrozumieć.

Mieli pretensje do rządzących, a ruszyli na nas, tak jakbyśmy byli po prostu zomolami sprzed dziesięciu lat. No i w tym momencie już nie było przebacz. Pały poszły w ruch i po prostu musieliśmy z nimi regularnie walczyć. Po chwili uruchomiono armatki wodne. A to już była naprawdę trudna decyzja, bo to się w ogóle kojarzyło ze stanem wojennym. Ale nie mieliśmy wyjścia, bo sytuacja zrobiła się niebezpieczna.

Więc przesuwamy się, spychamy ten tłum, a w pewnym momencie przede mną, kurde, stoi kobieta w wieku około trzydziestu pięciu lat. Zaczęła do mnie krzyczeć:

– Nie bij kobiety! Nie bij kobiety!

No to mówię do chłopaków:

– Kobieta tu jest – puśćcie ją.

Złapałem ją za kołnierz i przesunąłem do tyłu. Okej, idziemy dalej i rąbiemy tę całą menażerię.

Miałem na sobie taką kamizelkę kamienioodporną – z pianki poliuretanowej, obszytą po prostu materiałem. W jakiś sposób to amortyzuje uderzenia, ale nie do końca. Nagle jak nie pierdolnie mnie coś przez plecy... do tego stopnia, że aż poczułem na barku. Po prostu zrobiło mi się zielono przed oczami. Odwróciłem się i zobaczyłem tę babę, którą wyciągnąłem z tłumu, po to żeby jej się krzywda nie stała. Ta sama baba podniosła jakiś, kurwa, drąg z ziemi i przyjebała mi nim przez plecy tak, że aż mi się zimno zrobiło. Chłopaki, jak to zobaczyli, momentalnie wyrwali jej tego kija i jeszcze przyłożyli ze dwie pały. Potem ją od razu przekazali tym, którzy szli za nami.

W każdym razie powiem ci tak: przyjechaliśmy tam z przekonaniem, że będziemy pomagali ludziom i że nie będziemy ich lać. W końcu chcą pokojowo demonstrować. A ci w pewnym momencie dążą do tego, żeby zrobić nam krzywdę. Pomagasz kobiecie, żeby nie została w tym tłumie stratowana, i nie chcesz jej pobić jako policjant, no bo jak będziesz bił kobietę? A tu się, kurwa, okazuje, że ona napierdala cię kijem przez obojczyk. Po prostu jakaś masakra.

Ten tłum był tak wściekły, że w pewnym momencie zaczęły się dziać rzeczy straszne. W jakimś parku udało się demonstrantom przerwać tyralierę i otoczyć policjantów przysłanych z Katowic. Więc dostaliśmy sygnał, że leją policjantów i że trzeba im pomóc. Lecimy tam, patrzymy, a któryś z demonstrantów wziął normalnie płytę chodnikową i pieprznął jednego z policjantów, tak że mu ta płyta pękła na pół. Policjant miał co prawda przyłbicę, ale tak jak ci wspominałem – ona nie była najlepszym zabezpieczeniem. Dlatego jak gość dostał tą płytą, to aż sobie klęknął.

Widziałem, że przyłbica pękła mu na głowie jak orzech i wisiała tylko na takich skórzanych paskach. A atakujący facet wziął kawałek płyty, która mu się rozleciała, i jeszcze raz przywalił temu policjantowi. Jak go później stamtąd zabieraliśmy, to miał całą twarz zalaną krwią.

Wiesz, jak myśmy widzieli, że tego typu rzeczy dzieją się na naszych oczach, to wstąpiła w nas taka wściekłość, że już nie było litości. Obojętne już było, czy ktoś powie, że jestem zomolem, zwierzęciem czy czymś innym. Przestałem patrzeć na to, czy naprzeciw mnie stoi górnik, hutnik czy kobieta. Był tylko krok naprzód: pała, but, pała, but, pała, but. I tylko tyle. Innego policjanta, który też znalazł się w tej zaatakowanej grupie, chlasnęli w szyję tulipanem z roztrzaskanej półlitrówki. Prawie mu gardło poderżnęli. Mówię ci, po prostu masakra. Myśmy ich pacyfikowali, a część policjantów po prostu wyciągała tych rannych i zabierała do karetek.

A teraz ci opowiem najlepszy motyw z tej zadymy. Byli tacy młodzi policjanci, którzy niedawno przyszli do służby, i oni też pojechali na to zabezpieczenie, ale mieli za zadanie tylko dowozić prowiant. Bo staliśmy tam cały dzień, więc ktoś musiał dostarczać jedzenie. Ale wśród tych chłopaków było też kilku takich, co trenowało sporty walki. Jeden z nich był chyba wicemistrzem Polski w kick boxingu, drugi, taki mały, był niesamowicie obrotny. Jednak najlepszy był taki wielki na dwa metry chłop, który był do tego jeszcze porządnie dosterydowany. Taki naprawdę kawał chłopa – bandyta by się nie powstydził podobnej masy. W dodatku uprawiał tajski boks. Jak kiedyś w ramach treningu poszliśmy razem na sparing, to tak mi pociągnął z mawaszki, czyli takiego kopnięcia, w nery, że później przez trzy dni sikałem krwią. Facet miał po prostu niesamowitą siłę.

Ale wracając do zadymy – jak ci młodzi przyjechali z prowiantem, to znaleźli się akurat w pobliżu miejsca, gdzie zaatakowano tych policjantów z Katowic. Kiedy to zobaczyli, to mimo że nie mieli pałek, przyłbic, żółwi ani nic, po prostu rzucili to żarcie i ruszyli im na pomoc. Słuchaj, ten mały z tym dużym wyglądali jak Flip i Flap, ale to, co oni robili...

To wyglądało tak, jakbyś oglądał diabła tasmańskiego z amerykańskich kreskówek. Jak wpadli w tłum, to wszystko wirowało jak na wiatraku. Jakbyś puścił wirujący bączek. Demonstranci kładli się jak snopki na prawo i lewo. Myśmy tam lali pałami z jednej strony, a oni z drugiej wbili się w tę grupę takim klinem. Tłukli po prostu to towarzystwo niemiłosiernie. Szczególnie jak szedł ten wielki chłop, to goście odpadali tylko na bok jak kawałki ułamanego tynku. Co strzał, to nokaut. Strzał i nokaut.

W końcu udało nam się to towarzystwo jakoś spacyfikować. Część demonstrantów oczywiście uciekła. Jakoś tam odratowaliśmy tych policjantów. Paru zostało niestety ciężko rannych. Szczególnie ten z rozwaloną głową i ten z rozciętą krtanią. Ale inni też mieli nielekko, na przykład poważne złamania. No i powiem ci, że po tej akcji totalnie zmieniło się moje podejście – już nigdy więcej na żadną demonstrację nie pojechałem z przeświadczeniem, że nie wyjmę pałki.

Zrozumiałem, co to jest psychologia tłumu i jak niewiele trzeba, żeby ludzi nakręcić. Niejednokrotnie byłem później na różnych demonstracjach. Na niektórych trzeba było jakoś interweniować, ale wbrew pozorom większość demonstracji, jakie przeżyłem, to były demonstracje, na których ludzie zachowywali się normalnie. Oni się do nas odzywali w miły sposób. Mówili: „O, panowie, musicie nas pilnować. Nie będziemy wam tutaj za bardzo przeszkadzać". Generalnie normalna, kulturalna rozmowa. Nawet pytaliśmy ich, dlaczego demonstrują i co chcą osiągnąć. Opowiadali nam na przykład: „Panie, ja jestem pielęgniarką i zarabiam tylko osiemset złotych miesięcznie. To jak mam nie protestować?". Tego typu sytuacje.

Najgorsze jest pijane towarzystwo, nakręcone przez związkowców, którzy chodzą z megafonem, krzyczą do ucha i podburzają. Przy jednej takiej, chyba najbardziej krwawej demonstracji to tak się namachaliśmy pałami i nogami, że jak przyjechaliśmy na jednostkę, to padliśmy na ryj jak pies Pluto. Umordowani byliśmy masakrycznie. Później oczywiście włączyliśmy radio i słuchaliśmy, co pan minister mówi o nas, jak ocenia działanie policji, no i co mówią ludzie. Kiedy związkowcy krzyczeli, że policja zachowywała się jak Gestapo, to powiem ci szczerze, że narastała w nas straszna złość. My nie pojechaliśmy tam, żeby robić komuś krzywdę. To oni nas zaatakowali. Myśmy się wręcz bronili. Broniliśmy naszych kolegów, a teraz w radiu bezczelnie zarzucają nam, że użyliśmy wobec demonstrujących przemocy, i to niesłusznie. Gdyby, nie daj Boże, na taką kompanię oddziału prewencji natknął się wtedy jakiś pan związkowiec, to myślę, że nie wyszedłby z tego cały.

Co jeszcze robił oddział prewencji?

Powiem ci szczerze – oddział prewencji to była dość specyficzna instytucja. Bo pracujesz tam po to, żeby to z musu odpękać i później zostać policjantem, i normalnie służyć – w mundurze, w służbie patrolowej, w dochodzeniówce, w kryminalnej i tak dalej. Do tego ten oddział prewencji zawsze był źle kojarzony. Jako ci, który jadą w newralgiczne miejsce, a potem wszystkich biją.

Część służby w oddziale prewencji to były właśnie zabezpieczenia demonstracji, meczów, jakaś kompania alarmowa, a część to już normalna służba patrolowa. Wyjeżdżaliśmy na osiem godzin na miasto i wspieraliśmy siły danego komisariatu.

Pamiętam, że na początku, jak tam przyszliśmy, ogolili nas na łyso – na pewno nie ze względu na to, żeby nie było wszawicy i tak dalej. Miało to widocznie być jakieś działanie psychologiczne – że będziemy tacy „utwardzeni".

Albo miało to być takie odarcie z osobowości – że wszyscy się stają jednym organizmem.

Może tak. Zostajesz obdarty z osobowości, stajesz się pionkiem w grze i tak naprawdę jako jeden pionek jesteś nieistotny, ale jako element układu na szachownicy możesz mieć jakieś znaczenie.

Na początku do wszystkich musieliśmy się meldować. Musieliśmy się przede wszystkim nauczyć, w jaki sposób to robić u przełożonego. Była na to odpowiednia formuła. Chodziliśmy też tylko i wyłącznie w mundurach polowych. Dostaliśmy pełne wyposażenie - nawet gacie mieliśmy służbowe. Nazywaliśmy je „atramenty", bo wszystkie były koloru fioletowego. Notabene farbowały - tak że jak były nowe, jeszcze przed praniem, i poszedłeś w nich na służbę, to jak wróciłeś, wyglądałeś, kurde, jakby koń kopnął cię w jaja. Bo dupę i jaja miałeś sine po prostu. Jakby ktoś się kalką wysmarował.

Tak że dostaliśmy tam wszystko. Na początku, jako młodzi, mieliśmy także obowiązek poruszania się po korytarzu kompanii biegiem. Nie mogłeś iść normalnym chodem, tylko musiałeś truchtać. Jak ktoś zobaczył, że nie poruszasz się biegiem, to od razu był podpór przodem, czyli musiałeś ustawić się jak do pompki, na poziomo, podparty rękami, no i „podpór przodem ćwicz". I jechałeś pięćdziesiąt pompek. Za każde najdrobniejsze przewinienie robiłeś pompki, przysiady albo żabki. „Doceniali" nas też rejonami, czyli grabieniem liści i tak dalej. Oczywiście sprzątaliśmy też całą kompanię. Musieliśmy szorować korytarze takimi małymi szczotkami, które był przeznaczone do czyszczenia między innymi obuwia. To były szczotki o długości trzydziestu centymetrów. A korytarz miał szerokość około trzech metrów i długość około dwudziestu-dwudziestu pięciu metrów.

Najpierw się go zamiatało, później na ten korytarz była wylewana woda, do której sypnięto wiórków – takich płatków mydlanych. Czasami, żeby wyczyścić tę podłogę – a była to podłoga z lastryka – robili „żuławy", czyli dosypywali nam piasku. Dyżurny przynosił kilka wiaderek, rozsypywał piasek, no i po prostu tymi małymi szczoteczkami na kolanach zapierdzielało się i szorowało ten korytarz z piachem, ze wszystkim. Później się to wszystko zbierało, płukało jeszcze raz wodą... Dość żmudna praca.

To się od wojska za bardzo nie różniło.

To była tak zwana unitarka. Biorąc pod uwagę, jak myśmy tam sprzątali i jaki porządek musieliśmy utrzymywać w szafach przez te pierwsze trzy miesiące, to faktycznie – od wojska się to nie różniło. Czasami wpadali nam do sali dowódcy – nazywaliśmy ich „krokodyle". Różnica między nimi a nami była tylko taka, że oni przyszli do policji jeszcze przed odsłużeniem wojska. Nie mieli ukończonych dwudziestu jeden lat, więc mogli się dostać na tak zwanych aplikantów, i od razu szli na zawodowych. No i oni takich dramatów strasznych nie przechodzili jak ci policjanci z poboru, którzy odsługiwali wojsko. My byliśmy popularnie nazywani „zomozą" i dużo bardziej dostawaliśmy w kość. Ale przez to byliśmy też lepiej wyszkoleni.

Jak kiedyś aplikanci pojechali na mecz Polonii, to po prostu ich tam rozgromili. My mieliśmy wtedy kompanię alarmową. Wezwali nas i jak tam przyjechaliśmy, to całe towarzystwo na tym meczu rozgromiliśmy. Potem jeszcze pozbieraliśmy sprzęt porzucony przez uciekających policjantów. Bo jak kibice obijali tych policjantów aplikantów, to oni wręcz zaczęli uciekać i porzucili sprzęt. Mieliśmy dziką frajdę, kiedy po tej udanej pacyfikacji wróciliśmy na jednostkę. Jechaliśmy na sygnale volkswagenami transporterami, mieliśmy otwarte drzwi i przed budynkiem zajmowanym przez aplikantów, którzy dali się pobić, tylko wyrzucaliśmy porzucony przez nich sprzęt.

Dla nich to była straszna zniewaga, a dla nas straszna frajda. Po prostu im pokazaliśmy, gdzie jest ich miejsce w szeregu. No, ale abstrahując od tego, właśnie tacy aplikanci, którzy odbyli szkolenie i później zostali na zawodowego w oddziale prewencji, byli naszymi dowódcami drużyn i się na nas wyżywali. W ten sposób na przykład, że wchodzili do sali i robili pilota. Chodzi o to, że mieliśmy piętrowe metalowe łóżka z takimi naciągniętymi sprężynkami. Na to był rzucony siennik grubości pół centymetra, z końskiego włosia, i oczywiście jeszcze prześcieradło. Do tego typowy koc wojskowy, taki filcowy, obciągnięty pościelą, jeszcze poduszka. To wszystko musiało być pięknie ułożone – pościel musiała być tak naciągnięta, że jak przychodził dowódca i rzucał monetę – złotówkę czy dwuzłotówkę – to ona musiała się odbić i podskoczyć. Jeżeli po prostu upadła, zostało wgniecenie, to dupa. Jest źle zrobione. No i wtedy co było? Pilot. Cały siennik z pościelą, ze wszystkim – sru! Na środek sali. Jeden policjant miał źle – to leciało, kurde, z piętnastu wozów, czyli łóżek, w całej sali.

W szafkach też należało wszystko poukładać zgodnie z procedurą. Było określone, gdzie pędzelek do golenia, gdzie maszynka i tak dalej. Więc dowódcy robili sobie zabawy i sprawdzali, ile centymetrów od której ścianki szafki jest co położone. Z kolei mundury musiały być ułożone w kostkę. Też był na to schemat – brało się dwa taborety, na jednym kładło się złożone w kostkę ubranie, drugim się przygniatało, a szczotką, taką do czyszczenia korytarzy, ubijało się to z boku. Tak żeby całość stanowiła idealnie równą kostkę-pakunek.

Tak było przez trzy miesiące. A ci policjanci aplikanci cały czas się wyżywali – szafki nam wywracali, piloty robili i jeszcze wszyscy podpór przodem ćwicz. W ekstremalnym momencie unitarki potrafiliśmy dziennie robić po dwieście pompek.

Bez przerwy?

Nie bez przerwy. Tak cztery razy w ciągu dnia, po pięćdziesiąt. Ale w pewnym momencie potrafiliśmy zrobić stówę naraz. Po tych trzech miesiącach już się to trochę uspokoiło. Co więcej – jak już byliśmy starsi służbą, niedługo przed odejściem, to ci dowódcy drużyn wręcz zaczynali nam w dupę wchodzić i robili sobie z nas kolegów. Bo dobrze wiedzieli, że jak będziemy odchodzić, to będziemy mieć do nich pretensje. A po pierwsze – nie chcieli, żeby została między nami jakaś zadra. A po drugie – zdarzały się sytuacje, że jak ktoś nie lubił dowódcy drużyny, to kończyło się to mordobiciem.

W pewnym momencie, jak mieliśmy już trochę służby, przyszedł do nas na dowódcę drużyny jakiś młody smarkacz. I nie dość, że był dużo młodszy niż większość z nas na kompanii, to na dodatek był posterunkowym, czyli w takim samym stopniu jak my wszyscy. Mało tego – wyglądał, kurde, jak ciota. Był szczupły, chudy, z twarzą dziecka. No i próbował się na nas strasznie wyżywać. Nie wiem, chyba chciał wyrobić sobie u nas szacunek w ten sposób. Darł się, próbował ubliżać i tak dalej. Któremuś z chłopaków, kiedy mieliśmy już ze trzy miesiące do wyjścia, kazał kible sprzątać. W końcu go wzięliśmy, kurwa, z korytarza za kołnierz, wprowadziliśmy do łaźni i zapytaliśmy:

– Synu, czy tobie się, kurwa, zęby znudziły? Ile ty masz, śmieciu, służby, żeby nam tu po pagonach skakać? Kim ty, kurwa, jesteś? Kim ty, kurwa, jesteś, lamusie? Myślisz, że co? Przyszedłeś na zawodowego, to będziesz się nam tu, kurwa, darł do ucha? Dojebał ci ktoś kiedyś?

Jeden z nas podszedł i powiedział mu krótko:

– Prędzej czy później pojedziemy na służbę i pamiętaj, że na tej służbie, jeśli my ci nie pomożemy, to zostaniesz sam. Módl się, żeby tak nie było, albo zmień podejście do kolegów. Bo nie jesteś, kurwa, zjebem w wojsku i nie jesteś ze starszej fali. Dla nas jesteś kotem i traktuj nas z szacunkiem.

No i zmienił podejście. Trochę się chłopak wystraszył. O dziwo, nawet nie zgłosił tego do dowódcy oddziału prewencji ani do dowódcy kompanii. Inną kwestią było to, że trochę nie podobało mi się podejście przełożonych. Wiesz, wszyscy jeździliśmy na służby. Dowódca, jak robił odprawę dla całej kompanii, wymagał od nas wyników – czyli chciał, żeby legitymować różne osoby, kontrolować pojazdy, starać się łapać sprawców przestępstwa na gorącym uczynku i tak dalej. Natomiast, ogólnie rzecz biorąc, jak jechałeś już na tę służbę, to dowódcy drużyn zainteresowani byli tym, żebyś poszedł w rejon i na sztukę wylegitymował kilka osób. Mogłeś dane nawet z nagrobka na cmentarzu spisać, byle było, że wylegitymowałeś kilka osób i zaliczyłeś parę śmiesznych niby czynności policyjnych pod tytułem „kontrola zabezpieczenia placówek handlowych". Czyli po prostu podchodziłeś do sklepu i sprawdzałeś, czy jest zamknięty i czy nie ma wybitej szyby. No i to się nazywa „kontrola zabezpieczenia placówki handlowej". Jakieś głupie, wymyślone, kurde, procedury – naleciałości ze starego systemu milicyjnego. Ale jak chciałeś zrobić wynik i chciałeś kogoś zatrzymać, to już były do ciebie pretensje.

Wiesz dlaczego? Bo na służbę jechała cała kompania. Powiedzmy: sto osób. No i jechaliśmy tam drużynami. Przeważnie jedna drużyna to było około sześciu–ośmiu osób, które wsiadały w jeden radiowóz. I jeżeli jeden policjant złapał jakiegoś przestępcę – a był w patrolu z drugim kolegą, czyli było ich dwóch – to pozostałych czterech czy sześciu, którzy z nimi przyjechali samochodem, też musiało zostać po godzinach.

Załóżmy, że miałeś służbę w godzinach czternasta–dwudziesta druga, a akurat o osiemnastej trafiłeś jakiegoś zbója. No i musiałeś wykonywać całą dokumentację – a wiadomo, jako młodzi policjanci nie byliśmy w tym orłami, więc trochę to trwało. Tak że schodziło nam z tą dokumentacją do dwudziestej drugiej. Zanim się z tego rozliczyłeś, zanim przyjechałeś na jednostkę, była północ i niektórzy mieli do ciebie ogromne pretensje, że kończycie dwie godziny po czasie. Chłopaki z drużyny cieszyli się, że zrobiłeś wynik, nikt nie miał specjalnych pretensji do ciebie, ale dowódca drużyny był wręcz oburzony.

Jak z kolegą zrobiłem wynik, na przykład złapaliśmy sprawcę na gorącym uczynku, to dowódca kompanii wynagrodził nas za to dodatkowymi dwoma dniami urlopu. Takie były nagrody w tej jednostce – zamiast pieniędzy dwa dni urlopu. Natomiast dowódcy drużyn później nam dopieprzali za to, że wychodzimy przed szereg. Było takie przeświadczenie, że każdy tu przyszedł odsłużyć, a nie się zasłużyć. A ja właśnie przyszedłem się zasłużyć, bo i tak chciałem być policjantem. No ale dowódcy zaczęli nas rąbać i faktycznie jeździliśmy na te służby na sztukę.

To znaczy?

Szliśmy na odprawę, potem w rejon, szukaliśmy pierwszej lepszej cieciówki, siadaliśmy tam sobie z cieciem i tak siedzieliśmy. Wylegitymowaliśmy kogoś, wróciliśmy na pół godziny, potem znowu wylegitymowaliśmy... Niby patrol wyszedł w rejon, ale tak naprawdę siedzieliśmy w cieciówce i mieliśmy wszystko w dupie. Po co szukać wyników, skoro jak je zrobisz, to jeszcze cię będą za to opierdzielać? I przez jakiś czas tak funkcjonowała kompania.

Aż przyszedł nowy dowódca kompanii, zrobił odprawę i powiedział, że on wymaga wyników i za wyniki będzie wynagradzał. Ja zawsze miałem mordę od ucha do ucha, więc wstałem i powiedziałem:

– Do tej pory za zrobione wyniki byliśmy karani, a nie wynagradzani.

Chłopu szczęka opadła, rozumiesz?

– Jak to?

No to mu tłumaczę:

– Na przykład razem z kolegą złapaliśmy na gorącym uczynku sprawcę rozboju. Owszem, od dowódcy batalionu dostaliśmy dwa dni urlopu dodatkowego, ale później dowódcy drużyn po nas jeździli i skończyliśmy w brzózkach.

Czym były te „brzózki"?

Na terenie jednostki znajdował się taki jakby mały lasek z brzózkami i tam były różne wały usypane, które imitowały poligon. Więc zakładałeś cały sprzęt – stalowe hełmy, plecak z pełnym wyposażeniem bojowym, broń długą i tak dalej. A potem na zmianę: czołganie, bieganie, czołganie, bieganie. To się nazywało „brzózki". Schodziliśmy tak zmordowani, że niektórych to musieliśmy prowadzić z powrotem na kompanię, bo już nogi mieli z waty.

W każdym razie – ten dowódca kontynuował:

– Proszę pana, to ja mówię teraz tak: każdy policjant, który zrobi wynik, będzie wynagradzany dodatkowymi przepustkami czy możliwościami wyjścia na miasto. Ponadto każdego policjanta, który zrobi wynik, a jakikolwiek dowódca drużyny powie do niego coś złego albo go dojedzie, zapraszam do mnie osobiście do gabinetu, z pominięciem drogi służbowej. Każdy taki przypadek będzie ukarany.

I nagle, powiem ci, dowódcy drużyn zmienili front o sto osiemdziesiąt stopni – byli grzeczni i nie wtrącali się w ogóle w wyniki.

Natomiast trafiła się też jedna bardzo przykra sprawa. Wiadomo – jak chłopaki z jakiejś kompanii szli do cywila, to było wielkie pijaństwo. No i czasami komuś się gęba otworzyła, bo nie lubił na przykład jakiegoś dowódcy oddziału. Dochodziło wtedy do sprzeczek, a czasami nawet ktoś komuś z garści wygarnął. A kiedyś trafiła się jedna poważna sytuacja. Pewien chłopak miał ogromne pretensje do kilku ludzi z kadry. Nawalił się, poszedł do nich i im naubliżał. Niestety, tamci też pili. To, że mu naubliżali, to pół biedy, ale się okazało, że tam parę osób dało mu po mordzie. Tak chłopaka skatowali, że stracił przytomność. Ale myśleli, kurde, że jest nawalony, to da sobie radę. Położyli go na łóżko, i tyle. A rano się okazało, że on nie żyje. Sam osobiście widziałem, jak wychodziła pielęgniarka z budynku naszego batalionu. Ta kobieta po prostu płakała.

Ile lat mógł mieć ten chłopak?

Dwadzieścia dwa. To był młody człowiek.

I co było dalej?

No co, później afera. Wiem, że pozawieszali w czynnościach niektórych oficerów i niektórych dowódców drużyn z tamtej kompanii. Część później została też chyba wydalona ze służby. Nie wiem, czy otrzymali jakieś poważniejsze kary sądowe. Wiem na pewno, że mieli wielkie problemy w pracy.

Ale w tej jednostce, powiem ci szczerze, swego czasu różne rzeczy się zdarzały. W pewnym momencie na przykład samochodówka wpadła i pozamykała paru oficerów z oddziału prewencji. Okazało się, że była afera, niektórzy mieli coś wspólnego z jakimiś samochodami. Nie wiem, czy z przemycanymi, czy z kradzionymi. W każdym razie – różne dziwne akcje się zdarzały. Później, jak już wyszedłem z oddziału prewencji, okazało się, że szefa jednej z kompanii zamknęli za to, że sprzęt policyjny sprzedawał bandytom, między innymi kamizelki kuloodporne.

A słyszałeś, że teraz tworzą tam takie komando złożone z kobiet?

W oddziale prewencji?

Tak.

Nie, nie słyszałem. Powiem ci szczerze, że na temat oddziału prewencji informacji od dłuższego czasu nie mam, tym bardziej że przekształcili go w zawodowy. Już tam nie ma tych, co odsługują wojsko, więc tak naprawdę zrobiła się z tego dziecinada.

W czasach kiedy ja tam służyłem, to jeszcze były resztki takiej dyscypliny zomowskiej. Wiesz, jak o cokolwiek chciałeś zapytać przełożonego, który stał na korytarzu, to musiałeś normalnie stanąć na baczność, w odpowiedniej pozycji, zameldować się zgodnie z całą procedurą. Nie mogłeś po prostu podejść, zapytać: „dowódco, czy można zrobić to, czy to, czy tamto?". Na takie rzeczy mogłeś sobie pozwolić później. Na początku to ryli ci beret w ten sposób, że jak zrobiłeś coś źle, pomyliłeś się, zająknąłeś – od razu podpór przodem i pompki.

Miało to swoje dobre i złe strony. Dobre były takie, że później, jak na dyżurze szedł ci oficer dyżurny jednostki, to od razu ci podrywało dupę, stawałeś na baczność i wiedziałeś, jak masz się zameldować, bo miałeś to już we krwi.

Złe strony były takie, że jak przechodziłeś przez ten pierwszy okres, to czułeś się niesamowicie zgnojony i odmóżdżony. A to trochę źle działało na psychikę, bo kiedy potem byłeś gdzieś normalnie w mundurze, podszedł do ciebie jakiś gość i powiedział: „ty chuju", to zamiast wziąć mu po prostu przypierdolić pałą przez łeb, stałeś tylko i zbierałeś te cięgi. Całe towarzystwo stało i patrzyło, jak jakiś byle szmaciarz cię obraża i pluje ci na mundur. A ty stałeś, bo nie wiedziałeś, co zrobić. Bałeś się, że jak zrobisz coś nieodpowiednio, to przełożeni cię za to udupią.

A jak stamtąd przechodzi się na zawodowego?

Normalne. Odsługujesz swoje i wtedy jesteś zwalniany do cywila. Ewentualnie przed zwolnieniem możesz napisać podanie o pozostanie w policji i wskazujesz jednostkę, w której chcesz służyć. Ja poszedłem do pracy na jednostkę w Warszawie. Gdy zobaczyłem, jak wygląda normalne podejście na komisariacie, jak ci ludzie żyją, jak się do siebie zwracają... to był duży przeskok. Jakby cię z wietnamskiego więzienia zawieźli nagle na wycieczkę do Tadż Mahal.

Wiesz, jak nam po pierwszych trzech tygodniach w zomozie pozwolili wyjść na przepustkę, to myśleliśmy, że oszalejemy. Wreszcie, kurwa, normalne twarze, a nie tylko policjanci. Najlepiej, jak zobaczyliśmy laskę. Człowieku... Szliśmy w sześciu chłopa i myśleliśmy, że się na nią rzucimy i ją zjemy, w całości. Zaczepialiśmy wszystkie panny, jakie tylko mogliśmy. Żeby tylko któraś chociaż do nas powiedziała coś normalnym głosem. No bo wiesz, kurwa, zamkną cię na jednostce na miesiąc i widzisz tam tylko facetów, wdychasz ich bąki, słuchasz ich pierdzenia. I ciągle tylko gadka o tym, jaki kto byłby szczęśliwy, gdyby tylko dostał urlop, pojechał gdzieś i jakąś pannę dmuchał. Po prostu odmóżdżenie totalne. Inteligencja spada do poziomu zera. Dopiero z czasem się to jakoś rozluźniało.

Ale w końcu się przechodziło do normalnej jednostki. Wtedy zaczynała się prawdziwa praca policyjna. Taki oddział prewencji to straszne przeżycie – ale też jednocześnie konkretna szkoła życia.

Jak potem wyglądała robota?

Kiedyś trafiła mi się sprawa takich łebków, co byli jak gang Olsena. Zacznijmy od tego, że parę lat wcześniej zostali zatrzymani przez patrol. Okazało się, że mieli przy sobie jakąś kradzioną torebkę i kompletnie nie potrafili się z tego wytłumaczyć. Jednak sprawa tak naprawdę była dowodowo kiepska, bo goście mieli torebkę, ale mówili, że gdzieś ją znaleźli i chcieli oddać właścicielce. Ale podczas rozmów z policjantami jeden z nich się przyznał. W tej sytuacji pozostali w końcu też się poprzyznawali. Przy czym liczyli na to, że sprawa będzie dzięki temu szybko załatwiona. Jak się przyznają, to dostaną jakieś zarzuty, nie zostaną tymczasowo aresztowani, pójdą do domu i będą odpowiadać z wolnej stopy. Tak to zazwyczaj w takich sytuacjach wygląda.

Jednak tym razem prokurator postanowił zrobić inaczej i chłopaki poszli siedzieć.

Za torebkę?

Tak. Kiedyś szedłeś na sanki za byle gówno i rozdawali odsiadki jak prezenty na święta. Teraz są instytucje dobrowolnego poddania się karze, przyznajesz się, dostajesz zawiasy i działasz dalej. Kuriozalne jest to, że za podobne przestępstwa możesz mieć wiele wyroków w zawieszeniu i możliwe jest, że ich nie odwieszą i nie potraktują kolejnego zdarzenia jako recydywy. Areszt daje już sąd, a nie prokurator, i nie jest stosowany tak często i z taką łatwością jak kiedyś. Wtedy było inaczej, lecz goście myśleli, że jak się przyznają, to nie ma podstaw do zastosowania aresztu i wyjdą.

Kiedy trafili za kratki, poczuli się oszukani przez policjantów. Mimo że to była decyzja prokuratora. Ale myśleli, że policjanci po prostu wpuścili ich na taką minę. Prawda jest taka, że sami policjanci byli tym zaskoczeni.

Ale co – potraktowano to jako napad?

Kiedyś w prawie było coś takiego, że artykuł dwieście osiem obejmował albo kradzież z włamaniem, albo kradzież tak zwaną zuchwałą. Kradzież zuchwała polegała na tym, że dokonywałeś kradzieży praktycznie na oczach pokrzywdzonego – czyli na przykład wyrywałeś mu torebkę albo zrywałeś łańcuszek. No i w wypadku tych gości posłużono się tym artykułem. Bo oni podbiegli ponoć do tej pani i zerwali jej torebkę. Dostali areszt, a później wyrok i co nieco posiedzieli.

Minęło trochę czasu i doszło w Warszawie do napadu na knajpę. Wyglądało to tak, że wpadło paru zamaskowanych mężczyzn, mieli broń, którą sterroryzowali pracownicę, ukradli kasę i odjechali samochodem. Osobą, która została napadnięta, była barmanka. Nie potrafiła jedna za bardzo podać szczegółów tego napadu, bo podobno była tak przerażona. Niby spojrzała na samochód, którym odjeżdżali sprawcy, ale jej opis różnił się od opisu przypadkowego świadka.

Dalej było tak, że policjanci pojechali tą drogą, którą oni uciekali. Niedaleko znaleźli porzucony samochód z otwartymi drzwiami i z dziurą w baku. Jak się okazało, samochód nie był kradziony, przynajmniej niczego nie zgłoszono. W międzyczasie jedna z załóg widziała kilku mężczyzn przebiegających przez ruchliwą ulicę. Próbowali ich ścigać, ale nie dali rady, utknęli w korku. No ale mniej więcej określono drogę ucieczki od samochodu do miejsca, gdzie widziano tych gości. Jak policjanci ruszyli tą trasą, to po drodze znajdowali różne przedmioty – kominiarki, rękawiczki i tego typu rzeczy.

W tym samym czasie, kiedy trwały oględziny samochodu, na jeden z komisariatów zgłosił się jego właściciel. Chciał zgłosić kradzież auta, twierdząc, że dwa dni wcześniej zaparkował go pod blokiem, a teraz dopiero zauważył, że go nie ma. Więc pierwsze podejrzenie było takie, że właściciel albo sam brał udział w napadzie, albo komuś samochód pożyczył i teraz chce zgłosić jego kradzież. Oczywiście istniała też ewentualność, że dżentelmenowi faktycznie ukradziono samochód i on o tym jeszcze nie wiedział. Ale typ był szemrany i notowany, więc nie bardzo nam to pasowało. Tym bardziej że motał się w zeznaniach dotyczących wozu. W związku z tym został zatrzymany.

Na czterdzieści osiem godzin?

Tak, ale ponieważ uparcie obstawał przy swoim, musieliśmy go w końcu zwolnić. W międzyczasie policjanci dalej prowadzili swoje czynności. Parę dni później ten gość pojechał do jakiegoś mieszkania na imprezę. Jako że na tej imprezie było głośno, policjanci weszli tam na interwencję z powodu zakłócania ciszy nocnej. Okazało się, że w środku zastali między innymi panią barmankę, która rzekomo została parę dni wcześniej napadnięta i była w ciężkim szoku. I powoli zaczęło się wszystko składać do kupy.

Posprawdzano kontakty zarówno pana, który był właścicielem samochodu, jak i pani barmanki i jej chłopaka i trafiono na ślad pewnych dwóch dżentelmenów, notabene tych samych, którzy parę lat wcześniej poszli siedzieć za kradzież torebki.

A jak się ustala takie kontakty?

Na podstawie billingów telefonicznych, obserwacji, legitymowań i tak dalej. Gdybyśmy na przykład my dwaj zostali wylegitymowani, to później jakiś policjant może wejść w te dane i wyciągać wnioski, że skoro byliśmy razem legitymowani, to musieliśmy się spotykać, czyli musimy się znać. Czasami jest tak, że pewne osoby są legitymowane ze sobą więcej niż raz. A nawet często. No i na takiej podstawie już można wywnioskować, że te osoby utrzymują regularne kontakty.

Na pewno sprawdzano też, czy dane telefony logowały się w tym samym miejscu albo czy określone osoby rozmawiały ze sobą. No i w ten sposób powstało grono podejrzanych. A wtedy wystarczyło już tylko zatrzymać te osoby. A jak zostały zatrzymane, to wszystkie po kolei przesłuchaliśmy. Dodatkowo mieliśmy też dość mocne dowody, bo zabezpieczyliśmy wcześniej ślady z tego samochodu i porzuconych przedmiotów. Czyli skoro mieliśmy tam ślady biologiczne i DNA, to nietrudno było nam udowodnić, że oni tam byli. A jak został udowodniony fakt, że to oni mieli na sobie te kominiarki, znaleziono je niedaleko miejsca zdarzenia plus były tam ślady wskazujące na powiązania z kobietą z knajpy i z właścicielem samochodu, nietrudno było później udowodnić, że podejrzani brali udział w tym zdarzeniu.

Tło całej historii jest takie, że panowie, chcąc dokonać napadu, wszystko zrobili nie tak, jak trzeba. Po pierwsze – w wypadku napadów – wygląda to najczęściej tak, że samochód się kradnie, a potem, żeby zatrzeć ślady, porzuca go, a nawet podpala. Ci dżentelmeni pożyczyli samochód od znajomego, nie mówiąc mu, do czego zostanie użyty. Nie brali też pod uwagę, że ktoś z przypadkowych świadków coś zauważy. Ponadto wcześniej ten samochód testowali – sprawdzali sobie drogę przejazdu i ucieczki. Jak tak grzali, trenując szybką ucieczkę, uderzyli zbiornikiem na paliwo o podłoże i okazało się, że zrobili w tym zbiorniku dziurę, o czym nie wiedzieli przed napadem. A jak uciekali, to w końcu zabrakło im paliwa. W związku z tym zaczęli wiać pieszo. Ale jako że mieli na sobie kominiarki, rękawiczki i inne nietypowe części garderoby, zaczęli je po drodze wyrzucać, zostawiając tym samym ślady. Biorąc pod uwagę sposób przeprowadzenia tego napadu, mieliśmy po prostu do czynienia z gangiem Olsena...

W latach dziewięćdziesiątych było dużo takich napadów, przeważnie na hurtownie z fajkami i alkoholem, ale robiły to grupy, które wiedziały co i jak. Najczęściej odbywało się to tak, że kradli gdzieś samochód, na przykład busa. Oprócz tego z innego samochodu kradli tablice – ale dopiero bezpośrednio przed napadem. Oczywiście po to, by policja jeszcze tych tablic nie poszukiwała. Takim samochodem podjeżdżali w odpowiednie miejsce i wyskakiwali uzbrojeni i w kominiarkach. Czasami pozwalali sobie na to, żeby użyć tej broni, czyli oddali strzał. Najczęściej było to na postrach. Terroryzowali obsługę, zabierali pieniążki i wsiadali w samochód. Następnie przejeżdżali tym samochodem jakieś dwa-trzy kilometry wyznaczoną trasą – najczęściej mało uczęszczaną. Samochód porzucali i całe wnętrze spryskiwali gaśnicą albo gazem obezwładniającym, albo na przykład polewali denaturatem. Przesiadali się do innego samochodu – najczęściej też kradzionego, który już stał w tym miejscu. W ten sposób zacierali po sobie ślady osmologiczne i biologiczne.

Czasami w miejscu, gdzie porzucali samochód, nie stało drugie auto, tylko kawałek przechodzili pieszo, na przykład przez tory, rów albo jakąś rzeczkę, po to żeby psy zgubiły trop. Za sobą też pryskali środkiem gaśniczym lub gazem pieprzowym, żeby utrudnić psu robotę. Nawet jeśli nie zacierali za sobą tych śladów, to najczęściej tropy kończyły się przy jakimś ciągu komunikacyjnym lub przy drodze. I tam domyślamy się, że stał już jakiś samochód. Albo ewentualnie któryś ze wspólników podjeżdżał w to miejsce i ich zabierał. Te działania były zsynchronizowane i powiem szczerze, że niełatwo było takich sprawców złapać. Wiem, że te sprawy wychodziły dopiero po latach. No i praktycznie wychodziły na zeznaniach członków grupy, jeśli zostali zatrzymani na gorącym uczynku gdzie indziej.

Inne przykłady?

Była taka sytuacja, że do szpitala trafił człowiek z raną kłutą i ciętą od noża. Powiedział, że napadli na niego jacyś dwaj ludzie, strzelali do niego i tak dalej. Oczywiście w takiej sytuacji personel szpitala wezwał policję. Jak przyjechali policjanci, to ten facet powiedział im, że był przy jakichś ogródkach działkowych i zaczepiło go dwóch gości. Wywiązała się pyskówka, zaczęli go gonić i normalnie jeden z nich, jak biegł za nim, strzelał do niego z pistoletu, a drugi zdążył go raz ciąć i raz dźgnąć nożem w plecy. Uciekł im w końcu, ale poczuł się słabiej, bo krwawił, i ktoś wezwał pogotowie. Mieliśmy też podane rysopisy – jeden z atakujących był wysoki i szczupły i miał kilka charakterystycznych cech w wyglądzie, a drugi był niski i mówił z charakterystycznym akcentem dla danego obszaru kraju.

W końcu sprawa trafiła do nas. Pogadaliśmy z gościem, powiedział nam, że dostał takim charakterystycznym nożem motylkowym, pojechaliśmy na miejsce zdarzenie i tak dalej.

No to co? Od czego zacząć? Na ogródkach działkowych jest pełno bezdomnych. Żadnych kamer, żadnego monitoringu. Nic. Totalnie nic nie wiadomo. To były czasy, kiedy jeszcze niespecjalnie było wykorzystywane logowanie telefonów. Po prostu pojechaliśmy więc w okolice tych ogródków, żeby tam trochę powęszyć. Nawet w pewnym momencie wpadliśmy na pomysł, że poprosimy o siły z oddziału prewencji, żeby te działki przeczesać i wszystkich tamtejszych bezdomnych i niebezdomnych wylegitymować, posprawdzać, kto pasuje rysopisem, kto ma podejrzane przedmioty i tak dalej. Ale najpierw podjechaliśmy zrobić rozpoznanie.

Akurat jak stanęliśmy pod bramą ogródków, zobaczyliśmy, że idzie dwóch gości, którzy idealnie odpowiadają rysopisowi. Po prostu, kurwa, fart. Idealnie. No to podeszliśmy do nich i przedstawiliśmy się – że jesteśmy z policji. A jeden z zatrzymanych, właśnie niższy, zaczyna mówić charakterystyczna gwarą. Wszystko się układało. No to pytamy, jak się nazywają i czy mają przy sobie dokumenty. Oni, że nie, pozostawili je w domku, takiej altanie. Więc poszliśmy tam. Weszliśmy do domku, pokazali nam dokumenty. Kazaliśmy im wyjąć wszystko z kieszeni i położyć na stole. No i ten niższy, który miał być posiadaczem charakterystycznego noża, wyjmuje różne rzeczy i w pewnym momencie wyjmuje też nóż – dokładnie taki, jak opisał pokrzywdzony.

W tym momencie ja spojrzałem na kolegę, a kolega na mnie. Obaj wiedzieliśmy już, że mamy do czynienia z tymi sprawcami, co trzeba. Od razu do tego drugiego gościa mówimy:

– Powiedz teraz, mistrzu: gdzie masz broń?

– Ale jaką broń?

– Tę broń, z której strzelałeś do człowieka. – A do drugiego: – A ty człowieka dźgnąłeś tym nożem.

Wtedy facet sięga na szafę. Jedyne, co nam z kolegą przyszło do głowy, to że oczywiście sięga po pistolet. Momentalnie mamy klamki w rękach, przeładowane, i zaczynamy się drzeć:

– Opuść ręce! Opuść ręce! Nie dotykaj tego! Odsuń się!

Pamiętam tę sytuację jakby w zwolnionym tempie, a to było tylko jakieś dziesięć–piętnaście sekund. Na szczęście gość odskoczył od szafki i okazało się, że broń to była gazówka. On chciał nam ją oddać. Ale powiem ci, że gdyby nie odskoczył i sięgnął po pistolet, toby się mogło różnie skończyć.

To oni jacyś walnięci byli? Że wyskoczyli do gościa bez powodu?

Oni od niego chcieli jakieś fajki czy coś, a on im odpyskował. Natomiast ten mniejszy z nich to był taki lokalny zakapior. Jemu wystarczyło powiedzieć: „jesteś, kurwa, brzydki", i od razu wyciągał nóż. No i tak od słowa do słowa, jak tamten im coś brzydkiego powiedział, to go zaatakowali. A jak zaczął wiać, to go gonili. Jeden strzelał z gazówki, a drugi go parę razy tym nożem zahaczył. No ale pozamiataliśmy panów.

Ciekawie było jeszcze w sądzie. Wyobraź sobie, że zanim zaczęła się rozprawa, ten mały idiota robił gest podrzynania gardła – nie wiedziałem tylko, czy do mnie, czy do gościa, który siedział obok mnie. Jak skład sędziowski wszedł, to wstałem i powiedziałem, że miała miejsce taka sytuacja. Na co jedna z ławniczek zadała mi pytanie:

– Ale pan się chyba nie boi?

– Ja? Nie, broń Boże.

Zastanawiałem się potem, dlaczego mnie o to zapytała. Okazało się, że dlatego, że jeżeli informuję o tym, że ktoś na sali sądowej mi groził, to jeżeli wzbudzałoby we mnie uzasadnioną obawę, że groźba zostanie spełniona, wtedy sąd musiałby przyjąć ode mnie zawiadomienie o groźbach karalnych albo przynajmniej wszcząć postępowanie w tym kierunku. Więc tak naprawdę chodziło tylko o to, żeby to zbyć.

No ale później podszedłem do tego gościa, jak już wyszedł z sali. Policjanci go konwojowali, a ja mówię:

– Poczekajcie chwilę. – I pytam go: – Czy ty jesteś popierdolony, kurwa? Ty mi grozisz?

Gość był na tyle głupi, że odpowiedział:

– Poczekaj, aż wyjdę.

A wiesz, to był zwykły cham, jakiś drobny rzezimieszek, mierny przestępca. Miał w swoim życiu parę razy taką historię, że kogoś jebnął nożem, ale to był zwykły śmieć. Notabene bezdomny mieszkający na działkach. I wyobraź sobie, że taki nurek groził policjantowi w obecności innych policjantów. Totalny psychopata. Zamknęli go, i to na dość duży wyrok.

A bywało niebezpieczniej?

Zdarzały się swego czasu bardzo brutalne napady. Pamiętam, jak w latach dziewięćdziesiątych dwóch byłych funkcjonariuszy ABW czy BOR-u założyło na emeryturze agencję ochrony, no i przewozili takimi zwykłymi cywilnymi samochodami kasę z kantorów. Pewnego razu na jednej z bocznych uliczek drogę zajechał im samochód dostawczy z plandeką. W tej plandece było tylko wycięte okienko, z którego wychyliła się lufa kałasznikowa i posypała się seria.

Agenci zostali ranni, ale zjechali jeszcze na jakieś pobocze. Potem bandyci podeszli do tego samochodu, zabrali kasę, a jednemu z ochroniarzy poderżnęli gardło, bo jeszcze dawał znaki życia. Potem uciekli dokładnie według tego schematu, o którym ci wcześniej opowiadałem.

Z mojej perspektywy wyglądało to tak – siedzimy sobie spokojnie na komisariacie, nagle przez stację słyszymy wiadomość, że prawdopodobnie był napad, strzelano do ludzi w samochodzie i tak dalej. Więc złapaliśmy za kałachy, wsiedliśmy w nasz stary zdezelowany radiowóz pod tytułem polonez, który w drzwiach miał dziurę wielkości pięści, i zasuwamy na sygnale. Docieramy w to miejsce – był tam już wtedy jakiś patrol.

Faktycznie, zastaliśmy samochód, można powiedzieć, totalnie zestrzelany, a obok leżało dwóch ludzi, których policjanci próbowali jakoś ratować. Zaczęliśmy im pomagać, ale to była po prostu masakra. Jeden z kierujących był prawie przecięty na pół serią z kałasznikowa, ale jeszcze żył. Drugi – ten, któremu poderżnięto gardło – też został wielokrotnie postrzelony i praktycznie konał na naszych rękach. Widok był straszny, wszędzie dużo krwi.

Nie wiedziałem, co zrobić z tym jego poderżniętym gardłem, próbowałem jakoś zatamować krew.

Bo wiesz, w momencie kiedy przetniesz powierzchnię skóry, która wcześniej jest napięta na ciele, to ta skóra się rozchodzi. Pojawia się taki otwór w kształcie łódki. W tym wypadku rana była na tyle głęboka, że przecięte zostały górne drogi oddechowe. Wydychane powietrze mieszało się z krwią i wychodziła przez tę ranę krwawa piana. Słychać było taki charakterystyczny charkot. Człowiek próbował oddychać, ale krew dostawała mu się do dróg oddechowych, bo przy wdechu wciągał powietrze z rany, a nie ust... No, było to straszne po prostu. To są takie rzeczy, które mogą się śnić po nocach.

A najgorsza w tym wszystkim jest bezsilność. Za wszelką cenę chciałbyś pomóc temu człowiekowi, ale nie jesteś w stanie, bo ma tyle ran, że nawet wyposażona załoga pogotowia ratunkowego nie jest w stanie tego wszystkiego opatrzyć, zatamować krwawienia. Tym bardziej nie dasz rady za pomocą apteczki, którą wozisz w radiowozie, i z pomocą kilku policjantów, którzy są na miejscu.

Szybko przyjechało pogotowie i próbowało jeszcze tego człowieka jakoś ratować, ale tak naprawdę wszyscy zdawaliśmy sobie sprawę, że nie ma szans, że jest to sytuacja beznadziejna. Mimo to i tak próbowaliśmy coś zrobić. Bezskutecznie. I powiem ci, że w takiej sytuacji, w związku z tą niemocą i świadomością niewinności ofiary, rodzi się w tobie gniew. Taka wręcz chęć zemsty, że jakbyś, nie daj Boże, ich wtedy dopadł, to trzeba by naprawdę dużej odporności psychicznej, żeby nie posunąć się za daleko.

Dostaliśmy potem informację, że samochód, który służył do napadu, stoi gdzieś niedaleko. Oczywiście wszyscy tam pojechali, miejsce zostało zabezpieczone. No i zaczęło się rozpytywanie ewentualnych świadków. Dowiedzieliśmy się, że sprawcy wyskoczyli z tego samochodu, oblali go benzyną i przesiedli się do innego wozu, a potem odjechali. Podano nam też kolor i markę tego drugiego auta. No to wszyscy, wiadomo – w rejon. I w jakimś dużym promieniu wszystkie samochody takiego koloru i tej marki, zwłaszcza z mężczyznami w środku, od razu były zatrzymywane.

Wiedzieliśmy, że mają broń, więc to podwyższało adrenalinę razy cztery. Bo wiesz, z jednej strony jest w tobie ogromna chęć złapania przestępców, ale z drugiej strony zdajesz sobie sprawę, że jeden twój błąd może spowodować, że za chwilę sam dostaniesz kulkę. Byliśmy w stu procentach pewni, że mają broń palną maszynową i nie zawahają się jej użyć. Działasz wtedy jak w transie, nie cofasz się, pewne czynności wykonujesz automatycznie, ale myślenie pozostaje logiczne. Jeden z takich samochodów, odpowiadający kolorem i marką, nam się trafił, więc zatrzymaliśmy go i wyskoczyliśmy z radiowozu zaopatrzeni w kamizelki kuloodporne i kałasznikowy.

W samochodzie siedziało dwóch gości. Oczywiście wyskoczyliśmy z wrzaskiem: „Policja! Wysiadać z samochodu!”. Cały czas mieliśmy ich na muszce. Pamiętam, jak powtarzałem sobie, żeby trzymać palec na kabłąku, a nie na spuście. Po to, żeby przypadkowo za niego nie pociągnąć, bo czułem cały czas tę adrenalinę. Jednocześnie cały byłem skupiony na facecie, do którego akurat podszedłem. Bo zawsze, jak jest dwóch gości, to policjanci podchodzą z dwóch stron. Z góry zakładają, że to mogą być niebezpieczni przestępcy.

A ci goście po prostu wyskoczyli z tego samochodu, rozłożyli się jak żaby na glebie i byli przerażeni. Oczywiście przeszukaliśmy ich z bronią przy głowach. Okazało się, że to nie byli oni. Dwóch niewinnych facetów, jakichś tam handlowców, wyjęliśmy z samochodu i doprowadziliśmy prawie do zawału. No ale w takich sytuacjach nie ma ceregieli. Bo po pierwsze liczysz się z tym, że jeśli trafisz na tych właściwych, to możesz zginąć, więc musisz być zdecydowany, a czasem nawet brutalny. Druga sprawa jest taka, że nie ma człowieka, który jest w stanie w takiej sytuacji zachować zimną krew. Zawsze adrenalina ci skoczy. A sztuka polega na tym, żeby nad adrenaliną panować na tyle, żeby cię nie poniosło.

Kiedyś mieliśmy taką sytuację, że zatrzymywaliśmy sprawców przestępstwa w zasadzce. Działo się to na ulicy. Dysponowaliśmy jeszcze bronią model P-64 i P-83. I wiedzieliśmy, że sprawcy też mogą być uzbrojeni – więc wszyscy podchodzili do zatrzymania z bronią w ręku, i to już przeładowaną. Tamta broń starego typu miała to do siebie, że jak była przeładowana, to stawała się bardzo niebezpieczna. Zwłaszcza pistolety P-64, bardzo małe i niewygodne w obsłudze. No i jak zatrzymywaliśmy tych przestępców, to jeden kolega, który miał P-64 i właśnie kładł gościa na ziemię, przez przypadek oddał strzał. Kulka przeleciała jakieś piętnaście centymetrów koło głowy innego funkcjonariusza. Na początku było trochę strachu, potem trochę śmiechu, ale nikt z tego nie robił afery, bo nikomu nic się nie stało. Postaw się jednak w sytuacji tego policjanta, któremu broń wypaliła. Nic się nie stało, ale z drugiej strony niewiele brakowało, a zabiłby swojego kolegę, notabene kumpla od lat, z którym bardzo dobrze się znali. Straszna trauma.

A jaki był finał tej historii z napadem?

Goście, których koniec końców zatrzymano w sprawie ostrzelania ochroniarzy, okazali się niewinni. Wrobiła ich grupa, która chciała się przy okazji pozbyć konkurencji. Podrzuciła na miejsce zbrodni dowód obciążający kogoś innego.

Z tego typu sytuacji chyba trudno się otrząsnąć?

Są takie rzeczy, które siadają ci na berecie. Na przykład sekcje zwłok noworodków. Jest taka sytuacja: rodzice wzywają pogotowie, bo dziecko cały czas mdleje. Przyjeżdża ambulans, zabierają je do szpitala. Dziecko umiera albo w karetce, albo już w szpitalu. No i jeśli są tam kwestie oczywiste, to wtedy policja nie jest wzywana. Ale jeśli są jakieś wątpliwości, wtedy policja już przyjeżdża. Czasami rodzina ma wątpliwości, czy lekarze zrobili wszystko tak, jak należy, i tak dalej.

No i wyobraź sobie: wchodzisz do takiego specjalnego pomieszczenia w szpitalu, a tam leży martwe kilkumiesięczne dziecko. Przy czym sam masz dziecko, z którym bawisz się codziennie i wiesz, że nie ma nic fajniejszego od takiego szczerego uśmiechu dziecka, samymi dziąsłami, jak nie ma jeszcze ząbków. A tutaj widzisz takie samo dziecko, tylko że martwe. Zawsze te oczy są takie bez wyrazu. No i to jest straszne przeżycie.

A teraz wyobraź sobie, że przyjeżdżasz na oględziny i takie dziecko znajdujesz w śmietniku. Wiesz, że to dziecko niczemu nie było winne. No bo nie ma chyba bardziej niewinnego człowieka na świecie niż dziecko. Każdy chciałby je otoczyć jak największą opieką, każdy chciałby mu pomóc. A tu widzisz, że jest noworodek, który został pozawijany w jakiś foliowy worek i wrzucony jak śmieć do śmietnika. Coś masakrycznego.

A są tacy zwyrodnialcy, którzy potrafią skatować na przykład roczne dziecko. A jak ty bierzesz małe dziecko na ręce, to myślisz tylko o tym, żeby go nie upuścić. Żeby nie złapać go źle, bo to jest bardzo delikatna materia. Żeby przytrzymywać główkę, ale nie dotykać za bardzo czaszki na górze, bo jest ciemiączko niewykształcone. Bardzo dbasz o to dziecko, troszczysz się. A tu masz takiego skurwysyna, który potrafi wziąć to dziecko za śpioszki i rzucić nim o ścianę. To jest po prostu jakaś niewyobrażalna sytuacja. I zdajesz sobie sprawę, że takie skurwysyny chodzą po tym świecie.

Więc jak masz sprawę takiego skurwiela, to zrobisz wszystko, żeby tylko tego człowieka ukarać. Jednocześnie musisz przy tym wszystkim zachować zdrowy rozsądek. Bo czasami masz taką sytuację, że na przykład ojczym dzwoni po karetkę i mówi, że coś się dziecku stało, a potem lekarze ewidentnie stwierdzają, że dziecko ma obrażenia, to praktycznie z góry zakładasz, że ten ojczym coś dzieciakowi zrobił. A tu się jednak okazuje, że to był po prostu wypadek. Albo ktoś temu dziecku wcześniej coś zrobił i to nie był ojczym. Może być taka sytuacja, że to jest kochający mąż, a matka jest jakimś zwyrodnialcem i zrobiła krzywdę dziecku. A on, jak zobaczył, jaka jest sytuacja, to wziął winę na siebie – zdarzają się, wbrew pozorom, takie przypadki. Zrobił tak, bo ją kochał i nie chciał, żeby ktoś wyrządził jej krzywdę.

A tobie zdarzyła się podobna sprawa?

Miałem kiedyś taką sytuację, że ojciec brał na siebie winę za dorosłego syna.

O co chodziło?

Ojciec, syn i matka mieszkali w jednym mieszkaniu. I ta matka miała problemy psychiczne. Na początku nie było tego tak bardzo widać, bo to była osoba z natury krzykliwa, wredna, wstrętna. Byle powód wystarczył do awantury. Miała też skłonność do przemocy i lała tego dzieciaka. Co więcej – lała też męża. A on był człowiekiem bardzo ciepłym, otaczał tego chłopaka opieką, tłumaczył mu pewne rzeczy. Potrafił z nim usiąść, porozmawiać. Naprawdę wzór ojca.

Natomiast miał taką wadę, że nie potrafił być asertywny i nie potrafił się bronić. W dodatku chajtnął się z babą, która była straszną zołzą, żmiją i sadystką. Cały czas znęcała się nad nim psychicznie. Dowalała mu, że jest nieudacznikiem, zerem i tak dalej. Często dochodziło do rękoczynów. Widzisz, z takimi osobami, które znęcają się nad innymi, jest tak, że im bardziej ty się będziesz poddawać tej osobie, tym bardziej ona ci będzie dopierdalać. Są takie osoby, które niby cię kochają, ale ta miłość jest w pewien sposób chora. Żona cię kocha, ale jednocześnie, żeby cię nie stracić i żeby mieć nad tobą kontrolę, zakłada ci takie psychiczne kajdany. Całe życie będzie ci wmawiała, że sobie bez niej nie poradzisz. A jeżeli przyzwyczaisz się do tego, że ktoś ci ubliża i mówi, że jesteś nieudacznikiem, to w końcu zaczną się też rękoczyny. No i w takiej sytuacji był ten facet.

Syn dorastał, w końcu miał już osiemnaście czy dziewiętnaście lat, ale z matką nic się nie zmieniało. W trakcie jednej z awantur znowu zgnoiła ojca i powiedziała, że jak będzie spał, to ona go zadźga nożem. No i syn już tego nie wytrzymał. Wziął nóż i sam uderzył nim matkę kilka razy. Tak już miał jej dość i bał się o ojca, że to zrobił. To była chwila, impuls.

I jak już doszło do tej sytuacji, ojciec stwierdził, że bierze to na siebie. Natomiast jak tam przyjechaliśmy, to od razu było widać, że coś jest z tą wersją nie tak – szczególnie jak spojrzeliśmy na to, jak były ułożone zwłoki, gdzie leżał nóż i tak dalej. Bo wiesz, to nie jest tak, że dochodzi do zbrodni i wszyscy świadkowie siadają i na spokojnie przegadują sobie, co powiedzieć policji. Wtedy nie ma racjonalnego myślenia, dlatego najłatwiej wykrywać zabójstwa na świeżo, zanim ktoś poradzi sobie z tą pierwszą traumą i poukłada myśli. Na świeżo jest też najłatwiej wyprowadzić człowieka z równowagi i złapać go na jakiejś niekonsekwencji.

W każdym razie – wzięliśmy ich do osobnych pokoi. Ten ojciec oczywiście brał wszystko na siebie, opowiadał ze szczegółami i tak dalej. Ten syn natomiast na początku milczał. Później chyba trochę do niego dotarło to wszystko, wystraszył się i zaczął mówić, że to ojciec, choć tak jakoś bez przekonania. Dlatego cały czas cisnąłem ich obu, bo coś mi się nie układało w tej całej historii.

Próbowałeś im wskazać jakieś nieścisłość w zeznaniach?

Takie przesłuchanie wygląda w ten sposób, że powtarzasz pytania dotyczące opisanej już sytuacji, tylko zadane w inny sposób, i porównujesz odpowiedzi. Stosujesz też przerywniki i zmiany tematu, po to aby zdekoncentrować przesłuchiwanego i nagle ponownie zadać właściwe pytanie.

Jak rozmawiasz z takim człowiekiem, to rzecz polega na tym, żeby wyczuć, co go boli. Starasz się znaleźć element, który jest dla niego ważny. Na przykład jest chłopak, który bardzo kocha swoją matkę i jest uwikłany w jakieś przestępstwo. No to najpierw mu mówisz, że jeżeli nie powie prawdy, zostanie tymczasowo aresztowany, bo jeżeliby wyszedł, to jest zagrożenie, że będzie mataczył w śledztwie. A potem uderzasz w czuły punkt i pytasz: „Co zrobi twoja matka, jak ty pójdziesz siedzieć? Zostanie sama i będzie codziennie myślała o tym, czy tobie w więzieniu coś się nie stało, kiedy wyjdziesz, czy w ogóle wyjdziesz. Pomyśl, co zrobiłeś własnej matce". I powiem ci, że wbrew pozorom największe chamy i zakapiory, jak słyszą tekst pod tytułem „pomyśl, co zrobiłeś swojej matce", to potrafią się rozpłakać jak dzieci. Wbrew pozorom dla przestępców matka jest osobą bardzo ważną. Zauważ, że w tatuażach więziennych bardzo często jest napisane...

... „Pamiętaj słowa matki".

Właśnie. „Pamiętaj słowa matki", „kocham cię mamo" i tak dalej. To są najczęstsze motywy w tatuażach więziennych. I w więzieniu tak naprawdę możesz komuś obrazić kumpla czy żonę, ale jak mu obrazisz matkę, to nikt ci tego nie wybaczy. Matka jest święta. Są to jakieś kanony zakodowane pewnie w naszej kulturze, ale też w subkulturze więziennej. Matka to jest zawsze matka – chyba że była jakąś wyjątkowo złą osobą, to wtedy ktoś może do tego inaczej podchodzić.

Ale ogólnie rzecz biorąc, matka jest świętą osobą, i to działa też w drugą stronę. Rzadko spotyka się matkę, która porzuci swoje dziecko w momencie, kiedy się dowie, że ono popełniło przestępstwo. Matczyna miłość w dużej mierze jest w stanie wybaczyć wszystko – nawet pedofilię czy zabójstwo. To jest też zastanawiające. Starasz się kogoś wychować na porządnego człowieka. Jesteś osobą, która trzyma się określonych norm moralnych i wpaja swojemu dziecku, że trzeba szanować starsze osoby, kobiety, dzieci i tak dalej. A w pewnym momencie twój syn wyrasta na zbója, który po pierwsze leje ciebie, a na dodatek okazuje się, że jest zwyrodnialcem, gwałcicielem i mordercą. I wbrew pozorom ta matka, która ze strony syna zaznała wielu krzywd, jest w stanie mu to wybaczyć. Ona mu nawet pomoże w tej sytuacji. To są kuriozalne przypadki.

A jak się skończyła sprawa z tym ojcem?

Do końca szedł w zaparte. Tu sytuacja była odwrotna: synowi bardziej zależało na ojcu. W końcu syn się przyznał i opowiedział ze szczegółami, jak wyglądało całe to zdarzenie. A wersja ojca nie do końca się kleiła, bo jak syn dźgnął matkę, to on znajdował się w drugim pokoju i nie widział, jak do tego doszło. Główną kwestią pozostawało to, że po prostu ułożenie ran względem osi ciała sugerowało, w jaki konkretnie sposób sprawca te ciosy zadawał. Natomiast ojciec nie był w stanie powiedzieć, czy robił to lewą ręką, czy prawą, jak trzymał nóż, jak zadał cios. To były takie szczegóły, które pomogły tę sprawę rozwikłać.

Inną kwestią pozostało to, że później zmieniono kwalifikację z zabójstwa na zabójstwo w afekcie – czyli wzięto pod uwagę wszystkie okoliczności i to, co się działo w ich życiu. Tak że chłopak poszedł siedzieć, ale tylko na jakieś siedem–osiem lat.

A jaka była reakcja jego ojca? Miałeś z nim jakiś kontakt po tym, jak chłopak się przyznał?

Był załamany. Zresztą on później zaczął z nami normalnie rozmawiać i też się przyznał. Mówił do mnie:

– Proszę pana, zrobiłby pan co innego? Zachowałby się pan inaczej? Nie chroniłby pan swojego dziecka? Tym bardziej że on to zrobił dla mnie. On nie zrobił tego dlatego, że ona się nad nim znęcała. On to zrobił dlatego, że ona znęcała się nade mną.

Bo wiesz, syn był już dorosły, w każdej chwili mógł się wyprowadzić z domu i mieć ją z głowy. Zapomnieć o niej. Tylko wiedział, że w pewnym momencie oni obaj stali się jak gdyby wspólnikami swojej niedoli. Ojciec przez całe życie nie wyprowadzał się z domu, nie porzucał matki, nie uciekał od swojej ciemiężycielki tylko dlatego, że wiedział, że zrobi w ten sposób krzywdę dziecku. Natomiast syn – jak dorósł – wiedział, że przez te wszystkie lata ojciec od tej matki się uzależnił. Poza tym mieli jedno mieszkanie i razem jakoś wiązali koniec z końcem. Syn wiedział, że jak ojciec się wyprowadzi, to nie starczy mu z pensji na to, żeby wynająć mieszkanie i się utrzymać. Dlatego został, żeby ojca przed tą matką ratować.

A skąd się bierze taki mechanizm psychologiczny jak u tej kobiety? Żeby kogoś tak strasznie gnoić, znęcać się nad nim psychicznie, mimo że jest kimś bliskim.

Przeważnie to są osoby, które w dzieciństwie miały problem z rodzicami i spotykały się z identycznymi lub podobnymi zachowaniami. Ewentualnie brakowało im po prostu takiego zwykłego ludzkiego ciepła. Jako dzieci były odtrącone i w pewnym momencie musiały nauczyć się jakoś sobie radzić z tą sytuacją.

Jeśli jesteś słaby psychicznie albo po prostu załamany, to twój organizm, broniąc się, w pewnym momencie sugeruje ci, żebyś przyjął taką postawę, że będziesz dla wszystkich wrogiem. Wbrew pozorom osoby bardzo wrażliwe wewnętrznie na zewnątrz są osobami, które są chamskie, nieprzyjemne i opryskliwe. Tak naprawdę to jest skorupa, która chroni to, co masz w środku. Bo to, co jest w środku, jest bardzo wrażliwe. Tak samo, jakbyś żółwiowi zdjął skorupę – on wtedy pozostanie totalnie bezbronny. Jeżeli miałeś ciężkie sytuacje w dzieciństwie i masz delikatną konstrukcję psychiczną, to dostawałeś przez jakiś czas w życiu za to po dupie. Różne osoby, kiedy wyczuły, że jesteś wrażliwy, i wiedziały, w jaki punkt cię ukłuć, to cię w niego kłuły. I w pewnym momencie masz tego tak dość, że te wszystkie swoje wrażliwości ukrywasz i stajesz się człowiekiem, który zachowuje się wręcz odwrotnie. Wtedy dochodzi do takiej patologii, że zaczynasz wchodzić w role osób, które cię w dzieciństwie krzywdziły. Tak mają czasami dzieci alkoholików.

Ale ciekawe, czemu tak jest, że aby poradzić sobie z własną traumą, często zaczynasz robić to samo co twój oprawca.

Tak jest skonstruowana nasza psychika. Stres działa na ciebie w ten sposób, że do pewnego stopnia go znosisz. W pewnym momencie dochodzi do takiego ekstremum, że nie możesz sobie z tym poradzić. I żeby nie ześwirować, twój organizm zaczyna się z tym stresem oswajać. To jest trochę tak jak w syndromie sztokholmskim. Polega on na tym, że jesteś ofiarą i twój oprawca w pewnym momencie staje się dla ciebie przyjacielem. Zaczynasz go jakby rozumieć, starasz się z nim nawiązać kontakt.

Wbrew pozorom to jest mechanizm obronny. Nie dzieje się tak, że terrorysta, który trzyma zakładników, nagle okazał się człowiekiem, pokazał ludzie oblicze i tak dalej. Polega to na tym, że w pewnym momencie boisz się tak bardzo tego człowieka, że chcesz się z nim zaprzyjaźnić, bo liczysz na to, że jak ty się z nim zaprzyjaźnisz, to on cię nie zabije. Mało tego – ogromne znaczenie ma tu też odporność psychiczna. Bo jeżeli cały czas siedzisz związany, chodzi nad tobą facet z bronią i jesteś przekonany, że w każdym momencie może pociągnąć za spust i cię zabić, to jest to chyba największa trauma, jaka może być. W pewnym momencie masz tej traumy tak dosyć, że twój mózg zaczyna cię oszukiwać. Stara się znaleźć dobre strony i w tym człowieku, i w całej tej sytuacji.

Nasz organizm daje nam do zrozumienia, że wcale nie jest tak źle. Szukasz podświadomie jakichś elementów, które dają cień nadziei, że z tego wyjdziesz. I prowadzi to do tego, że jeśli odkryjesz u tego faceta jakiekolwiek ludzkie cechy, to w tym momencie już zaczyna być dobrze. Był dla ciebie najgorszym zwyrodnialcem, ale już powoli zaczyna być człowiekiem – bo jednak przyniósł ci tę wodę, nie musisz pić własnego moczu. Bo mogli was zabić od razu albo obiecywali, że co godzinę będą zabijać jednego zakładnika, a minęły trzy godziny i jeszcze nikogo nie zabili. Facet ziewa, a skoro ziewa, to znaczy, że wcześniej czy później może zaśnie, może będziesz mógł uciec. To wszystko są reakcje obronne organizmu na stres.

Albo na przykład jesteś dzieckiem i jesteś zależny od rodziców. Bo nikt nie jest tak bardzo zależny jak dziecko od rodziców. Oni są ludźmi, którym jako pierwszym ufasz, po drugie są dla ciebie jakimś wzorcem, ale przede wszystkim otaczają cię opieką. I jeżeli te osoby, które mają za zadanie cię chronić, zaczynają cię krzywdzić, to jest to ogromna trauma. Jako dziecko nie masz orientacji w świecie, więc myślisz, że nie masz gdzie uciec, nie masz też możliwości zarabiania pieniędzy i tak dalej. Po prostu nie jesteś w stanie być niezależnym. Rzadko się zdarza, żeby dziecko uciekło z domu i udało się gdzieś po pomoc.

Choć jest z tym już trochę lepiej. Dzieci są teraz uświadamiane przez telewizję, że jeżeli źle się dzieje, to mogą się zwrócić do instytucji, które pomagają. Albo porozmawiają z kolegą ze szkoły, kolega powie matce, a matka tego kolegi poinformuje jakąś instytucję. Teraz ta świadomość jest już większa, natomiast weź pod uwagę sposób wychowania dwadzieścia czy trzydzieści lat temu. Normą było, że jeśli dziecko jest niegrzeczne, to trzeba mu dać klapsa. Wiadomo, że normalni ludzie wiedzieli, gdzie jest granica. Robili to po to, żeby dziecko zrozumiało, że pewnych rzeczy nie wolno, ale nie chcieli zrobić synowi czy córce krzywdy. Natomiast są ludzie, którzy tych granic nie znają.

W latach osiemdziesiątych czy dziewięćdziesiątych dzieciak nawet nie myślał o tym, żeby uciec, bo wiedział, że ogólnie społeczeństwo wyznaje zasadę, że dziecku należy przylać. Było to na tyle niedawno, że są jeszcze ludzie, którzy dalej tę zasadę wyznają. Zresztą w takich miejscach jak na przykład kwaterunki w starych kamienicach lub blokach z płyty normą jest, że dzieciaki dalej się pierze. A jak wychowasz się w dysfunkcyjnej rodzinie, w której rodzice nie podejmowali kroków, aby poprawić waszą sytuację, to powielasz błędy rodziców przekazywane przez pokolenia, gdyż to wyniosłeś z domu i to jest dla ciebie normą. Jesteś też przeważnie odporny na nowe trendy i nieufny wobec zmian.

Kiedyś musiałem oglądać zwłoki noworodka, nie mając jeszcze dzieci. A później powtórzyło się to, kiedy już miałem dzieci. Zauważyłem, że są pewne różnice. I one nie wynikły chyba ze stażu pracy czy różnicy wieku, ale z tego, że jeżeli masz już swoje dzieci, to zaczynasz inaczej rozumieć układy między osobą dorosłą a dzieckiem. I jeżeli przyjeżdżasz na taką czynność, to już nie myślisz tylko o tym dziecku, ale również o tym, co czują w tym momencie jego rodzice. Dlatego w tej służbie nie jest najgorsze oglądanie zwłok, ale świadomość, ile krzywdy dzieje się ludziom naokoło. Rozumiesz? Dociera do ciebie świadomość bólu i rozpaczy innych osób.

Czyli empatia po prostu rozpierdala?

Myślę, że tak. Sytuacja, w której musisz poinformować trzynastoletniego chłopaka i jego matkę o tym, że przed chwilą znalazłeś zwłoki ich męża i ojca, jest traumatyczna. Bo to był normalny fajny człowiek, który był dobrym mężem i ojcem. Ale zdarzył się wypadek i musisz ich o tym poinformować. Dlatego powiem ci, że jestem w stanie zrobić oględziny zwłok w każdym stadium rozkładu i nie jest to dla mnie takie straszne. Ale jeżeli mam porozmawiać z rodziną i poinformować ich o tym, że ktoś bliski nie żyje, a jeszcze, nie daj Boże, zginął w jakichś strasznych okolicznościach, to jest to okropne, bo muszę patrzeć na ich rozpacz i mam świadomość, że nie jestem wstanie im pomóc, bo nie cofnę czasu. Wracam wtedy do domu i cieszę się, że moi bliscy są w porządku, że tu się nic nie stało. To mi daje jakiś oddech psychiczny. Staram się uciekać od tamtych sytuacji. Zapomnieć o nich jak najszybciej.

A udaje ci się odciąć od tej ciemnej strony?

Nie do końca. Powiem ci, że na przykład historia tych dwóch zamordowanych ochroniarzy to było jedno z moich najbardziej traumatycznych przeżyć. Pomimo że widziałem naprawdę wiele zabójstw, cały czas pamiętam tego człowieka, tę jego ranę, tę krwawą pianę wydobywającą się z rany, ten charkot i swoją własną bezsilność, kiedy za wszelką cenę chciałem mu uratować życie, ale nie byłem w stanie. Cały czas to pamiętam. I myślę, że nie zapomnę tego do końca życia.

SPIS TREŚCI

CZUJESZ SIĘ OSZUKANY.
NAWET KSIĄDZ MNIE ROZGRZESZY,
SĄ LUDZIE,
SŁAWEK OPALA
PATRYKIEM VEGĄ
złe psy
W IMIĘ ZASAD
PATRYK VEGA
złe psy
PO CIEMNEJ STRONIE MOCY
Policjanci kryminalni czasami przechodzą na drugą stronę barykady.

Wydawnictwo Otwarte sp. z o.o.,
ul. Smolki 5/302, 30-513 Kraków. Wydanie I, 2015.
Druk: Opolgraf SA, ul. Niedziałkowskiego 8–12, Opole